档案文献·甲

重庆大轰炸档案文献

财产损失
（私物部分）（三）

主 任 委 员：李华强

副主任委员：郑永明　潘　樱

委　　　员：李华强　李旭东　李玳明　郑永明
　　　　　　潘　樱　唐润明　胡　懿

主　　　审：李华强　郑永明

主　　　编：唐润明

副 主 编：胡　懿

编　　　辑：唐润明　胡　懿　罗永华
　　　　　　高　阳　温长松　姚　旭

重庆出版集团　重庆出版社

三、工务局部分

1. 重庆市工务局职员杨祥为1939年5月3日被炸请按规定赐予补偿呈上级文（1939年8月16日）

窃职于五月二日自陕西街饼子巷迁往本局宿舍居住，正拟于三日全部将行李搬去之时，不幸忽遇空袭损失，现在救济办法既蒙国府公布施行，职所损失之物件拟请按照规定赐予补偿。兹将损失情形列后：

皮箱	1支〔只〕	洋18元
皮袄	1件	47元
府绸小棉衣裤	1套	16元
羊皮褥子	1条	8元
呢大衣	1件	23元
花〔华〕达呢中山服	1套	43元
皮鞋	1双	8元
硬鞋	2双	7元

以上损失共值国币170元。

杨　祥

（0067—3—5140）

2. 重庆市工务局职员李一清为1939年5月4日空袭家中被毁经济困难请予预支5月月薪的呈（1939年5月16日）

谨呈者：前此五月四日敌机来袭，内子及幼女等慌忙下乡逃避，因体力薄弱，家中日常用件均未搬运，兼之职在处内办公，未敢擅离，此固为钧座所鉴及而同受此困苦情形也。殊职住处附近被炸，前后燃烧，墙壁倒塌，家中所有物件损失殆尽。际此非常时期，乡下借挪困难，必需现款，始克购买入手，急需之件又不能不略事筹备而防不虞。拟请准予借支五月份月薪1份,以应急需。是否可行,理合签呈鉴核示遵,俾资进行,实沾德便。谨呈

主任李

附五月份月薪25元借支单据一纸①。

职　李一清

(0067—3—5140)

3. 重庆市工务局原职员刘宪章为1939年5月4日被炸请予以救济转呈市工务局局长文(1939年11月7日)

呈为在职被炸,恳请依照行政院颁布《公务员遭受空袭损害暂行救济办法》规定之俯予转请救济事。窃职于本年一月由本市中央公园事务所所长奉调任钧局科员职务,即佃居本市柴家巷26号院内。五月四日午后六时,敌机空袭本市,发出警报时,职尚在局办公,以致无法立归。嗣警报解除,全市火焰冲天,待职奔回住地(即柴家巷),火已封门,无从抢救,所有衣被、用具、书籍、文件等物,悉化灰烬,曾将被炸焚毁情形签呈钧核,当荷先予预借薪资1月,备制日需物件,复经扣回在案。现上峰为体恤被空袭遭受损害者起见,业经颁布暂行救济办法公布施行,嗣经行政院吕字第11123号训令奉国府渝字第509号训令以《公务员雇员等遭受空袭损害暂行救济办法》,未公布以前遭受空袭损害者,如无呈准之单行章则,自适用该办法,转饬遵行在案。职现虽未供职钧局,但上峰既有体恤各级人员之至意,职近虽离职,依法应请同一救济。兹谨将被炸焚毁各物开具详单,理合具文赍呈钧长鉴核俯视转详上峰准予救济以示体恤。当否敬乞示遵。

谨呈

科长潘

　　核转

局长吴

附损失报告单2纸

———————
① 原档缺。

卸职科员　刘宪章

（现住江北新街57号）

附：

重庆市工务局员工财产损失报告单

事件：被炸损害

日期：五月四日

地点：本市柴家巷26号

填送日期：二十八年十一月七日

损失项目	单位	数量	价值（国币）
被盖	2床	6件	36元
线毡	2床	2件	21元
呢中山装	1套	2件	45元
呢帽	1顶	1件	6.8元
皮鞋	1双	2件	18元
铁条旅行床	1架	1件	13.5元
白衬衣	2套	4件	14.4元
豹皮褥子	1张	1件	27元
白磁面盆	1个	1件	2.4元
花瓶	1只	1件	4.5元
皮箱	2口	2件	11.2元
菜盒	1个	5件	7.2元
皮衫	1件	1件	65元
布衫	3件	3件	18元
端砚	1方	1件	3.5元
辞源	1部	2件	16元
合计			309.5元

受损害者：刘宪章　　主管者：　　局长：

（0067—3—5140）

4. 重庆市中央公园事务所为报1939年5月25日空袭该所职员私产损失给重庆市工务局的签呈(1939年5月27日)

本月廿五日空袭时,职所职员私人财产各有损失,理合检同私人损失清单全份,送请鉴察备案并请准予补价,实为德便。

谨呈

局长吴

附呈私人损失清单1份

职　过立先

附:

中央公园事务所职员私产损失清单

职别	姓名	遗失物名称	数量	购置日期	价格	备考
所长	过立先	计算尺	1	1935年9月	15	价格单位日金
		君口大测量学	1	1934年1月	约9	同右〈上〉
		原色花卉图鉴	2	1935年9月	16	全书上下2册
		衬衫	1	1938年6月	3	
公役	张应怀	麻布西裤	1	1938年5月	3.5	
伙夫	张银廷	被	1	1936年3月	6	
		蓝布衣裤	1	1939年5月	5.6	
雇员	周久康	棉被	1	1936年12月	14	
园丁	严海廷	蓝布长衫	1	1938年11月	5	
		蓝布裤褂	1	1938年12月	8	

(0067—3—5140)

5. 城区工务管理处、路灯管理所为1939年5月25日该住宿处被敌机炸毁请酌予员工津贴给重庆市工务局局长的签呈(1939年5月30日)

谨签呈者:职处房屋于五月二十五日被敌机炸毁,员工多住处内,私人物件如书籍、仪器、被服等损失甚多。大部物件均为日常必需用品,在此百物昂贵之时,购办实非易事,因之影响各人精神甚巨。拟恳钧长体察下情,酌予津贴以示策励。兹开具住宿处内员工名单2份送请鉴核示遵。

  谨呈

局长吴

附呈住宿处内员工名单2份

城区工务管理处主任 李春松
路灯管理所主任 梁锡琰

重庆市工务局城区公务管理处、路灯管理所住宿处内员工名单

一、职员（共计11员）

李春松	俞大奎	郑序南	张崇垣	许纯照	徐宝鼎	曹世傅
任崇德	周建垌	周兴之	李一清			

二、工人（共计62名）

孙燨清	杨月三	冯贵昌	李树成	马伯勋	王海清	陈德清
黎昇平	吴泽海	吴数维	蒲志伦	尤顺金	萧世兴	伍杨树
刘伦	刘世荣	刘树成	梁隆章	冯吉辉	邓荣华	喻致清
罗金山	张兴发	杨合清	文树云	李锡齐	雷金三	汤福林
张树谦	胡金山	任绍轩	张松柏	杨德祥	陶海荣	唐玉林
郑伦青	杨德成	任志远	李绍武	邓树云	卿伦全	唐福兴
周玉成	程康明	杨志先	廖云臣	吴耀三	吴双全	杨合然
雷云生	卿东帆	刘春庭	卿明全	卿炳全	孙炳全	李志斌
何文樑	叶治云	周美坤	罗海云	谢吉云	王文光	

（0067—3—5140）

6. 重庆市工务局为报1939年5月25日该局工人被炸损失拟定津贴数目呈重庆市市长文（1939年6月6日）

  顷据本局城区工务管理处主任李春松、路灯管理所主任梁锡琰会呈称：职处房屋于五月二十五日被敌机炸毁，员工多住处内，私人物件如书籍、仪器、被服等损失甚多。大部物件均为日常必需用品，在此百物昂贵之时购办实非易事，因之影响各人精神甚巨。拟恳钧长体察下情，酌予津贴。等情。

据此,查所称各节尚属实情,自应亟谋救济,以免影响工作。除职员被敌机轰炸抚恤办法当俟钧府呈请核定饬遵时再行办理外,所有遭受损失之各工人拟予每名酌发补偿费15元,在本局二十八年度养路经费内开支。是否有当理合具文呈请鉴核示遵。

  谨呈

市长贺

重庆市工务局局长 吴华甫
(0053—12—91—1)

7. 重庆市工务局路灯管理所1939年5月25日敌机空袭被炸员工损失情形表(1939年6月)

重庆市工务局路灯管理所五二五敌机空袭被炸员工损失情形表

职别	姓名	损失情形	约计国币	备注
技佐	张崇垣	衣服被褥书籍仪器等	200元	
行政院非常时期服务团团员	郑序南	被褥衣服等	70元	
工匠	伍杨树	被褥衣服等	38元	
工匠	尤顺金	被褥衣服等	36元	
工匠	萧世兴	被褥衣服及日用品等	40元	
工役	刘伦	被盖衣服等	19元	
工役	喻致清	被盖衣服等	16元	
工役	刘世荣	被盖衣服等	17元	
工役	刘树成	被盖衣服等	17元	
工役	梁隆章	被盖衣服等	17元	

(0067—3—5100)

8. 重庆市工务局城区工务管理处为送该处1939年5月25日敌机空袭遭炸员工损失情形表呈重庆市工务局局长文(1939年7月4日)

  案奉钧局工会字第2022号指令,以五二五敌机空袭本处遭炸员工损失情形饬列表呈报,等因。奉此遵即开具员工损失情形表1份备文赍呈鉴核。

　　谨呈

局长吴

附呈本处五二五敌机空袭被炸员工损失情形表1份

重庆市工务局城区管理处五二五敌机空袭被炸员工损失情形表

职别	姓名	损失情形	约计国币数	备考
主任	李春松	书籍仪器衣服卧具及盥洗修筛用具等	320元	
技佐	俞大奎	衣服被盖及日用品等	200元	
副工程员	许纯照	棉被雨衣皮鞋衣服等日用品全件	80元	
副工程员	任崇德	哔叽中山装被盖呢中山装帆布装日用品等	135元	
办事员	周建垌	哔吱〔叽〕制衣衬衣(蚊)帐皮鞋日用品等件	120元	
雇员	李一清	被盖毛毯衣服眼镜等日用品各件	60元	
监工	周兴之	衣服及被盖等	60元	
副工程师	徐宝鼎	哔吱〔叽〕制服自来水笔被褥小衣及用品等件	123元	在局中工作住在本处宿舍内
服务团员	曹世傅	呢中山装呢大衣哔吱〔叽〕西装羊毛衫衬衣被盖皮鞋书籍及日常用品等	200元	在局中工作住在本处宿舍内
测丁	孙燮卿	衣服被盖等	36元	在局中工作住在本处宿舍内
测丁	杨月三	衣服被盖等	24元	在局中工作住在本处宿舍内
测丁	陈德清	衣服被盖等	22元	在局中工作住在本处宿舍内
测丁	马伯勋	衣服被盖等	30元	在局中工作住在本处宿舍内
测丁	王海清	衣服被盖等	20元	在局中工作住在本处宿舍内
测丁	黎昇平	衣服被盖等	20元	在局中工作住在本处宿舍内
警察	蒲知伦	衣服被盖等	27元	
警察	刘树维	衣服被盖等	23元	

续表

职别	姓名	损失情形	约计国币数	备考
养路道班队目	李志斌	衣服被盖等	22元	
养路道班队目	胡金山	衣服被盖等	23元	
养路道班队目	吴双全	衣服被盖等	22元	
养路道班队目	吴耀三	衣服被盖等	25元	
养路道班队目	孙炳全	衣服被盖等	24元	
土工	雷金山	衣服被盖等	18元	
土工	唐玉林	衣服被盖等	20元	
土工	卿伦全	衣服被盖等	20元	
土工	卿炳全	衣服被盖等	18元	
土工	卿东帆	衣服被盖等	19元	
土工	卿明全	衣服被盖等	19元	
土工	郑伦青	衣服被盖等	12元	
土工	李锡齐	衣服被盖等	22元	
土工	杨合然	衣服被盖等	18元	
土工	李绍武	衣服被盖等	18元	
石工	张兴发	衣服被盖等	20元	
石工	罗金山	衣服被盖等	16元	
土工	杨德祥	衣服被盖等	18元	
土工	杨德元	衣服被盖等	18元	
土工	邓树云	衣服被盖等	20元	
土工	任绍轩	衣服被盖等	18元	
土工	雷云生	衣服被盖等	17元	
土工	杨德成	衣服被盖等	20元	
土工	任志远	衣服被盖等	16元	
土工	张松柏	衣服被盖等	17元	
土工	汤福林	衣服被盖等	20元	
土工	罗海云	衣服被盖等	18元	
土工	廖云成	衣服被盖等	16元	
土工	杨康明	衣服被盖等	16元	

续表

职别	姓名	损失情形	约计国币数	备考
土工	周玉成	衣服被盖等	17元	
土工	陶海云	衣服被盖等	16元	
土工	谢吉云	衣服被盖等	16元	
土工	何文樑	衣服被盖等	17元	
土工	刘春庭	衣服被盖等	20元	
伙计	王合清	衣服被盖等	18元	

（0067—3—5140）

9. 行政院非常时期服务团委员会团员金佑为1939年5月4日、25日两次被炸请求救济呈重庆市工务局局长文（1939年12月18日）

窃查团员前奉令派在重庆市工务局服务时，寓居安乐洞上街172号房屋，经五四惨遭敌机轰炸后，即着眷属疏迁下乡。团员即旋搬住苍坝子市政府职员宿舍暂住。不幸于五月二十五日敌机赓续袭渝，又将该宿舍房屋炸毁。惟团员经此两次被炸，损失约400余元，当即呈请行政院非常时期服务团委员会救济在案，并经派员调查属实，奉准预支八月份生活费1个月以作救济，有卷可稽查。业奉行政院非常时期服务团临时服务队服字第687号指令内开：查该员遭受空袭损害，经派员调查是实。而系服务重庆市工务局时期应遵照行政院本年十月五日吕字第12202号令，查该队派在各队工作团员遭受空袭损害者，准按《中央公务员雇员公役遭受空袭损害暂行救济办法》酌予救济，所有支拨各费即在该队经费内匀支，至该队派在各机关服务之团员应各由其服务机关予以与该机关职员同样之救济，仰即知照并转知各团员服务机关知照，等由。奉此令仰该员迳向原服务机关请求救济，仰即知照。此令。等因。奉此，理合备文呈请依照《中央公务员雇员公役遭受空袭损害暂行救济办法》第7条之规定酌予救济，则团员在生之日皆感戴德之年。附呈损失清单一纸。

谨呈

重庆市工务局局长吴

行政院非常时期服务团委员会团员金佑

附损失清单1纸

附：

损失清单

绸丝棉被	2条	50元
布棉花被	1条	14元
布垫被	2条	20元
男呢冬衣	1件	36元
男冬制服	1套	28元
男头绳衣	1件	11元
男卫生衣裤	1套	5元
男皮鞋	1双	7元
男绸单长衫	2件	22元
男绸短衫衣裤	2套	22元
男布短衫衣裤	2套	12元
男布夹制服	1套	7元
小孩头绳衣裤	1套	10元
小孩棉衣裤	3套	12元
小孩零星衣物	数不明	20元
女皮袍	1件	60元
女绸衬呢袍	1件	20元
女绸单袍	2件	19元
女布衣衫	数件	30元
女绸夹袍	2件	26元
女皮鞋	1双	7元

家具　　　　　　　　　　　25元

共计洋463元。

(0067—3—5140)

10. 重庆市工务局警士潘治华为报1939年6月11日被炸损失物品单转呈上峰文(1939年6月14日)

窃警士因家于六月十一日遭敌机炸毁,衣服家具均未救出,令特所损物件列于后:

学生服	1套	25元
汗衫	1件	6元
被盖	1床	30元
罩子	1床	10元
女旗袍	2件	30元
男长衫	1件	18元
镜屏	1个	10元
茶几	1个	3元
椅子	2把	10元
洗脸架	1个	3元
方凳	4个	12元
四方桌	1张	10元
写字台	1个	15元
木床	1间	25元
锅	1口	10元
水缸	1口	5元

共计222元正

谨呈

巡官邱

转呈

主任陈

（0067—3—5140）

11. 重庆市工务局测工项泽安为1939年6月12日房屋被炸损失请予优恤呈转市工务局局长文（1939年6月13日）

　　窃测工项泽安，因昨日敌机袭渝被炸，烧住宅千斯〔厮〕门外洪岩洞街第5号房屋1间及家具、动用衣物等件悉焚无余。目下测工束手无策，栖身无地，势难终日。是以理合具情呈请钧座予以优恤，不胜感激之至。谨呈

主任转呈

局长吴钧鉴

测工　项泽安

（0067—3—5140）

12. 重庆市工务局为报该局员工遭受损失救济费检同清单呈重庆市市长文（1939年10月6日）

　　查本局职工先后呈报遭受敌机空袭损失情形，详具损失清单，恳迅赐核发补偿，以资救济一案。经呈奉钧府秘字第1641号指令，以职员被灾损失各节，自属实情。惟如何救济，以前殊乏标准，应侯〔候〕行政院秘书处所拟公务员公役遭受损害救济办法颁布后，再行办理，等因。自应遵办。兹查《公务员雇员公役遭受空袭损害暂行救济办法》，业经国府颁布饬遵。值兹百物昂贵，遭受损失各员工，生活艰困，损毁衣物及日常必需用品，无力添补。上项救济费用，亟待发给，以示体恤。复查该员工等所开损失估价表单，填报之损失数量及其价值，虽于炸后事实上难期精密审核，但就一般公务员生活所需物量范围内加以核估，尚无捏报情事，拟即参照原颁办法第7条各项之规定，凡损失私物总值超过额定补偿范围者，概照额定最高数发给，其未逾额定补偿范围者，仍照原列数发给，工人等损失参照第9条之规定发给。此项费用并依照原办法第□条规定之原则，在本局年度经费结余项下匀支。理合检同员工空袭损失清单2份，备文呈请鉴核示遵！

谨呈

市长贺

附呈员工遭受空袭损失清单2份

工务局局长 吴华甫

附1：

重庆市工务局职员遭受空袭损失清单

职别	姓名	被炸月日	地点	有无眷属	损失价值	实支月薪	按规定发给数目	附注
秘书	杨哲月	5月3日	大梁子	有	173	250	173	
工程师	李春松	5月12、25日	江北公园口机房街城区工务处	有	322.5	218	250	
技正	丘秉敏	5月4日	米花街10号	无	275	282	150	
工程师	陈鸿鼎	5月4日	鸡街来龙巷	有	438	186	300	
工程师	陈乙彝	5月25日	机房街城区工务处	无	297	186	200	
技士	刘海通	5月4日	米花街10号	无	310	154	200	
工程师	邹光烈	5月3日	陕西饼子巷	无	190	186	190	
技士	徐仁骅	5月4日	蹇家桥7号	有	418	122	300	
技士	过立先	5月25日	机房街城区工务处	无	43	106	43	
技士	徐宝鼎	5月25日	中央公园	无	213	138	160	
秘员	徐肇庆	5月12日	江北火神庙	有	563	70	400	
秘员	史寅开	5月3日	四牌坊军委会对面	有	467	98	400	
工程员	沈可孺	5月3日	白象街64号2进4楼	无	120	74	120	
技佐	俞大奎	5月25日	机房街城区工务处	无	156	82	200	
技佐	张崇垣	5月25日	机房街城区工务处	无	200	90	200	
技佐	梁锡伯	7月6号	大河顺城街	无	40	106	40	
办事员	史仲玮	7月6号	余家巷盐帮公所	有	240	58	240	

续表

职别	姓名	被炸月日	地点	有无眷属	损失价值	实支月薪	按规定发给数目	附注
办事员	袁中权	5月4、25日	苍坪街32号 机房街22号	有	477	62	400	
办事员	柳介华	5月4日	都邮街全公馆	有	61	62	61	
工程员	周建坰	5月25日	机房街城区工务处	无	134	66	134	
工程员	葛诗绪	5月25日	新丰街仓坝子小学	无	255	74	200	
副工程员	许纯照	5月3、25日	白象街64号 机房街城区工务处	无	141	62	141	
副工程员	任崇德	5月25日	机房街城区工务处	无	200	50	160	
雇员	张涤铭	5月25、26日	江北董家坝绣壁街云贵公所	有	193	50	193	
雇员	张文德	7月25日	江北董家溪	有	225	45	225	
雇员	杨在位	7月6日	丰碑街10号	有	326	50	326	
雇员	周久康	5月25日	中央公园	有	14	40	14	
雇员	张兆麟	5月3日	上安乐洞	有	80	40	80	
监工员	王克刚	7月5日	千厮门下行街28号	无	150	40	150	
监工员	夏粥	5月25日	千厮门行街26号	无	120	40	120	
监工员	周兴之	5月25日	机房街城区工务处	有	86	45	86	
团员	郑序南	5月25日	机房街路灯管理处	无	70		70	行政院服务团员
总计					7383.5		6146	

附2：

重庆市工务局路灯管理所暨城区工务管理处工人遭受空袭损失清单[1]

工别	姓名	被炸月日	地点	有无眷属	损失价值	发给救济数目
工匠	伍杨树	5月25日	机房街城区工务管理处	无	38	38
工匠	尤顺金	5月25日	机房街城区工务管理处	无	36	36
工匠	萧世兴	5月25日	机房街城区工务管理处	无	40	40
公役	刘 伦	5月25日	机房街城区工务管理处	无	19	19
公役	喻致清	5月25日	机房街城区工务管理处	无	16	16
公役	刘世荣	5月25日	机房街城区工务管理处	无	17	17
公役	刘树成	5月25日	机房街城区工务管理处	无	17	17
公役	梁隆章	5月25日	机房街城区工务管理处	无	17	17
路工队分队长	李志斌	5月25日	机房街城区工务管理处	无	23	23
路工队分队长	胡金山	5月25日	机房街城区工务管理处	无	23	23
路工队分队长	吴双全	5月25日	机房街城区工务管理处	无	22	22
路工队分队长	吴耀五	5月25日	机房街城区工务管理处	无	26	26
路工队分队长	孙柄全	5月25日	机房街城区工务管理处	无	23.8	23.8
小工	雷金山	5月25日	机房街城区工务管理处	无	19.2	19.2
小工	唐玉林	5月25日	机房街城区工务管理处	无	22	22
小工	卿伦全	5月25日	机房街城区工务管理处	无	20	20
小工	卿炳全	5月25日	机房街城区工务管理处	无	18.6	18.6
小工	卿东帆	5月25日	机房街城区工务管理处	无	18.5	18.5
小工	卿炯全	5月25日	机房街城区工务管理处	无	18.2	18.2
小工	郑伦青	5月25日	机房街城区工务管理处	无	17.5	17.5
小工	李锡斋	5月25日	机房街城区工务管理处	无	24	24
小工	杨合然	5月25日	机房街城区工务管理处	无	18.2	18.2
小工	李绍武	5月25日	机房街城区工务管理处	无	20.5	20.5
石工	张兴发	5月25日	机房街城区工务管理处	无	20	20
石工	罗金山	5月25日	机房街城区工务管理处	无	16	16
小工	杨德祥	5月25日	机房街城区工务管理处	无	21	21

[1] 本表格中极个别工别、姓名、损失及发给救济金额与前文已分别出现过的《重庆市工务局城区管理处五二五空袭被炸员工损失情形表》《重庆市工务局路灯管理所五二五空袭被炸员工损失情形表》中所列情况略有出入，原档照录。

续表

工别	姓名	被炸月日	地点	有无眷属	损失价值	发给救济数目
小工	叶治云	5月25日	机房街城区工务管理处	无	18	18
小工	邓树云	5月25日	机房街城区工务管理处	无	20	20
小工	任绍轩	5月25日	机房街城区工务管理处	无	19.3	19.3
小工	雷云生	5月25日	机房街城区工务管理处	无	18.5	18.5
小工	杨德成	5月25日	机房街城区工务管理处	无	20.1	20.1
小工	任志远	5月25日	机房街城区工务管理处	无	18	18
小工	张松柏	5月25日	机房街城区工务管理处	无	18	18
小工	汤福林	5月25日	机房街城区工务管理处	无	20	20
小工	罗海云	5月25日	机房街城区工务管理处	无	18	18
小工	廖云臣	5月25日	机房街城区工务管理处	无	16.4	16.4
小工	程康明	5月25日	机房街城区工务管理处	无	16	16
小工	周玉成	5月25日	机房街城区工务管理处	无	17.3	17.3
小工	陶海荣	5月25日	机房街城区工务管理处	无	17	17
小工	谢世云	5月25日	机房街城区工务管理处	无	18	18
小工	何文樑	5月25日	机房街城区工务管理处	无	17	17
小工	刘春庭	5月25日	机房街城区工务管理处	无	21	21
小工	王合清	5月25日	机房街城区工务管理处	无	18.3	18.3
测丁	马伯勋	5月25日	机房街城区工务管理处	无	30	30
测丁	黎昇平	5月25日	机房街城区工务管理处	无	30	30
测丁	薛怀玉	5月25日	机房街城区工务管理处	无	45	45
测工	杨月三	5月25日	机房街城区工务管理处	无	36	36
测工	孙燮清	5月25日	机房街城区工务管理处	无	36	36
测工	吴泽海	5月25日	机房街城区工务管理处	无	50	50
总计					1109.4	1109.4

(0053—12—91—2)

13. 重庆市工务局为拟定该局员役1939年度遭受空袭损害发放救济清册呈重庆市市长文(1940年7月11日)

案奉钧府廿九年七月一日市秘字第3226号训令,为检发本府员役遭受空袭损害救济审查委员会会议记录及通知书式样1纸,仰知照,等因。奉此,查本局员役去年遭受空袭损害,经造具报告表于廿八年十月十九日以工秘字第3284号呈请钧府核发救济费在案。兹查上次救济费亟待补发,业遵照上次会议决议第3次及中央颁布《公务员雇员公役遭受空袭暂行办法》之规定,详定补发办法,凡月薪在100元以下(云云抄照),辞职照准者照发,需款即在上年度局经费结余项下开支。理合缮具清册1份备文呈请鉴核备案。

谨呈

市长吴

附呈重庆市工务局员役头年度遭受空袭应发救济费清册1份。

局长　吴○○

附：

1)重庆市工务局职员遭受空袭损失清单

职别	姓名	原报损失值价	1939年5月份实支月薪额	初发救济费银额	备考
秘书	杨哲月	173	250	173	
工程师	李春松	322	218	218	
技正	丘秉敏	275	282	275	
工程师	陈鸿鼎	438	186	186	
工程师	陈乙彝	297	186	186	
技士	刘海通	310	154	154	
工程师	邹光烈	190	186	186	
技士	徐仁骅	418	122	122	
技士	过立先	43	106	43	
技士	徐宝鼎	213	138	138	
秘员	徐肇庆	563	70	100	
秘员	史寅开	467	98	100	
工程员	沈可孺	120	74	100	
技佐	俞大奎	156	82	100	
技佐	张崇垣	200	90	100	
技佐	梁锡伯	40	106	40	
办事员	史仲玮	240	58	100	
办事员	袁中权	477	62	100	

续表

职别	姓名	原报损失值价	1939年5月份实支月薪额	初发救济费银额	备考
办事员	柳介华	61	62	100	
工程员	周建垌	134	66	100	
工程员	葛诗绪	255	74	100	
副工程员	许纯照	141	62	100	
副工程员	任崇德	200	50	100	
雇员	张涤铭	193	50	100	
雇员	张文德	225	45	100	
雇员	杨在位	326	50	100	
雇员	周久康	14	40	14	
雇员	张兆麟	80	40	80	
监工员	王克刚	150	40	100	
监工员	夏𨱍	120	40	100	
监工员	周兴之	86	45	86	
团员	郑序南	70		70	

2) 重庆市工务局路灯管理所暨城区工务管理处工人遭受空袭损失清单

工别	姓名	原报损失值价	1939年5月份实支工饷	初发救济费银额	备考
工匠	伍杨树	38		38	
工匠	尤顺金	36		36	
工匠	萧世兴	40		40	
公役	刘伦	19		19	
公役	喻致清	16		16	
公役	刘世荣	17		17	
公役	刘树成	17		17	
公役	梁隆章	17		17	
路工队分队长	李志斌	23		23	
路工队分队长	胡金山	23		23	
路工队分队长	吴双全	22		22	
路工队分队长	吴耀五	26		26	

续表

工别	姓名	原报损失值价	1939年5月份实支工饷	初发救济费银额	备考
路工队分队长	孙炳全	23.8		23.8	
小工	雷金山	19.2		19.2	
小工	唐玉林	22		22	
小工	卿伦全	20		20	
小工	卿炳全	18.6		18.6	
小工	卿东帆	18.5		18.5	
小工	卿炯全	18.2		18.2	
小工	郑伦青	17.5		17.5	
小工	李锡斋	24		24	
小工	杨合然	18.2		18.2	
小工	李绍武	20.5		20.5	
石工	张兴发	20		20	
石工	罗金山	16		16	
小工	杨德祥	21		21	
小工	叶治云	18		18	
小工	邓树云	20		20	
小工	任绍轩	19.3		19.3	
小工	雷云生	18.5		18.5	
小工	杨德成	20.1		20.1	
小工	任志远	18		18	
小工	张松柏	18		18	
小工	汤福林	20		20	
小工	罗海云	18		18	
小工	廖云臣	16.4		16.4	
小工	程康明	16		16	
小工	周玉成	17.3		17.3	
小工	陶海荣	17		17	
小工	谢世云	18		18	
小工	何文樑	17		17	
小工	刘春庭	21		21	

续表

工别	姓名	原报损失值价	1939年5月份实支工饷	初发救济费银额	备考
小工	王合清	18.3		18.3	
测丁	马伯勋	30		30	
测丁	黎昇平	30		30	
测丁	薛怀玉	45		45	
测工	杨月三	36		36	
测工	孙燊清	36		36	
测工	吴泽海	50		50	

(0067—3—5100)

14. 新市区工务管理处主任为转呈监工员高君信1940年5月28日被炸损失物件单呈重庆市工务局局长文（1940年6月1日）

兹据监工员高君信称于五月二十八日下午二时许被敌机轰炸焚毁物件开单请转呈等情前来。查该员所有物件确因房屋轰炸倒塌后全部被焚。理合检呈该员焚失单呈请鉴核。

谨呈

局长吴

附损失物件单一纸

新市区工务管理处主任　陈鸿鼎

附：

窃职于本月二十八日下午二时许被敌机轰炸焚毁物件开列于左〈下〉：

黑丁绸背面白竹布被里盖被	1床	48元
白罗纹帐	1床	18元
黄色官长乙种呢制服	1套	62元
黄哈叽上身制服	1件	22元
自由布制服	1套	28元
蓝竹布短裤	2件	9元

续表

暗蓝布女旗袍	2件	28元
红府绸女棉旗袍	1件	32元
藤箱	1口	10元
花丁绸背面白竹布被里卧被	1床	26元
白底蓝花白底红花卧单	各1床	34元
绿色冬季衬衣	1套	16元
蓝哔叽西装裤	1条	47元
白竹布汗衫	2件	13元
阴丹士林布女旗袍	1件	16元
白竹布蓝竹布女衬衣	各1套	18元
元青洋布冬季女上衣	1件	11元
黑色女皮鞋	1双	12元
合计约值洋447元。谨呈 郑大队长 转呈 主任陈 职　高君信 （住南区干路燕喜洞62号楼上）		

（0067—3—5140）

15. 重庆市工务局为呈报职员马家振1940年5月28日被炸损失给重庆市政府秘书处的文（1940年7月）

兹查本局新市区工务处职员马家振于本年五月二十八日在本市燕喜洞62号遭受空袭损害，将房屋烧毁。经查属实，连同该员所报私物损失报告表函请查照办理为荷。

此致

本府秘书处

附检送马家振私物损失报告表1份

局戳

二十九年七月

附：

重庆市政府工务局员役空袭损失私物报告表

物品名称	品质	数量	损失程度	原价	购买年月	备考
玻璃杯	普通	1只	炸毁无用	1元	1940年5月	
蓝墨水	民生牌	1瓶	炸毁无用	2元	1940年5月	
白线毯	中等	1条	炸毁无用	24元	1939年7月	
灰布衬衫	中等	1件	炸毁无用	8元	1939年8月	
黄斜纹布西裤	中等	1条	炸毁无用	15元	1939年8月	
线袜	中等	2双	炸毁无用	4元	1939年6月	每双2元共4元
藏青哔叽西裤	上等	1条	炸毁无用	32元	1939年12月	
被灾日期	1940年5月28日	被灾地点	新市区工务管理处	房屋被炸或震塌	被炸	原支薪俸数目	90元	有无同居眷属	

右〈上〉开物品确系因空袭被毁，谨报告

局长吴

　　转呈

市长吴

填报人：职务　工程员

姓名　马家振

二十九年七月一日

(0067—3—5118)

16. 重庆市工务局为呈报职员高君信1940年5月28日被炸损失给重庆市政府秘书处的文(1940年7月)

兹查本局新市区工务处职员高君信于本年五月二十八日在本市燕喜洞62号遭受空袭损害,将房屋烧毁。经查属实,连同该员所报私物损失报告表函请查照办理为荷。

此致

本府秘书处

附检送高君信私物损失报告表1份

局戳

二十九年七月

附:

重庆市政府工务局员役空袭私物报告表

物品名称	品质	数量	损失程度	原价	购买年月	备考
官长乙种呢	中等	中山服1套	全毁	约60元	1938年8月	
自由布	普通	中山服1套	完全烧毁	约30元	1939年5月	
黄哈叽布	中等	上褂1件	全毁	约22元	1939年5月	
蓝哗叽布	上等	下装1件	全毁	约42元	1939年9月	
竹布	普通	汗衫2件	全毁	约15元	1940年4月	
竹布	普通	短下装2件	全毁	约11元	1940年4月	
被面	普通黑丁绸	1件	全毁	约21元	1938年10月	
女裤褂	竹布	1套	全毁	约13元	1940年5月	
罗纹帐	透纱	1个	全毁	约26元	1938年6月	
卧被单	花洋合	2床	全毁	约28元	1939年8月	
女棉袍	红洋绸	2身	全毁	约70元	1937年10月	
被里	竹布	1件	全毁	约14元	1938年10月	
被套	棉花	1件	全毁	约8元	1938年10月	

续表

物品名称	品质	数量	损失程度	原价	购买年月	备考
卧被	花丁绸面竹布里棉套	1件	全毁	约29元	1938年10月	
女大衫	阴丹士林	2件	全毁	约24元	1938年5月	
被灾日期	5月28日	被灾地点	南区马路燕喜洞62号	房屋被炸或震塌	被烧	原支薪俸数目	50元	有无同居眷属	妻子各一

右〈上〉开物品确系因空袭被毁，谨报告

局长吴

　　转呈

市长吴

填报人：职务　监工员

姓名　高君信

二十九年七月五日

（0067—3—5118）

17. 沙磁区工务管理处主任刘海通为送该单位员工1940年5月29日被炸损失单呈重庆市工务局局长文（1940年5月29日）

查二十九年五月二十九日敌机轰炸小龙坎，本处楼上办公室及寝室、楼下道班宿舍均被炸倒塌，经于解除警报后积极抢救，而有多数公私财产未能挖出，急待救济。除办公室公用财产另文呈报外，理合将本处员工所受损失填表具文呈请鉴核准予赔偿，实为德便。

谨呈

局长吴

沙磁区工务管理处主任　刘海通

附呈员工财产损失报告单〈原缺〉

（0067—3—5140）

18. 重庆市工务局为送市区房屋空袭损失调查表给重庆市市长的呈（1940年6月20日）

查本市城区及新市区一周内迭遭敌机滥施轰炸各街路，两旁房屋损毁甚巨，业经本局派员自本月十一日起出发调查，并张贴告示分别通知拆除或修理，以策安全。除调查及处理情形陆续呈报外，理合先将第一次调查各干路两旁房屋空袭损失调查表各1份具文呈请鉴核备查。

谨呈

市长吴

附呈空袭损失调查表1份

工务局局长 吴〇〇

附：

1）重庆市工务局空袭损失调查表

（1940年6月12日填）

区别	受损地点街名	门牌	受损房屋名称	受损情形	处理情形	受损日期	条示字别	号数	业主姓名	业主住址	租户姓名	备考
新市区	中二路	40	二层木穿门	屋顶震毁	限10日内来局领照修理	6月10日	新危	121	钱福记	陕西路邮局下坡赣江街1号	鸿昌电机厂	
新市区	中二路	46	二层木捆绑	屋顶震毁	限10日内来局领照修理	6月10日	新危	122	皮洪元		时来栈茶馆	通知由时来栈转交
新市区	中二路	48	独立砖柱	屋顶震破	限10日内来局领照修理	6月10日	新危	123	彭卿清		利通五金行	

续表

区别	受损地点 街名	受损地点 门牌	受损房屋名称	受损情形	处理情形	受损日期	条示 字别	条示 号数	业主 姓名	业主 住址	租户姓名	备考
新市区	中二路	50	独立砖柱	屋顶震破	限10日内来局领照修理	6月10日	新危	123	彭卿清			
新市区	中二路	52	二层穿门	受震生倾斜	限10日内来局领照修理	6月10日	新危	124	刘德安			
新市区	中二路	54	二层穿门	受震生倾斜	限10日内来局领照修理	6月10日	新危	124	刘德安			
新市区	中二路	56	二层穿门	屋顶震破	限10日内来局领照修理	6月10日	新危	125	冯惠绸		谭足三木作修理铺	通知由租户转交
新市区	中二路	58	二层穿门	屋顶震破	限10日内来局领照修理	6月10日	新危	125	冯惠绸			
新市区	中二路	157	三层穿门房屋	屋顶部分被震毁	限6天内来局领照修理	6月11日	新危	128	蔡少庚	不明	周亮全	业主通信处由租户周亮全转交
新市区	中二路	157	三层穿门房屋	屋顶部分被震毁	限6天内来局领照修理	6月11日	新危	128	蔡少庚	不明	周亮全	
新市区	中二路	159	二层捆绑	屋顶被炸破	已动工修理	6月11日	新危	136	舒继陶	中二路160号		

续表

区别	受损地点 街名	受损地点 门牌	受损房屋名称	受损情形	处理情形	受损日期	条示 字别	条示 号数	业主 姓名	业主 住址	租户姓名	备考
新市区	中二路	161	二层穿门	受震已发生倾斜	限10天内来局领照修理	6月11日	新危	135	章世端	不明	不明	移乡下
新市区	中二路	165	二层捆绑	该屋已生倾斜正面横梁已段〔断〕	限7天内来局领照修理	6月11日	新险	130	杨锡山		高继忠	
新市区	中二路	162 164	二层木穿门	后面全部已破烂	限7天内来局领照修理	6月11日	新险	132	黄培林	不明		通知书由住户转交
新市区	中二路	166	二层木穿门	已破烂	限7天内来局领照修理	6月11日	新险	131	王树清			
新市区	中二路	160	二层捆绑	已破烂	限7天内来局领照修理	6月11日	新险	137	胡华清	罗家湾	由住户舒继陶转交	茶馆
新市区	中二路	123	二层木穿门		限10日内来局领照修理	6月10日	新危	133	彭金全			
新市区	中二路	122	二层木穿门		限10日内来局领照修理	6月10日	新危	133	朱康林		巴黎姿格洋服店转交	

续表

区别	受损地点 街名	受损地点 门牌	受损房屋名称	受损情形	处理情形	受损日期	条示 字别	条示 号数	业主 姓名	业主 住址	租户姓名	备考
新市区	中二路	119 120	二层木捆绑	屋顶破烂	限10日内来局领照修理	6月10日	新危	134	石海云			
新市区	神仙洞街	252	平方全部泥墙	前部泥墙与屋顶震破	限7日内来局领照修理	6月10日	新险	129	张凤文			已动工修理
新市区	中二路	1	正殿两坡屋	大殿屋顶震破两面坡倒塌	限7日内来局领照修理	6月10日	新险		飞来寺			已动工拆卸
新市区	飞来寺	2	一层西式平房	中部落一弹炸毁屋顶一部		6月10日	新险		曾子唯住宅			已动工修理
新市区	飞来寺	6	三层中西式楼房4所	3所屋顶震毁 1所被破炸平		6月10日	新险		修园别墅杨赞清	陕西街余家巷35号		
新市区	飞来寺	7	西式住宅	门房及下房住宅围墙屋顶震毁		6月10日	新险		吴绍通先生	四川省银行	翁和清先生转交	

续表

区别	受损地点 街名	受损地点 门牌	受损房屋名称	受损情形	处理情形	受损日期	条示 字别	条示 号数	业主 姓名	业主 住址	租户姓名	备考
新市区	中二路	51	二层穿门	房屋后部炸毁	限7日内来局领照修理	6月10日	新险	125	娄汉卿油漆铺			
新市区	中二路	53	二层穿门	房屋后部炸毁	限7日内来局领照修理	6月10日	新险	127	洪昌五金制造厂			
新市区	中二路	55 57	二层木穿门	屋顶全部炸毁		6月10日	新险	126	华兴铁工厂	中二路57号		已动工拆卸
新市区	中二路	61	二层木穿门	屋顶瓦炸毁		6月10日	新险		鑫昌仲记修理馆	中二路61号		
新市区	中二路	59	二层木穿门	房屋已生倾斜屋顶破烂		6月10日	新危	130	符言氏	中二路59号		
新市区	中二路	63	二层木穿门	屋顶瓦炸毁		6月10日			华东电杆厂	中二路63号		
新市区	中二路	65	二层木穿门	屋顶瓦炸毁		6月10日			林记树和祥机器制造			

续表

区别	受损地点 街名	受损地点 门牌	受损房屋名称	受损情形	处理情形	受损日期	条示 字别	条示 号数	业主 姓名	业主 住址	租户姓名	备考
新市区	中二路	67	二层木穿门	屋顶瓦炸毁		6月10日			新上海厂			
新市区	中二路	113	二层穿门	屋顶炸毁		6月10日			戴子青			
新市区	中二路	115	二层穿门	屋顶炸毁		6月10日			张梦生			
新市区	中二路	117	二层穿门	屋顶炸毁		6月10日			袁五山			
新市区	中二路	114	二层木捆绑	屋顶瓦震破		6月10日			徐西江	乡下	朱清华转交	
新市区	中二路	112	二层木捆绑	屋顶瓦震破		6月10日			徐西江	乡下	三三茶社	住李子坝正街第3号□间
新市区	中二路	126	三层西式楼房及门房	屋顶瓦震破		6月10日			渝舍			院内原有厨房和厕所被炸毁
新市区	中二路	125附1号	一层木捆绑	受震动破坏		6月10日			王国宾	同前		

续表

区别	受损地点 街名	受损地点 门牌	受损房屋名称	受损情形	处理情形	受损日期	条示 字别	条示 号数	业主 姓名	业主 住址	租户姓名	备考
新市区	中二路	124	二层木穿门	屋顶瓦震破		6月10日			刘炳清	同前		
新市区	中二路	69	二层穿门	屋顶瓦震破		6月11日			兴昌祥五金工厂	中二路69号		
新市区	中二路	71	二层穿门	屋顶瓦震破		6月11日			勤丰协记	中二路71号		
新市区	中二路	73	二层穿门	屋顶瓦震破		6月11日			兴中铜铁翻砂厂	中二路73号		
新市区	中二路	75	二层穿门	屋顶瓦震破		6月11日			龙大头口车行	中二路75号		
新市区	中二路	80	三层西式楼房	正门和屋顶毁坏一部分	限10日内来局领照修理	6月11日	新危	131			秦绍芬	由住户转交
新市区	中二路	107	二层穿门	屋顶瓦震毁		6月11日			曾子唯			由住户转交
新市区	中二路	109	二层穿门	屋顶瓦震毁		6月11日			寿百记			由住户转交

续表

区别	受损地点 街名	受损地点 门牌	受损房屋名称	受损情形	处理情形	受损日期	条示 字别	条示 号数	业主 姓名	业主 住址	租户姓名	备考
新市区	中二路	111	二层穿门	屋顶瓦震毁		6月11日			彭罗氏		宋海清	由住户转交
新市区	中二路	66 68	二层穿门	房屋被震生倾斜屋顶震破	限10日内来局领照修理	6月10日	新危	126	潘树云		何双全	通知由何双全转交（席铺）
新市区	中二路	70	二层穿门	屋顶瓦震破	已动工修理	6月10日	新危				德祥杂货铺	
新市区	中二路		二层木穿门	该屋已生倾斜	限10日内来局领照修理	6月10日	新危	127	久大盐业公司	中二路78号		
新市区	中二路	72	二层穿门	倾斜	限10日内来局领照修理	6月10日	新危	127	王福安		沈夏生	由住户转交
新市区	中二路	74	二层穿门	倾斜	限10日内来局领照修理	6月10日	新危	127	戴南惠			
新市区	中二路	78	三层西式楼房1所办公室	屋顶一部分毁坏墙壁震裂		6月10日	新危		久大盐业公司			

续表

区别	受损地点 街名	受损地点 门牌	受损房屋名称	受损情形	处理情形	受损日期	条示 字别	条示 号数	业主 姓名	业主 住址	租户姓名	备考
新市区	中二路	78	三层西式楼房1所办公室	屋顶一部分毁坏墙壁震裂		6月10日	新危		湖南省银行			
新市区	中二路	81	三层木穿门	第三层楼屋顶已被炸毁	限7日内来局领照修理	6月10日	新险	121	张树林			
新市区	中二路	82	三层木穿门	第三层楼屋顶已被炸毁	限7日内来局领照修理	6月10日	新险	121	张树林			
新市区	中二路	83	二层木穿门	第三层楼屋顶已被炸毁	限7日内来局领照修理	6月10日	新险	121	张树林			
新市区	中二路	89	二层木穿门		限7日内来局领照修理	6月10日	新险	122	傅文干			
新市区	中二路	90	二层木穿门		限7日内来局领照修理	6月10日	新险	122	傅文干			
新市区	中二路	91	二层木穿门	落弹炸平	限7日内来局领照修理	6月10日						

续表

区别	受损地点街名	门牌	受损房屋名称	受损情形	处理情形	受损日期	条示字别	号数	业主姓名	住址	租户姓名	备考
新市区	中二路	86	二层穿门	屋顶瓦震破		6月10日			大陆材料行			
新市区	中二路	87	二层穿门	屋顶瓦震破		6月10日			裕华铁厂			
新市区	中二路	88	二层穿门	屋顶瓦震破		6月10日			华华木器店			
新市区	中二路	93	二层木穿门	后部炸毁		6月10日	新险	123	上海聚铸铁厂			已动工修理
新市区	中二路	94	二层穿门	被震已倾斜		6月10日			曹泰昌铜铁翻砂厂			
新市区	中二路	95	二层穿门			6月10日						
新市区	中二路	92	二层木穿门	已生倾斜屋顶震破		6月10日						已动工
新市区	中二路	44	二层穿门	全部屋顶震破	限4日内来局领照修理	6月10日	新危	124	罗有连罗有全			由袁鑫记汽车材料行转交

续表

区别	受损地点 街名	受损地点 门牌	受损房屋名称	受损情形	处理情形	受损日期	条示 字别	条示 号数	业主 姓名	业主 住址	租户姓名	备考
新市区	中二路	45	二层穿门	全部屋顶震破		6月10日	新危	124	李箭宣			由租房转交
新市区	中二路	47	二层穿门	全部屋顶震破		6月10日	新危	124	谭诸山			由租房转交
新市区	中二路	49	二层穿门	屋顶与铺面条墙震坏		6月10日			袁鑫记汽车材料行			

区工务管理处主任：　　　主管科长：　　　局长：

2)重庆市工务局空袭损失调查表

（1940年6月13日填）

区别	受损地点 街名	受损地点 门牌	受损房屋名称	受损情形	处理情形	受损日期	条示 字别	条示 号数	业主 姓名	业主 住址	租户姓名	备考
城区	民生路	132	砖柱楼房	楼墙屋顶炸毁	限10天内来局领照修理	6月12日	城危	51	不明	同前〈左〉		
城区	民生路	128	砖柱楼房	邻房已炸倒□□亦倾斜	限10天内来局领照修理	6月12日	城险	52	秀鹤书局	同前〈左〉		

续表

区别	受损地点		受损房屋名称	受损情形	处理情形	受损日期	条示		业主		租户姓名	备考
	街名	门牌					字别	号数	姓名	住址		
城区	民生路	132	危墙	该墙已倾斜	限10天内来局领照修理	6月12日	城险	51	不明	同前〈左〉		
城区	牛皮凼	4	穿逗破房	全部已炸倒	限10天内来局领照修理	6月12日	城险	53	不明	同前〈左〉		
城区	牛皮凼	5	砖柱楼房	门屋炸倒□屋楼墙倾斜	限10天内来局领照修理	6月12日	城险	54	不明	同前〈左〉		
城区	民生路	118	砖柱楼房	门面炸破	限7天内来局领照修理	6月12日	城危	70	南京积古斋新华文具社	同前〈左〉		
城区	民生路	116	砖柱楼房	门面炸破	限7天内来局领照修理	6月12日	城危	69	华夏皮鞋商店	同前〈左〉		
城区	民生路	114	砖柱楼房	后屋屋顶炸毁	限7天内来局领照修理	6月12日	城危	68	汉吴泰纸号	同前〈左〉		
城区	民生路	70	孤立砖柱楼房	邻屋炸毁该屋已孤立	限7天内来局领照修理	6月12日	城险	55	振亚鞋店	同前〈左〉		

续表

区别	受损地点 街名	受损地点 门牌	受损房屋名称	受损情形	处理情形	受损日期	条示 字别	条示 号数	业主 姓名	业主 住址	租户姓名	备考
城区	民生路	74	砖柱楼房	门面屋顶炸毁	限7天内来局领照修理	6月12日	城危	67	江西寿霜药房	同右〈左〉		
城区	民生路	64	砖柱楼房	门面已炸倒一半	限7天内来局领照修理	6月12日	城危	66	蜜香餐食	同右〈左〉		
城区	民权路	70 72	砖柱铺面	门面炸破屋顶亦塌一部分	限7天内来局领照修理	6月12日	城危	65	冠生园	同右〈左〉		

区工务管理处主任：　　　主管科长：　　　局长：

3) 重庆市工务局空袭损失调查表

（1940年6月15日填）

区别	受损地点 街名	受损地点 门牌	受损房屋名称	受损情形	处理情形	受损日期	条示 字别	条示 号数	业主 姓名	业主 住址	租户姓名	备考
新市区	中三路	114	二层西式楼房	中部落弹炸成2部		6月10日					国库署办公厅	已动工拆卸
新市区	中三路	151	四层捆绑	屋顶受震动已成被〔破〕烂	限10天内来局领照修理	6月10日	新危	139	田永久	150		

续表

区别	受损地点 街名	门牌	受损房屋名称	受损情形	处理情形	受损日期	条示 字别	号数	业主 姓名	住址	租户姓名	备考
新市区	中三路	150	四层捆绑	屋顶被炸毁已破烂	限10天内来局领照修理	6月10日	新危		韩云章			由田永章转交
新市区	中三路	127	二层木捆绑	材料单薄已被震毁	限10天内来局领照修理	6月10日	新险	134	陈明清	上清寺中国银行办事处隔壁		
新市区	中三路		三层西式楼房办事处	门面墙壁受裂门窗震破围墙及边门震塌		6月10日				上清寺中国银行办事处		
新市区	中三路	74	木穿门2所	已破烂		6月10日						
新市区	中三路	71	三层洋房计5间	全部焚毁只留独立墙壁	限10天内来局领照修理	6月10日	新险	136	罗君同	劝工局街美德实业公司转交		
新市区	中三路	12号起计11所	三层西式铺房	铺面外部粉灰震坏		6月10日			罗泽洲	大溪沟罗一工堂		

续表

区别	受损地点 街名	受损地点 门牌	受损房屋名称	受损情形	处理情形	受损日期	条示 字别	条示 号数	业主 姓名	业主 住址	租户姓名	备考
新市区	飞来寺	10	三层西式楼房	被炸去一部		6月10日			川盐银行	新街口		
新市区	飞来寺	11	二层西式楼房	被炸震倒		6月10日			川盐银行	新街口		已动工拆卸
新市区	飞来寺	12	二层西式楼房	被炸破屋顶		6月10日			陈继光	下乡		
新市区	飞来寺	8	二层西式楼房	被炸半所		6月10日			张学尧			由财政部庶务科转交
新市区	飞来寺	179	二层木穿门	后部屋顶震破		6月10日			陈鸿洲		文瓒元	
新市区	飞来寺	181	二层木穿门	后部屋顶震破		6月10日						
新市区	飞来寺	183	二层穿门	楼板炸毁	限10天内来局领照修理	6月10日	新险	133	晋荣庭			

续表

区别	受损地点 街名	受损地点 门牌	受损房屋名称	受损情形	处理情形	受损日期	条示 字别	条示 号数	业主 姓名	业主 住址	租户姓名	备考
新市区	飞来寺	185	二层木捆绑	后部炸破		6月10日			雷少清		□回生	
新市区	中二路	158	二层捆绑	受震破烂	限10天内来局领照修理	6月10日	新险	137	胡华清	罗家湾	潘德明	通知书由住户转
新市区	中二路	156	二层捆绑	屋顶受震破	限10天内来局领照修理	6月10日	新危	138	郑海清	菜园坝正街2号	陈玉田菜馆	通知书由住户转
新市区	中二路	155	二层捆绑	屋顶受震破	限10天内来局领照修理	6月10日		138	郑海清	菜园坝正街2号	义气轩	通知书由住户转
新市区	中二路	154	二层捆绑	屋顶受震破	限10天内来局领照修理	6月10日		138	郑海清	菜园坝正街2号	聂侯氏	通知书由住户转
新市区	中二路	153	二层捆绑	屋顶受震破	限10天内来局领照修理	6月10日			林世海	大田湾	何瑞江	通知书由住户转
新市区	中二路	152	二层捆绑	屋顶受震破	限10天内来局领照修理	6月10日			吴瑞生	中二路152号		

续表

区别	受损地点 街名	受损地点 门牌	受损房屋名称	受损情形	处理情形	受损日期	条示 字别	条示 号数	业主 姓名	业主 住址	租户姓名	备考
新市区	中二路	151	二层捆绑	屋顶门板震破	限10天内来局领照修理	6月10日			徐老太		雷福田	由住户转交
新市区	中二路	纪明坊	西式出租房屋和住宅	屋顶震破	限10天内来局领照修理	6月10日			庞怀林	纪明坊143号		

区工务管理处主任： 主管科长： 局长：

（0067—3—3398）

19. 新市区工务管理处为查明并呈复监工员高君信被炸损失地址呈重庆市工务局局长文（1940年6月24日）

案奉钧局本年六月十四日总字第4137号训令略开：案查前据该区呈送监工员高君信被炸损失单请求发给补偿一案，曾已呈奉市政府秘三字第2579号指令该监工员损失物件系在何处被炸，仰查明地址呈复，以凭核转为要！等因。奉此，经饬据该监工员高君信报称：职眷原住南区马路燕喜洞62号2楼，等情，前来。兹奉前因，理合据情呈复鉴核。

谨呈

局长吴

新市区工务管理处主任 陈鸿鼎

（0067—3—5100）

20. 重庆市工务局为填送空袭损失调查表给重庆市市长吴国桢的签呈(1940年6月25日)

查城区历次空袭被损房屋业经本局派员实地查勘,兹已将一部分调查完竣,先行列表呈送。其余当在积极调查中。理合检同上项调查表备文呈请鉴核备查。

谨呈

市长吴

附呈空袭损失调查表10份(计11张①)

(全衔)吴〇〇

附：

1)重庆市工务局空袭损失调查表

(1940年6月18日填)

区别	受损地点		受损房屋名称	受损情形	处理情形	受损日期	条示		业主		租户姓名	备考
	街名	门牌					字别	号数	姓名	住址		
新市区	中二路	246	三层木捆绑	(房屋已生倾斜)屋顶破烂	贴条示限10天领照拆卸		新险	148	魏新	下乡	我们的食店	由租户转交
新市区	中二路	245	三层木捆绑	(房屋已生倾斜)屋顶破烂	贴条示限10天领照拆卸		新险	148			洪吉福小食店	由租户转交
新市区	中二路	243	三层木捆绑	房屋生倾斜颇剧又加屋顶破烂	贴条示限10天领照拆卸		新险	147	谢绍钦		精益糖果店	
新市区	中二路	244	三层木捆绑	房屋生倾斜颇剧又加屋顶破烂	贴条示限10天领照拆卸		新险	147			任钰清洗染店	由中二路245洪吉福等交

① 该11张表格,编者按时间划分为3份。

续表

区别	受损地点 街名	受损地点 门牌	受损房屋名称	受损情形	处理情形	受损日期	条示 字别	条示 号数	业主 姓名	业主 住址	租户姓名	备考
新市区	国府路	283	二层西式楼房	屋顶和下房围墙等受震动毁坏					外宾招待所			已动工修理
新市区	国府路	265	二层木穿门	全部震破	贴条示限10天领照拆卸	6月10、11、13日三次	新险	149	周希安			已搭临时棚房

区工务管理处主任： 　　　主管科长： 　　　局长：

2）重庆市工务局空袭损失调查表

（1940年6月19日填）

区别	受损地点 街名	受损地点 门牌	受损房屋名称	受损情形	处理情形	受损日期	条示 字别	条示 号数	业主 姓名	业主 住址	租户姓名	备考
城区	斤盐河街	16	捆绑一楼一底	屋架一边被火烧焦	贴危字41号条示，限7天内向城区请示修理方法	6月12日	城危	41号	张子秋		李春山	
城区	水巷子	93	穿门楼房	被炸坏一部分，且已呈倾斜	贴危字42号条示，限7天内向城区请示修理方法	6月16日	城危	42号	陈姓		谦吉花行	
城区	水巷子	93	穿门楼房	炸坏留危墙一片且凹凸不直	贴险字56号条示，限5天内自拆否则代拆	6月16日	城危	56号	陈姓		谦吉花行	

续表

区别	受损地点 街名	门牌	受损房屋名称	受损情形	处理情形	受损日期	条示 字别	号数	业主 姓名	住址	租户姓名	备考
城区	水巷子	97	穿门楼房	该房后部被炸毁，所留一部已呈倾斜	贴城危字57号条示，限10天内向城区请示修理方法	6月16日	城险	57号	太邑学校	陕西路	龚炳章	
城区	水巷子	84	穿门楼房	屋顶一部被毁夹壁亦受损坏	贴城危字56号条示，限10天内向城区请示修理	6月12日	城危	56号	乌唤池	江北开阳黄桷树	永安盐号	
城区	中正路	202	砖柱三层楼房	屋架炸毁，一边砖墙被炸缺一部分	贴城危字57号条示，限7天内城区请示修理	6月12日	城危	57号	祥森号	敦厚中段28号		
城区	中正路		砖柱四层楼房	进门左边一部屋顶及砖墙被炸坏	该局范先生答云已请得蔡传书技师检查在绘图中	6月12日			中央信托局保险部			因系机关未贴条示
城区	中正路	218	砖柱楼房	危墙一扇已受震歪出	贴城险字58号条示，限7天内自行拆除否则代拆	6月12日	城险	58号	曾传周	同损地		
城区	中正路	218	砖柱楼房	前面墙壁受损后面一部屋顶被震坏	贴城危字55号条示，限10天内向城区请示修理	6月12日	城危	55号	曾传周	同损地		

续表

区别	受损地点 街名	受损地点 门牌	受损房屋名称	受损情形	处理情形	受损日期	条示 字别	条示 号数	业主 姓名	业主 住址	租户 姓名	备考
城区	中正路	211 212	砖柱一楼一底房	楼层被震坏砖柱亦歪斜应拆,底层砖柱尚好可修	贴城危字54号条示,限7天内向城区请示修理方法	6月12日	城危	54号	裕华布厂	打铜街	张林成	
城区	中正路	213	砖柱一楼一底房	楼层被震坏砖柱亦歪斜应拆,底层砖柱尚好可修	贴城危字53号条示,限7天内向城区请示修理方法	6月12日	城危	53号	曾姓		蒋海清	
城区	中正路	242	砖柱一楼一底房	楼层与屋顶被震坏	贴城危字52号条示,限7天内向城区请示修理	6月12日	城危	52号	魏志成		余锡清	
城区	中正路	243	砖柱楼房	后部屋架与楼层均被炸毁	贴城危字90号条示,限10天内向城区请示修理	6月12日	城危	90号	万源通颜料行			该屋舍全部修复应请技师检查绘图送样
城区	中正路	244	砖柱楼房	后部完全炸毁,前部楼层亦被震甚烈应拆,楼底可修理	贴城危字89号条示,限10天内向城区请示修理方法	6月12日	城危	89号	胡声之	江北陈家馆38号	王春云	

续表

区别	受损地点 街名	门牌	受损房屋名称	受损情形	处理情形	受损日期	条示 字别	号数	业主 姓名	住址	租户姓名	备考
城区	中正路	232	砖柱楼房	进门左边砖墙已凸出应拆换，内进板壁被震坏	贴城危字88号条示，限7天内向城区请示修理方法	6月12日	城危	88号	达善堂			
城区	赣江街	17	穿逗房屋	屋面墙垣震损	限15日内请照修理	6月16日	城危	78号	李承禹		防空司令部警报台	
城区	赣江街	19	穿逗房屋	屋面墙垣震损	限15日内请照修理	6月16日	城危	78号	李承禹		防空司令部警报台	
城区	赣江街	21	穿逗房屋	屋面墙垣震损	限15日内请照修理	6月16日	城危	78号	李承禹		防空司令部警报台	
城区	余家巷	1	川康商业银行第一仓库附屋	屋面墙垣震损	限15日内请照修理	6月16日	城危	79号	川康商业银行			

区工务管理处主任： 主管科长： 局长：

3)重庆市工务局空袭损失调查表

（1940年6月20日填）

区别	受损地点 街名	受损地点 门牌	受损房屋名称	受损情形	处理情形	受损日期	条示 字别	条示 号数	业主 姓名	业主 住址	租户姓名	备考
新市区	国府路	183 185	三层独立砖柱（市房）	屋顶铺面受震坏		6月13日			刘殿章		刘华	由183租户刘华转交
新市区	国府路	187	三层独立砖柱（市房）	屋顶铺面受震坏		6月13日			李志堂	国府路	大观园内	
新市区	国府路	由189起计4所	二层独立砖柱（市房）	屋顶铺面和门板全部破烂	限10天拆卸	6月13日	新险	151	陈北西	观音樑		
新市区	国府路	184	二层木穿门	正门横梁已震断	限15天修理	6月13日	新危	149	萧锡臣			
新市区	国府路	186	二层木穿门	正门横梁已震断	限15天修理	6月13日	新危	151	杨海清			由租户转交
新市区	国府路	188	二层木穿门	屋顶和铺面	限15天修理	6月13日	新危	152	张文忠			由租户转交
新市区	国府路	190	二层木穿门	屋顶和铺面	限15天修理	6月13日	新危	152	蔡福星			由租户转交
新市区	国府路	192 194	二层木穿门	屋顶和门面已破烂	限20天拆卸	6月13日	新险	152	孙绍全			
新市区	国府路	207 209	三层独立砖柱（市房）	前部被炸毁	贴条示限15天领照拆卸	6月13日	新险	153	徐海庭			由租户转交

续表

区别	受损地点 街名	受损地点 门牌	受损房屋名称	受损情形	处理情形	受损日期	条示 字别	条示 号数	业主 姓名	业主 住址	租户姓名	备考
新市区	国府路	211 213 215 217	三层捆绑	屋顶铺面破坏	贴条示限15天领照拆卸	6月13日	新险	154				由租户转交
新市区	国府路	226 228	二层木穿门	屋顶铺面震坏	贴条示限15天领照修理	6月13日	新危	153	屠馨斋			由租户转交
新市区	国府路	222 220	二层捆绑	屋顶被震坏	贴条示限15天领照拆卸	6月13日	新险	155	屠馨斋			由租户转交
新市区	国府路	225	二层捆绑	屋顶铺面震坏					陈求发		曾孟修	由租户曾孟修国府路225号转交
新市区	国府路	221	二层捆绑	屋顶铺面震坏					刘志然			由租户转交
新市区		223	二层捆绑	屋顶铺面震坏					刘云和			由租户转交
新市区		219	二层捆绑	屋顶铺面震坏							楠园茶社	由租户转交
新市区	国府路	266	□层木捆绑	铺面和屋顶受震毁坏	贴条示限10天领照修理	6月10日 6月11日 6月13日	新危	145	李诸山		刘莫成	由租户刘莫成转交

续表

区别	受损地点 街名	受损地点 门牌	受损房屋名称	受损情形	处理情形	受损日期	条示 字别	条示 号数	业主 姓名	业主 住址	租户姓名	备考
新市区	国府路	267	□层木捆绑	铺面和屋顶受震毁坏	贴条示限10天领照修理	6月10日 6月11日 6月13日	新危	145	李诸山			由租户刘莫成转交
新市区	国府路	268	□层木捆绑	铺面和屋顶受震毁坏	贴条示限10天领照修理	6月10日 6月11日 6月13日	新危	145	李诸山			由租户刘莫成转交
新市区	国府路	269	□层木捆绑	铺面和屋顶受震毁坏	贴条示限10天领照修理	6月10日 6月11日 6月13日	新危	145	李诸山			由租户刘莫成转交
新市区	国府路	270	□层木捆绑	铺面和屋顶受震毁坏	贴条示限10天领照修理	6月10日 6月11日 6月13日	新危	146	孟绍才			国府279北味酒家转交
新市区	国府路	271	□层木捆绑	铺面和屋顶受震毁坏	贴条示限10天领照修理	6月10日 6月11日 6月13日	新危	147	孟绍才			租户已经迁移屋内无人,住址不明
新市区	国府路	260 261 262	二层楼房独立砖柱三面泥墙3所	前部炸毁	贴条示限10天领照拆卸	6月13日	新险	150	张炳锋			
新市区	国府路	256	二层西式住宅	正屋顶震毁围墙震倒	贴条示限10天领照修理	6月13日	新危	148			丁铁庵	由国民政府外收发转交

续表

区别	受损地点 街名	受损地点 门牌	受损房屋名称	受损情形	处理情形	受损日期	条示 字别	条示 号数	业主 姓名	业主 住址	租户姓名	备考
新市区	民族路	41	四层楼房（独立砖柱）	屋顶墙壁楼面均破烂	限7日内修理	6月12日	危	64	慈幼学校	玄坛庙	和生正	住二府衙荣昌和
新市区	民族路	70	四层楼房（独立砖柱）	屋顶破烂	限7日内修理	6月12日	危	30			长兴布店	住址不明
新市区	民族路	44	四层楼房（独立砖柱）	墙壁震坏	限7日内修理	6月12日	危	31			渝新旅馆	林森路146号国华商店内
新市区	民族路	29	四层楼房（独立砖柱）	屋顶墙壁楼面均破烂砖柱倾斜	限7日内拆除	6月12日	险	67	王瑞生	江北	赵吉甫	住中正街190号
新市区	民族路	64	楼房（独立砖柱）	屋顶墙壁楼面均破烂砖柱倾斜	限7日内拆除	6月12日	险	69			大三元	住林森路
新市区	民族路	42	楼房（独立砖柱）	屋顶墙壁楼面均破烂砖柱倾斜	限7日内拆除	6月12日	险	68	邓银卿	民族路42		
新市区	民族路	66	楼房（独立砖柱）	屋顶墙壁楼面均破烂砖柱倾斜	限7日内拆除	6月12日	险	70				业主不明

续表

区别	受损地点 街名	受损地点 门牌	受损房屋名称	受损情形	处理情形	受损日期	条示 字别	条示 号数	业主 姓名	业主 住址	租户姓名	备考
新市区	民族路	68	楼房（独立砖柱）	屋顶墙壁楼面均破烂砖柱倾斜	限7日内拆除	6月12日	险	71			梦生笔店	关庙街玉成阁笔店转
新市区	民族路	26	穿门楼房	瓦面屋架墙壁均破烂倾斜	限7日内拆除	6月12日	险	66			锦城饭店	住鸡冠石邮局交杜伦波
新市区	中正路	151	楼房（独立砖柱）	屋顶墙壁砖柱均破烂	限5日内拆除	6月12日	险	65				业主不明
新市区	中正路	150	楼房（独立砖柱）	屋顶楼面损坏一部分	限15日内修理	6月12日	危	28	育才小学	新生路	张汇川	
新市区	棉花街	1	穿门楼房	门面震坏	限7日内修理	6月12日	险	29	曾德兰		刘于辉	住棉花街1号

区工务管理处主任： 主管科长： 局长：

(0067—3—5109)

21. 重庆市工务局为呈报职员伊爵鸣1940年6月11日被炸损失给重庆市政府秘书处的文（1940年7月）

兹查本局沙磁区工务处职员伊爵鸣于本年六月十一日在本市老两路口26号遭受空袭损害，将房屋炸踏。经查属实，连同该员所报私物损失报告表函请查照办理为荷。

此致

本府秘书处

附检送伊爵鸣私物损失报告表1份

局戳

二十九年七月

附：

重庆市政府工务局员役空袭损失私物报告表

物品名称	品质	数量	损失程度	原价	购买年月	备考
肥皂盒	西瓷	1	压毁	2元	1939年6月	
镜子		1	震破	5元	1939年9月	
衬衫	府绸 纺绸	各1件	不能再穿	15元 15元	1940年5月 1940年4月	
西装白裤	哔叽〔叽〕	1条	不能再穿	30元	1939年6月	
运动胶鞋		1双	受震遗失	10元	1940年6月	
短裤	哈□	1条	全毁	4.5元	1939年7月	
毛巾	三角牌	1条	全毁	2元	1940年2月	
被灾日期	1940年6月11日	被灾地点	老两路口26号	房屋被炸或震塌	震毁	原支薪俸数目	105元	有无同居眷属	无

右〈上〉开物品确系因空袭被毁，谨报

局长吴

    转呈

市长吴

填报人：职务　工程员

姓名　伊爵鸣

二十九年六月二十日

(0067—3—5118)

22. 重庆市工务局为呈报职员周建业1940年6月11日被炸损失给重庆市政府秘书处的文（1940年7月）

兹查本局新市区工务处职员周建业于本年六月十一日在本市老两路口

26号遭受空袭损害,将房屋炸塌。经查属实,连同该员所报私物损失报告表函请查照办理为荷。

  此致

本府秘书处

附检送周建业私物损失报告表1份

局戳
二十九年七月

  附:

重庆市政府工务局员役空袭损失私物报告表

物品名称	品质	数量	损失程度	原价	购买年月	备考
布中山装		1套	遗失	26元	1940年2月	
白布衬衫		1件	遗失	9元	1940年4月	
白背心		1件	遗失	3元	1940年4月	
白布短裤		1条	遗失	3元	1940年5月	
麻纱袜		2双	遗失	6元	1940年3月	
皮鞋		1双	遗失	22元	1939年8月	
面巾		2条	遗失	3元	1940年4月	
被灾日期	1940年6月11日	被灾地点	两路口26号	房屋被炸或震塌	震塌	原支薪俸数目	70元	有无同居眷属	有

右〈上〉开物品确系因空袭被毁,谨报告

局长吴

  转呈

市长吴

填报人:职务 办事员
姓名 周建业
二十九年六月二十一日

(0067—3—5118)

23. 重庆市工务局为呈报职员吴梅南1940年6月11日被炸损失给重庆市政府秘书处的文（1940年7月）

兹查本局新市区工务处职员吴梅南于本年六月十一日在本市老两路口26号遭受空袭损害,将房屋炸塌。经查属实,连同该员所报私物损失报告表函请查照办理为荷。

此致

本府秘书处

附检送吴梅南私物损失报告表1份

局戳

二十九年七月

附：

重庆市政府工务局员役空袭损失私物报告表

物品名称	品质	数量	损失程度	原价	购买年月	备考
中山服	山东绸	1套	炸塌失踪	36元	1940年5月	
白裤	斜纹短裤	1条	炸塌失踪	5.2元	1940年5月	
背心	麻纱	1件	炸塌失踪	2.4元	1940年5月	
牙罐	洋瓷	1个	炸塌失踪	1.8元	1940年5月	
牙刷		1把	炸塌失踪	1.6元	1940年5月	
毛巾		1条	炸塌失踪	1.5元	1940年5月	
被灾日期	1940年6月11日	被灾地点	老两路口26号	房屋被炸或震塌	炸塌	原支薪俸数目	70元	有无同居眷属

右（上）开物品确系因空袭被毁,谨报告

局长吴

　　转呈

市长吴

填报人：职务　副工程员

姓名　吴梅南

二十九年七月一日

（0067—3—5118）

24. 重庆市工务局为呈报职员王安国1940年6月11日被炸损失给重庆市政府秘书处的文(1940年7月)

兹查本局新市区工务处职员王安国于本年六月十一日在本市老两路口26号遭受空袭损害,将房屋炸塌。经查属实,连同该员所报私物损失报告表函请查照办理为荷。

此致

本府秘书处

附检送王安国私物损失报告表1份

局戳
二十九年七月

附：

重庆市政府工务局员役空袭损失私物报告表

物品名称	品质	数量	损失程度	原价	购买年月	备考
制服	哈叽布	1套	炸毁	27元	1940年2月	
制服	帆布	1套	炸毁	26元	1940年5月	
内衣	毛线	1顶	炸毁	32元	1940年1月	
礼帽	呢质	1张	炸毁	11元	1940年4月	
面巾	加大巾	1支	炸失	1.2元	1940年4月	
牙刷			炸失	1.6元	1940年4月	
被灾日期	1940年6月11日	被灾地点	老两路口26号	房屋被炸或震塌	炸塌	原支薪俸数目 40元	有无同居眷属

右〈上〉开物品确系因空袭被毁,谨报告

局长吴

　　转呈

市长吴

填报人：职务　监工员
姓名　王安国
二十九年七月一日

(0067—3—5118)

25.重庆市工务局为呈报职员吴子樑1940年6月11日被炸损失给重庆市政府秘书处的文(1940年7月)

兹查本局新市区工务处职员吴子樑于本年六月十一日在本市老两路口26号遭受空袭损害,将房屋炸塌。经查属实,连同该员所报私物损失报告表函请查照办理为荷。

此致

本府秘书处

附检送吴子樑私物损失报告表1份

局戳

二十九年七月

附：

重庆市政府工务局员役空袭损失私物报告表

物品名称	品质	数量	损失程度	原价	购买年月	备考
西装上身	法兰绒	1件	炸破	44元	1939年7月	
西装裤	哔吱〔叽〕	1件	被炸失踪	30元	1939年3月	
衬衫	府绸	1件	被炸失踪	13元	1940年2月	
丝光袜	丝光线	2双	被炸失踪	4.4元	1939年11月	
面巾	棉质	1条	被炸失踪	1.2元	1940年4月	
牙刷	中亚牌	1把	被炸失踪	1.5元	1940年4月	
汗衣	飞马牌	1件	被炸失踪	3.7元	1940年1月	
被灾日期	1940年6月11日	被灾地点	老两路口26号	房屋被炸或震塌	炸塌	原支薪俸数目	86元	有无同居眷属	无

右〈上〉开物品确系因空袭被毁,谨报告

局长吴

　转呈

市长吴

填报人：职务　监工员

　　　　姓名　吴子樑

二十九年七月一日

(0067—3—5118)

26. 重庆市工务局为呈报职员张廷柱1940年6月11日被炸损失给重庆市政府秘书处的文(1940年7月)

兹查本局新市区工务处职员张廷柱于本年六月十一日在本市老两路口26号遭受空袭损害,将房屋炸塌。经查属实,连同该员所报私物损失报告表函请查照办理为荷。

此致

本府秘书处

附检送张廷柱私物损失报告表1份

局戳

二十九年七月

附:

重庆市政府工务局员役空袭损失私物报告表

物品名称	品质	数量	损失程度	原价	购买年月	备考
长衫	铁机大绸	1件	粉坏	41元	1939年8月	因出工抢修以致失踪
制服	哈叽布	1套	炸毁	28元	1940年4月	因出工抢修以致失踪
面盆面巾	白磁盆加大巾	2件	毁失	13.7元	1940年4月	面盆计洋12.5元面巾计洋1.2元,合计如上数
胶鞋雨伞	帆布纸质	2件	毁失	12.6元	1940年4月	胶鞋计洋11元雨伞计洋1.6元,合计如上数
衬衫	市布	1件	毁失	9.4元	1940年4月	
蚊帐	麻布	1件	毁失	14.5元	1940年5月	
被灾日期	1940年6月11日	被灾地点	老两路口26号	房屋被炸或震塌	炸塌	原支薪俸数目 50元	有无同居眷属

续表

右〔上〕开物品确系因空袭被毁，谨报告 局长吴 　　转呈 市长吴	填报人：职务　监工员 　　　　姓名　张廷柱 　　　　二十九年七月一日

(0067—3—5118)

27. 重庆市工务局为呈报职员蔡泽梅1940年6月11日被炸损失给重庆市政府秘书处的文（1940年7月）

兹查本局新市区工务处职员蔡泽梅于本年六月十一日在本市老两路口26号遭受空袭损害，将房屋炸塌。经查属实，连同该员所报私物损失报告表函请查照办理为荷。

此致

本府秘书处

附检送蔡泽梅私物损失报告表1份

局戳

二十九年七月

附：

重庆市政府工务局员役空袭损失私物报告表

物品名称	品质	数量	损失程度	原价	购买年月	备考
泥〔呢〕帽	泥〔呢〕	1顶	破烂	18元	1939年11月	
胶套鞋	胶	1双	破烂	12元	1940年2月	
磁脸盆	磁	1个	炸破	11元	1939年11月	
牙刷		1把	炸失	1.2元	1940年5月	
脸巾	毛	1条	炸失	1.3元	1940年5月	

续表

| 被灾日期 | 1940年6月11日 | 被灾地点 | 老两路口26号 | 房屋被炸或震塌 | 炸塌 | 原支薪俸数目 | 50元 | 有无同居眷属 | 无 |

右〈上〉开物品确系因空袭被毁,谨报告

局长吴

　　转呈

市长吴

　　　　　　　　　　　　　填报人:职务　监工员

　　　　　　　　　　　　　　　　　姓名　蔡泽梅

　　　　　　　　　　　　　　　　　二十九年七月一日

（0067—3—5118）

28. 重庆市工务局为呈报职员范学斌1940年6月11日被炸损失给重庆市政府秘书处的文（1940年7月）

兹查本局新市区工务处职员范学斌于本年六月十一日在本市老两路口26号遭受空袭损害,将房屋炸毁。经查属实,连同该员所报私物损失报告表函请查照办理为荷。

此致

本府秘书处

附检送范学斌私物损失报告表1份

　　　　　　　　　　　　　　　　　　　　局戳

　　　　　　　　　　　　　　　　　　二十九年七月

附：

重庆市政府工务局员役空袭损失私物报告表

物品名称	品质	数量	损失程度	原价	购买年月	备考
呢帽	兔毛	1顶	砖瓦打破	30元	1940年2月	
灰发帽	羊毛	1顶	失落	2元	1940年3月	

续表

物品名称	品质	数量	损失程度	原价	购买年月	备考
毛巾	棉纱	1条	失落	1.5元	1940年5月	
被面	洋布	1床	砖瓦打破	10元	1939年7月	
被灾日期	1940年6月11日	被灾地点	老两路口26号	房屋被炸或震塌	被炸	原支薪俸数目	55元	有无同居眷属	无

　　右〈上〉开物品确系因空袭被毁,谨报告
局长吴
　　转呈
市长吴

　　　　　　　　　　　　　填报人：职务　副工程员
　　　　　　　　　　　　　　　　　姓名　范学斌
　　　　　　　　　　　　　　　　　二十九年七月一日

(0067—3—5118)

29.重庆市工务局为呈报职员陈鸿鼎1940年6月11日被炸损失给重庆市政府秘书处的文(1940年7月)

　　兹查本局新市区工务处主任陈鸿鼎于本年六月十一日在本市老两路口26号遭受空袭损害,将房屋炸塌。经查属实,连同该员所报私物损失报告表函请查照办理为荷。
　　此致
本府秘书处
附检送陈鸿鼎私物损失报告表1份

　　　　　　　　　　　　　　　　　　　　局戳
　　　　　　　　　　　　　　　　　　　　二十九年七月

　　附：

重庆市政府工务局员役空袭损失私物报告表

物品名称	品质	数量	损失程度	原价	购买年月	备考
法兰绒西装	法兰绒	1套	炸毁	140元	1939年10月	
大热水壶	玻璃	1支	破碎	20元	1939年5月	
珠罗蚊帐	纱罗	1床	全部破裂	30元	1940年2月	
黑皮鞋	花旗皮	1双	炸毁	50元	1940年1月	
被灾日期	1940年6月11日	被灾地点	老两路口26号	房屋被炸或震塌	炸塌	原支薪俸数目 250元	有无同居眷属 妻一子二女一

右〈上〉开物品确系因空袭被毁,谨报告

局长吴

　转呈

市长吴

填报人:职务　工务处主任

　　　　姓名　陈鸿鼎

二十九年七月一日

（0067—3—5111）

30. 重庆市工务局为呈报职员张仁同1940年6月11日被炸损失给重庆市政府秘书处的文（1940年7月）

兹查本局新市区工务处职员张仁同于本年六月十一日在本市老两路口26号遭受空袭损害,将房屋炸塌。经查属实,连同该员所报私物损失报告表函请查照办理为荷。

此致

本府秘书处

附检送张仁同私物损失报告表1份

局戳

二十九年七月

附:

重庆市政府工务局员役空袭损失私物报告表

物品名称	品质	数量	损失程度	原价	购买年月	备考
衬衫	白竹布	2件	炸毁	15元	1940年4月	以上衬衫2件共计15元正
黑皮鞋	皮	1双	炸毁	18.5元	1940年5月	
灰制服	自由布	1套	炸毁	26元	1939年12月	
顶大口缸	洋瓷	1个	炸毁	2.2元	1939年9月	
短裤	哈叽布	1件	炸毁	7.6元	1939年7月	
牙刷		1把	炸毁	1.3元	1940年5月	
洗面巾	毛	1条	炸毁	1.6元	1940年5月	
被灾日期	1940年6月11日	被灾地点	老两路口26号	房屋被炸或震塌	被炸	原支薪俸数目	60元	有无同居眷属	无

右〈上〉开物品确系因空袭被毁,谨报告

局长吴

  转呈

市长吴

       填报人:职务 办事员

          姓名 张仁同

         二十九年七月一日

（0067—3—5111）

31.重庆市工务局为呈报职员刘士名1940年6月11日被炸损失给重庆市政府秘书处的文（1940年7月）

兹查本局新市区工务处职员刘士名于本年六月十一日在本市老两路口26号遭受空袭损害,将房屋炸塌。经查属实,连同该员所报私物损失报告表函请查照办理为荷。

此致

本府秘书处

附检送刘士名私物损失报告表1份

局戳

二十九年七月

附：

重庆市政府工务局员役空袭损失私物报告表

物品名称	品质	数量	损失程度	原价	购买年月	备考
江西瓷缸	上等	2个	打破	3.4元	1940年5月	
□□及牙膏	上等	各1件	失落	4.5元	1940年5月	
印度绸衬衣	上等	1件	毁破	17.5元	1940年5月	
手电灯	中等	1个	失落	7.6元	1940年5月	
毛巾	中等	1条	失落	2元	1940年5月	
草帽	上等	1顶	压破	11元	1940年6月	
被灾日期	1940年6月11日	被灾地点	老两路口26号	房屋被炸或震塌	震塌	原支薪俸数目	60元	有无同居眷属	无

右〈上〉开物品确系因空袭被毁，谨报告

局长吴

　　转呈

市长吴

　　　　　　　　　　填报人：职务　副工程员

　　　　　　　　　　　　　　姓名　刘士名

　　　　　　　　　　　　　二十九年七月五日

（0067—3—5118）

32. 重庆市工务局为呈报职员徐以根1940年6月11日被炸损失给重庆市政府秘书处的文（1940年7月）

兹查本局新市区工务处职员徐以根于本年六月十一日在本市老两路口26号遭受空袭损害，将房屋炸塌。经查属实，连同该员所报私物损失报告表函请查照办理为荷。

此致

本府秘书处

附检送徐以根私物损失报告表1份

　　　　　　　　　　　　　局戳

　　　　　　　　　　　　二十九年七月

附：

重庆市政府工务局员役空袭损失私物报告表

物品名称	品质	数量	损失程度	原价	购买年月	备考
黄色毛皮鞋	牛皮	1双	炸塌房屋炸去	12元	1940年2月	
条子府绸内衣	府绸	1件	炸坏	13.5元	1939年10月	
花绒线衫	毛绒线	1件	炸坏	18.8元	1939年10月	
白蚊帐	白纱	1顶	房屋倒下压坏	14元	1940年3月	
中山装	灰布	1套	房屋倒下压坏	28元	1939年10月	
镜子	玻璃	1面	房屋倒下压坏	3.8元	1940年3月	
中山全书 总裁言论	白报纸	各1部	房屋倒下压坏	12元 3.2元	1940年3月	
被灾日期	1940年6月11日	被灾地点	老两路口26号	房屋被炸或震塌	炸塌	原支薪俸数目	45元	有无同居眷属	无

右〈上〉开物品确系因空袭被毁,谨报告

局长吴

　　转呈

市长吴

　　　　　　　　　　填报人：职务　监工员

　　　　　　　　　　　　　姓名　徐以根

　　　　　　　　　　　　二十九年七月六日

　　　　　　　　　　　　　　(0067—3—5118)

33. 重庆市工务局为呈报职员郭荣华1940年6月11日被炸损失给重庆市政府秘书处的文(1940年7月)

兹查本局中央公园事务所职员郭荣华于本年六月十一日在本市中央公

园遭受空袭损害,将房屋炸塌。经查属实,连同该员所报私物损失报告表函请查照办理为荷。

　　此致
本府秘书处
附检送郭荣华私物损失报告表1份

局戳

二十九年七月

　　附:

重庆市政府工务局员役空袭损失私物报告表

物品名称	品质	数量	损失程度	原价	购买年月	备考
皮鞋	皮	1双	破烂	32元	1940年1月	
铁床	铁	1间	破碎	20元	1939年10月	
衣箱	皮箱	1个	破碎	25元	1940年1月	
被盖	线棉	1床	破烂	54元	1940年3月	
被灾日期	1940年6月16日	被灾地点	中央公园	房屋被炸或震塌	被炸	原支薪俸数目	106元	有无同居眷属	无

右〈上〉开物品确系因空袭被毁,谨报告
局长吴
　　转呈
市长吴

填报人:职务　技士

姓名　郭荣华

二十九年七月十七日

(0067—3—5118)

34. 重庆市工务局为呈报职员郑德民1940年6月11日被炸损失给重庆市政府秘书处的文(1940年7月)

　　兹查本局职员郑德民于本年六月十一日在本市老两路口26号遭受空袭损害,将房屋炸塌。经查属实,连同该员所报私物损失报告表函请查照办理为荷。

此致

本府秘书处

附检送郑德民私物损失报告表1份

　　　　　　　　　　　　　　　　　局戳

　　　　　　　　　　　　　　　　二十九年七月

附：

重庆市政府工务局员役空袭损失私物报告表

物品名称	品质	数量	损失程度	原价	购买年月	备考
方式蚊帐	白丝罗	1床	被压破坏不堪	40元	1939年6月	
白衬衫	三国牌	1件	遗失	9元	1940年1月	
万国布中山装		1套	破损	25元	1939年3月	
白色短袖衬衫		1件	遗失	5元	1940年3月	
2000谦信牙罐		1个	炸毁	15元	1939年10月	
被灾日期	1940年6月11日	被灾地点	老两路口26号	房屋被炸或震塌	炸塌	原支薪俸数目	90元	有无同居眷属	无

右〈上〉开物品确系因空袭被毁，谨报告

局长吴

　　转呈

市长吴

　　　　　　　　　　　　填报人：职务　工程员
　　　　　　　　　　　　　　　　姓名　郑德民
　　　　　　　　　　　　　　　　二十九年六月十五日

　　　　　　　　　　　　　　　　　（0067—3—5111）

35. 重庆市工务局为呈报职员伊有光1940年6月11日被炸损失给重庆市政府秘书处的文（1940年8月28日）

兹查本局职员伊有光于本年六月十一日在本市老两路口26号遭受空袭损害，将房屋炸毁。经查属实，连同该员所报私物损失报告表函请查照办理为荷。

　　此致

本府秘书处

附检送伊有光私物损失报告表1份

　　　　　　　　　　　　　　　　　　　　　局戳

　　　　　　　　　　　　　　　　　　二十九年八月廿八日

附：

重庆市政府工务局员役空袭损失私物报告表

物品名称	品质	数量	损失程度	原价	购买年月	备考
热水瓶	大喜牌3磅	1个	全毁	18元	1939年10月	
茶杯	玻璃	2个	全毁	1.2元	1939年10月	
西服	哔叽〔叽〕	1套	上衣全毁裤破烂不堪	60元	1938年12月	
面盆	洋瓷	1个	全毁	8.5元	1940年1月	
被灾日期	1940年6月11日	被灾地点	老两路口26号	房屋被炸或震塌	被炸	原支薪俸数目	95元	有无同居眷属	已疏散下乡

右〈上〉开物品确系因空袭被毁，谨报告

局长吴

　　转呈

市长吴

　　　　　　　　　　　　　　　　　　填报人：职务　工程员

　　　　　　　　　　　　　　　　　　　　　姓名　伊有光

　　　　　　　　　　　　　　　　　　二十九年六月二十一日

（0067—3—5111）

36. 重庆市工务局为转呈城区工务管理处呈送1940年6月12日被炸员役财产损失报告表呈重庆市市长文（1940年7月1日）

案据本局城区工务管理处呈送本年六月十二日敌机轰炸该处之职员财

产损失报告表到局,经查属实。除抽存外,理合备文检同原表备文转呈钧府鉴核转请补偿,实为公便。

谨呈

市长吴

附呈送城区工务管理处员役财产损失报告表2份(每份一式13张)

附:

1)财产损失报告表

事件:被敌机投弹炸毁

日期:二十九年六月十二日

地点:中央公园城区工务管理处

损失项目	单位	数量	价值(国币元)
明角三角板(12″)	只	2	15
三棱尺	支	1	20
The Theory And Design Of Structures	本	1	75
Surveying	本	2	20
雨伞	把	1	2
计标尺	支	1	35
合计			167

受损失者:　　　主管者:　　　局长:

2)财产损失报告表

事件:被敌机投弹炸毁

日期:二十九年六月十二日

地点:中央公园

损失项目	单位	数量	价值(国币元)
American Civil Engineering Handbook	本	1	30
Elementary Surving	本	2	20
Road Pavement	本	1	10
□□□□□ pocket companion	本	1	50
三角板(12″)	块	2	15
玻璃板(30cm×50cm)	块	1	30

续表

损失项目	单位	数量	价值(国币元)
圆规	件	1	15
三棱尺	支	1	20
硬橡皮	块	1	2
共计			192

受损失者： 主管者： 局长：

3) 财产损失报告表

事件：被敌机投弹炸毁

日期：二十九年六月十二日

地点：中央公园城区工务管理处

损失项目	单位	数量	价值(国币元)
1米钢卷尺	个	1	10
K.E.曲线板	□	1	18
6—in A.W. slide rule	支	1	30
华南□著《公路及市政工程》	册	1	2
总计			60

受损失者： 主管者： 局长：

4) 财产损失报告表

事件：被敌机投弹炸毁

日期：二十九年六月十二日

地点：中央公园

损失项目	单位	数量	价值(国币元)
钢卷尺	盘	1	12
直尺	支	1	3
明角三角板(8″)	付	1	12
房屋构造学(唐英、王寿宝著)	本	1	3
6—in A.W. 计算尺	支	1	30
总计			60

受损失者： 主管者： 局长：

5)财产损失报告表

事件:被炸

日期:六月十二日

地点:中央公园

损失项目	单位	数量	价值(国币元)
山东绸中山服	套	1	140
条子呢中山服	套	1	62
白府[绸]衬衣	件	2	36
白麻纱背心	件	2	18
哔叽呢布鞋	双	1	4.2
白衬短裤	条	2	6
麻纱袜子	双	2	5.2
白毛巾	条	1	1.6
共计			273

受损失者:周兴之　　主管者:　　局长:

6)财产损失报告表

事件:被炸

日期:六月十二日

地点:中央公园

损失项目	单位	数量	价值(国币元)
雨衣	件	1	50
呢大衣	件	1	70
棉被	床	1	40
玻璃板	块	1	30
衬衣	件	2	15
木床	张	1	20
刑法大全	本	1	12
最新法规大全	本	1	15
其他书籍	本	7	14
共计			266

受损失者：　　　主管者：　　　局长：

7) 财产损失报告表

事件：被炸

日期：六月十二日

地点：中央公园

损失项目	单位	数量	价值(国币元)
哔叽中山装	套	1	130
白衬衣	件	2	21
白背心	件	2	9
黄文〔纹〕皮鞋	双	1	48
冲呢中山服	套	1	32
白衬裤	件	2	3.4
袜子	双	3	4.9
共计			248.3

受损失者：　　　主管者：　　　局长：

8) 财产损失报告表

事件：被炸

日期：六月十二日

地点：中央公园

损失项目	单位	数量	价值(国币元)
毛线衫	件	1	30
冲呢西裤	条	1	8
被面	幅	1	32
共计			70

受损失者：王作　　　主管者：　　　局长：

9)财产损失报告表

事件:被炸

日期:六月十二日

地点:中央公园

损失项目	单位	数量	价值(国币元)
一青制服	套	1	22
棉大衣	件	1	24
白裤褂	套	1	18
共计			64

受损失者:警士吕志刚　　主管者:　　局长:

10)财产损失报告表

事件:被炸

日期:六月十二日

地点:中央公园

损失项目	单位	数量	价值(国币元)
学生服	套	1	26
白布裤褂	件	1	14
洗面盆	个	1	9
共计			49

受损失者:警士胡俊岭　　主管者:　　局长:

11)财产损失报告表

事件:被炸

日期:六月十二日

地点:中央公园

损失项目	单位	数量	价值(国币元)
棉被盖	床	1	20
汗衫	件	1	5
共计			25

受损失者:毛松亭　　主管者:　　局长:

12) 财产损失报告表

事件:敌机投弹飞片炸毁

日期:六月十二日

地点:机房街宿舍内

损失项目	单位	数量	价值(国币元)
蓝布长衫	件	1	12
卫生衣	件	1	5
蓝布褂裤	套	1	8
共计			25

受损失者:李志斌　　主管者:　　局长:

13) 财产损失报告表

事件:被炸

日期:六月十二日

地点:中央公园

损失项目	单位	数量	价值(国币元)
棉被	条	2	60
床单	条	1	15
西装	套	1	16
衬衣	件	1	16
皮鞋	双	1	25
总计			276

受损失者:梅大屏　　主管者:　　局长:

(0067—3—5140)

37. 重庆市工务局为呈报石工张兴发1940年6月12日被炸损失给重庆市政府秘书处的文(1940年7月)

兹查本局城区工务处职员张兴发于本年六月十二日在本市老两路口25号遭受空袭损害,将房屋炸毁。经查属实,连同该员所报私物损失报告表函请查照办理为荷。

　　此致

本府秘书处

附检送张兴发私物损失报告表1份

　　　　　　　　　　　　　　　　　局戳

　　　　　　　　　　　　　　　　二十九年七月

　　附：

重庆市政府工务局员役空袭损失私物报告表

物品名称	品质	数量	损失程度	原价	购买年月	备考
木床	木	1张	全毁	9.5元	1938年12月	
木方桌	木	2张	全毁	8元	1938年12月	
木长凳	木	4条	全毁	6元	1938年12月	
厨具	铁	全套	无	12元	1938年12月	
棉被	布棉	2条	破毁不堪	27元	1938年12月	
单被	布	2条	破毁不堪	9元	1938年11月	
男女长褂	布	4件	破毁不堪	28元	1940年1月	
男女长棉袍	布棉	2件	全破	32元	1940年1月	
被灾日期	1940年6月12日	被灾地点	老两路口25号	房屋被炸或震塌	炸毁	原支薪俸数目		有无同居眷属

右〈上〉开物品确系因空袭被毁,谨报告

局长吴

　　转呈

市长吴

　　　　　　　　　　　　　填报人：职务　石工
　　　　　　　　　　　　　　　　姓名　张兴发
　　　　　　　　　　　　　二十九年七月十七日

（0067—3—5118）

38. 重庆市工务局为呈报测工项泽安1940年6月12日被炸损失给重庆市政府秘书处的文(1940年7月)

兹查本局东区马路工程处测工项泽安于本年六月十二日在本市千厮门洪岩洞街5号遭受空袭损害,将房屋炸毁。经查属实,连同该员所报私物损失报告表函请查照办理为荷。

此致

本府秘书处

附检送项泽安私物损失报告表1份

局戳

二十九年七月

附:

财产损失报告单

事件:被炸焚毁

日期:六月十二日

地点:千厮门洪岩洞街5号

填送日期:二十九年六月二十六日

损失项目	单位	数目	价值(元)
一楼一底捆绑房屋	间	1	300
衣箱	口	3	10
麻呢大衣	件	1	28
毛线汗衣	件	1	25
男、女棉袄裤	件、套	1、2	42
麻呢短服	套	1	22
灰哔叽短服	套	2	20
蓝布衫	件	2	20
青哔叽夹裤	条	1	12
蓝棉短服	套	1	16
青布男汗中衣	套	2	18
礼帽	顶	1	7
青布男夹衫	件	2	26

续表

损失项目	单位	数目	价值(元)
青布女汗衣	套	2	18
蓝布旗袍	件	2	16
蓝布女汗中衣	套	3	24
白市布女汗中衣	套	3	22
三水铁锅	口	1	8
白磁钵	个	2	1
白玉中碗	付	1	4
白玉饭碗	个	15	4
白玉调羹	付	4	1
白玉酒杯	付	1	1
白玉碟子	付	1	1
菜刀	把	1	1
柴刀	把	1	1
桌子板凳	套	全	8
木床	间	2	10
写字台	张	1	5
水缸	口	1	4
黑漆衣柜	个	1	10
碗柜	个	1	3

受损失者：项泽安

代报告者(保长或可属团体)

(0067—1—5111)

39. 重庆市工务局为呈报小工周玉成1940年6月12日被炸损失给重庆市政府秘书处的文(1940年7月)

兹查本局城区工务处小工周玉成于本年六月十二日在本市老两路口24号遭受空袭损害，将房屋炸毁。经查属实，连同该员所报私物损失报告表函请查照办理为荷。

此致

本府秘书处

附检送周玉成私物损失报告表1份

局戳

二十九年七月

附：

重庆市政府工务局员役空袭损失私物报告表

物品名称	品质	数量	损失程度	原价	购买年月	备考
木床	木	1张	全毁	8元	1939年9月	
木方桌	木	1张	全毁	3元	1939年5月	
木方凳	木	4只	全毁	6元	1939年5月	
棉被	棉布	1床	全毁	12.5元	1938年2月	
白单被	布	1条	全毁	4元	1938年2月	
长短棉衣	棉布	3件	毁坏不堪	20元	1939年1月	
丹士林长褂	布	1件	毁坏不堪	9元	1940年1月	
白汗衣	布	3套	毁坏不堪	21元	1940年4月	
布鞋	布	3双	无	3元	1940年3月	
洋袜子	线	3双	无	2.4元	1940年3月	
被灾日期	1940年6月12日	被灾地点	老两路口24号	房屋被炸或震塌	炸毁	原支薪俸数目	16.5元	有无同居眷属	有

右〈上〉开物品确系因空袭被毁,谨报告

局长吴

  转呈

市长吴

填报人:职务　城区道班小工

姓名　周玉成

二十九年六月十五日

(0067—3—5111)

40. 重庆市工务局职员刘履中1940年6月24日被炸生活困难申请预借一月薪金给上峰的签呈(1940年6月25日)

窃职原住上罗马店街何姓房内,后因天气渐热,屋内如蒸,遂迁移五福街吴师爷巷28号居住,迄今已将两月之久。不意本(六)月二十四日寇机滥炸之际,该房竟遭炸毁,归家后已成破瓦一片,赖友人帮同整理,将未毁各物翻出,现一家均暂住于友人堂屋之内。为解决目前生活计,拟恳在补偿费未发之前,准予暂借薪金一月,以救目前之急!可否之处,理合缮具损失物品清单请签鉴核!

谨呈

科长邹

　　转呈

秘书杨

局长吴

附损失单1份

职　刘履中

附：

空袭损失物品清单

物品名称	价值	最近或以前购买	备考
女长衫1件	16元5角	近购	1937年2月
女短衫3件	7元8角	近购	1940年3月
线袜2双	5元	近购	1940年
儿童衣裤	4元5角	近购	
水缸一口	4元5角	近购	
米缸一口	2元	近购	
沙锅一口	9角	近购	
饭碗4只	8角	近购	
热水瓶1只	1元4角	近购	
面盆1个	8角	以前	
洗面巾2条	3元	近购	
茶盅4个	8角	近购	

续表

物品名称	价值	最近或以前购买	备考
竹凳2只	2元	近购	
雨衣1件	24元	以前	
合计	74元		

(0067—3—5140)

41. 重庆市工务局为送空袭损失调查表若干呈重庆市市长文（1940年7月13日）

查本市叠〔迭〕遭寇敌滥炸，房屋被毁至巨，业经本局派员调查，并张贴条示，分别通知拆除或修理，以策安全。除调查及处理情形陆续呈报外，兹将一部分调查表送请鉴核备查。

谨呈

市长吴

全衔吴〇〇

附呈空袭损失调查表计12张①

附：

1)重庆市工务局空袭损失调查表

（1940年7月1日填）

区别	受损街名	地点门牌	受损房屋名称	受损情形	处理情形	受损日期	条示字别	条示号数	业主姓名	业主住址	租户姓名	备考
城区	金汤街	17	三层楼房及附属平方	正屋中弹炸毁3间	已面嘱修理	6月28日			杨清心	女青年会		
城区	水字巷	21	住宅	震坏	通知修理	6月28日			郭定甫			
城区	水字巷	19	天宾下院	4间炸毁,余屋震坏	通知修理	6月28日						

---

① 编者按时间整理为6份。

续表

区别	受损街名	地点门牌	受损房屋名称	受损情形	处理情形	受损日期	条示字别	条示号数	业主姓名	业主住址	租户姓名	备考
城区	水字巷	10	住宅	炸毁	通知修理	6月28日					陈季宇	现迁鹅公岩黄家老院子,门闭无人
城区	水字巷	11	住宅	正屋全毁,前楼可修	通知修理	6月28日			彭子歌彭诚孚	卫戍司令部高级参谋		
城区	水字巷	34	穿逗铺面		贴条示限10天内拆除	6月28日	城险	18			邓子甬陈映全	
城区	和平路	189	穿逗铺面	震损	已整理屋面	6月28日			傅伟堂	188	单德明	
城区	和平路	190	穿逗铺面	震损	尚未修理屋面	6月28日			傅伟堂	188	单德明	
城区	和平路	187	穿门铺面	震损	通知修理	6月28日			傅乔松	凤凰场	傅俊卿住187	
	火药局街	2	五木平房	正屋全毁,余屋尚修理	通修理一部	6月28日			张善先	冷水场中宣药室		
	火药局街	3	穿逗房屋	炸毁	通知拆除残余破屋	6月28日			不详			
	和平路	191	平房	震坏	通知修理	6月28日			廖姓		简青云住191	

续表

区别	受损街名	地点门牌	受损房屋名称	受损情形	处理情形	受损日期	条示字别	条示号数	业主姓名	业主住址	租户姓名	备考
	和平路	196	穿逗房屋	震坏	通知修理	6月28日			梁昌向			
	和平路	197	正屋号房	炸坏	通知修理	6月28日			张泽敷			

区工务管理处主任： 主管科长： 局长：

2) 重庆市工务局空袭损失调查表

（1940年7月2日填）

区别	受损街名	地点门牌	受损房屋名称	受损情形	处理情形	受损日期	条示字别	条示号数	业主姓名	业主住址	租户姓名	备考
新市区	中一路	89 90 91	三层独立砖柱市房3间	铺面条墙外□刷全部坏及门□	已发通知	6月28日			明子全	中一路85号金山饭店内		菜市
新市区	中一路	95	三层独立砖柱市房3间	同上	已发通知	6月28日			新叶贸易公司	中一路95号		汽车房即南开校车场
新市区	中一路	134 135	二层独立砖柱带地下室	屋顶桁板条和椽子全毁	动工修理	6月28日			张长	下乡	曾和桥	由住户曾和桥转交
新市区	中一路	133	一层平房捆绑竹瓦顶	屋顶瓦震破	已发通知	6月28日			不明		周姓	屋内无人已锁门

续表

区别	受损街名	地点门牌	受损房屋名称	受损情形	处理情形	受损日期	条示字别	条示号数	业主姓名	业主住址	租户姓名	备考
新市区	中一路	无号	三层楼房独立砖柱	全部震倒	已发通知	6月28日			重庆市社会局观音岩办事处	中一路纪明坊对过	卢洪顺88号内	
新市区	中三路	8886	三层楼房独立砖柱市房	第三层炸毁危险	限15天内请□□拆除	6月28日	新险		陈季高	桂花园海字坡	明春湖饭庄	86号已被炸平
新市区	中三路	90	三层楼房独立砖柱市房	屋顶□□□毁□	已发通知	6月28日						
新市区	中三路	无号	三层独立砖柱市房	□□□	同上	6月28日			四川大饭店			
新市区	中三路	83	三层独立砖柱市房	铺面外粉刷和屋顶	已发通知	6月28日				义成源		
新市区	中三路	84	三层独立砖柱市房	铺面外粉刷和屋顶	已发通知	6月28日			寿康药房谢水清			

区工务管理处主任：　　　　主管科长：　　　　局长：

3)重庆市工务局空袭损失调查表

（1940年7月3日填）

区别	受损街名	地点门牌	受损房屋名称	受损情形	处理情形	受损日期	条示字别	条示号数	业主姓名	业主住址	租户姓名	备考
城区	火药局街	17 18	土墙楼房	墙边中弹墙基被炸毁，其上土墙已生裂缝临街一面土墙已向街心歪出	限5天自拆否则代拆	6月24日	险	50	范明安		雷瑞甲	危墙约高15公尺逾期应请警局代拆
城区	放牛巷	22	砖柱楼房	砖柱中段被炸，坏上节有倒塌之虞	通知自行拆除	6月27日			刘作宾			
城区	放牛巷	15	砖砌楼房	临街砖墙被震生裂缝	限10天内向城区请示修理	6月27日	危	158	赵姓		中央造币厂	
城区	维新街	26	砖柱楼房	夹墙损坏	通知修理	6月24日			陈姓			
城区	百子巷	53	穿门楼房	屋架屋身皆歪斜	通知请照拆除楼后底层请示城区修理	6月24日			朱邓氏		简钱氏	
城区	百子巷	13	穿门楼房	屋架被炸	通知修理	6月24日			汪吉章			
城区	百子巷	15	穿门楼房	屋架被炸	通知修理	6月24日			王姓		周银华	
城区	百子巷	92	砖砌楼房	屋架被炸	通知修理	6月24日			王惠卿		文成学校	
城区	百子巷	140	砖柱楼房	夹壁震坏	通知修理	6月24日	未贴		何元石		同损地	

续表

区别	受损街名	地点门牌	受损房屋名称	受损情形	处理情形	受损日期	条示字别	条示号数	业主姓名	业主住址	租户姓名	备考
城区	百子巷	142	穿门平房	沿街土墙向街心歪出	限5天内自行拆除否则代拆	6月24日	城险	14	吴李氏	同损地		
城区	至圣宫	3	穿门平房	震损甚重	通知修理	6月28日			培德善堂			
城区	至圣宫	4	穿门平房	震损甚重	通知修理				培德善堂			
城区	至圣宫	5	穿门平房	震损	通知修理				培德善堂		李春发	
城区	至圣宫	6	穿门平房	震损	通知修理				培德善堂		李玉顺	
城区	至圣宫	10	穿门平房	震损	通知修理				培德善堂		周云	
城区	金汤街	85	穿门平房	震损甚重	通知修理				周姓		危王氏	
城区	金汤街	84	穿门平房	震损甚重	通知修理				周姓		李银陈	
城区	金汤街	34 35	砖柱架构	震损	通知修理				陈散楠	老厂市立第一中心小学		

区工务管理处主任：　　　主管科长：　　　局长：

4）重庆市工务局空袭损失调查表

（1940年7月4日填）

区别	受损街名	地点门牌	受损房屋名称	受损情形	处理情形	受损日期	条示字别	条示号数	业主姓名	业主住址	租户姓名	备考
新市区	人和街	20	一层穿逗平房	一部倾斜一部炸平	已发通知请照修理	6月16日			不明	不明	内政部警察大队	
新市区	人和街	19	二层木穿逗	全部屋顶震毁	已发通知请照修理	6月28日			不明	不明	重庆市立第六国民基础学校	
新市区	人和街	1至9号	一层大〔木〕穿逗	全部炸毁倒斜,木架墙壁尚存一部	限15天内请照修理	6月28日	新险	140	陶一堂	棉花街75号	李春生	已搭临时屋三层
新市区	人和街	11至16号	一层大〔木〕穿逗	屋顶炸毁	限15天内请照修理	6月28日	新险	139	王春山	王季兰住16号		由租户转交
新市区	人和街	17至18号	一层大〔木〕穿逗	屋顶炸毁	已发通知	6月28日			李□思李气芝	17、18号		
新市区	国府路	77	三层独立砖柱	屋顶铺面震坏	已发通知	6月28日			李姓		陈建良	
新市区	国府路	76	三层独立砖柱	屋顶铺面震坏	已发通知	6月28日			建设银行		童新元	由租户转交
新市区	国府路	71至75号	三层独立砖柱（市房）	屋顶铺面震坏	已发通知	6月28日			李云光	双溪沟吉利长茶厂		由76号租户转交

区工务管理处主任：　　　主管科长：　　　局长：

5) 重庆市工务局空袭损失调查表

（1940年7月5日填）

区别	受损街名	地点门牌	受损房屋名称	受损情形	处理情形	受损日期	条示字别	条示号数	业主姓名	业主住址	租户姓名	备考
城区	和平路	154	穿逗楼房	震损倾倒	通知拆除	6月28日			彭处长			
城区	回水沟	1—4	穿逗平房	震损倾倒	通知拆除	6月28日						第五区金马寺镇十保第一甲陈焕章甲长转
城区	林森路	554	砖柱架构3楼	砖柱炸坍1个楼板倒下	通知修理	6月16日					薛子仁	柏林肥皂厂
城区	林森路	494	剩余危墙	被炸残余砖墙	通知拆除	6月16日			牟锡卿			

区工务管理处主任：　　　主管科长：　　　局长：

6) 重庆市工务局空袭损失调查表

（1940年7月6日填）

区别	受损街名	地点门牌	受损房屋名称	受损情形	处理情形	受损日期	条示字别	条示号数	业主姓名	业主住址	租户姓名	备考
新市区	枣子岚垭	89	二层西式（住宅）	附四屋顶和门窗震毁	已发通知请照修理	6月16日			李北海	枣子岚垭90		89号犹庄院内附4号
新市区	枣子岚垭	86	二层西式住宅全部泥墙	二层屋顶瓦震破	已发通知请照修理	6月16日			曾书海	乡下		86号曹海清转交

续表

区别	受损街名	地点门牌	受损房屋名称	受损情形	处理情形	受损日期	条示字别	号数	业主姓名	业主住址	租户姓名	备考
新市区	枣子岚垭	86附1号	三层西式住宅,条、砖、泥墙3种	后院落弹炸毁一间外墙粉刷震坏	已发通知请照修理	6月16日			曾书海	乡下		86号曹海清转交
新市区	枣子岚垭	83	一层半西式住宅、二层西式住宅计3所	各屋顶瓦片震毁	已发通知请照修理	6月16日			李量才	83		
新市区	枣子岚垭	84	一层平房带气楼西式住宅(全部砖墙)	炸去一间并炸毁围墙和下房	已发通知请照修理	6月16日			李量才	83		
新市区	枣子岚垭	85	二层西式住宅泥墙	院内落弹正屋全部炸去	已发通知请照修理	6月16日			杨云福			由曹海清转交
新市区	枣子岚垭	79	三层西式住宅	外墙粉刷和门窗震毁围墙震塌一部	已发通知请照修理	6月16日			不明			由租户陈才荣转交
新市区	枣子岚垭	77	二层西式住宅	正屋震毁墙壁震裂	已发通知请照修理	6月10、11、16日			曾光明	临江门101号		
新市区	枣子岚垭	41	二层独砖柱市房	屋顶瓦震毁	已发通知请照修理	6月10日			不明	乡下	毛金田41号	由毛金田转交

续表

区别	受损街名	地点门牌	受损房屋名称	受损情形	处理情形	受损日期	条示字别	条示号数	业主姓名	业主住址	租户姓名	备考
新市区	枣子岚垭	44 46 48	二层独砖柱市房	屋顶和分间墙受震已损坏	已发通知请照修理	6月10日			不明	乡下		由毛金田转交
新市区	枣子岚垭	50 52 53	二层独砖柱市房	铺面前炸去只存后部下房	已发通知请照修理	6月10日			不明	乡下		由毛金田转交
新市区	枣子岚垭	54 55 56	二层独砖柱市房	屋顶震毁	已发通知请照修理	6月10日			不明	乡下		由毛金田转交
新市区	枣子岚垭	51	二层法式小洋房	屋顶瓦震毁	已发通知请照修理	6月10日			不明		塔斯通讯社	
新市区	枣子岚垭	40	二层楼房住宅（土墙）	屋顶和土墙震毁门窗亦震破	已发通知请照修理	6月10日			廖宗民	40号		
新市区	枣子岚垭	38	二层西式住宅（全部砖墙）	屋顶震毁侧面墙壁倒塌	已发通知请照修理	6月10、16日			颜吉成	枣子岚垭90号		
新市区	枣子岚垭	37	二层西式住宅（全部砖墙）	屋顶全部震毁	已发通知请照修理	6月10、16日						

区工务管理处主任： 主管科长： 局长：

(0067—3—3398)

42. 重庆市工务局为呈报职员杨世合1940年6月24日被炸损失给重庆市政府秘书处的文(1940年7月)

兹查本局新市区工务处职员杨世合于本年六月二十四日在本市菜园坝太平桥17号遭受空袭损害,将房屋震塌。经查属实,连同该员所报私物损失报告表函请查照办理为荷。

此致

本府秘书处

附检送杨世合私物损失报告表1份

局戳

二十九年七月

附：

重庆市政府工务局员役空袭损失私物报告表

物品名称	品质	数量	损失程度	原价	购买年月	备考
棉被	布棉	2条	炸破	31元	1939年11月	
毛线毡	毛	1条	炸破	15元	1938年3月	
花被单	布	2条	炸破	12元	1939年2月	
木床	木	1张	炸毁	7元	1940年1月	
厨具	铁	全套	破	9.5元	1938年4月	
男女长褂	布	3件	破	21.6元	1940年1月	
男女棉袍	布棉	2件	破	29元	1940年2月	
男女汗衣	布	5套	破	30元	1939年5月	
洋袜	线	4双	破	3.2元	1940年1月	
被灾日期	1940年6月24日	被灾地点	菜园坝太平桥17号	房屋被炸或震塌	震塌	原支薪俸数目	32元	有无同居眷属	有

右〈上〉开物品确系因空袭被毁,谨报告

局长吴

　　转呈

市长吴

填报人:职务　城区道班石工

姓名　杨世合

二十九年六月二十八日

（0067—3—5118）

43. 重庆市工务局为呈报测工薛怀玉1940年6月28日被炸损失给重庆市政府秘书处的文（1940年7月）

兹查本局西区马路工程处测工薛怀玉于本年六月二十八日在本市铜鼓台巷1号遭受空袭损害，将房屋炸毁。经查属实，连同该员所报私物损失报告表函请查照办理为荷。

此致

本府秘书处

附检送薛怀玉私物损失报告表1份

局戳

二十九年七月

附：

重庆市政府工务局员役空袭损失私物报告表

物品名称	品质	数量	损失程度	原价	购买年月	备考
盖被	线布	1	全毁	35元	1939年10月	
线毯	线布	1	全毁	8元	1938年2月	
印花线布被单	线布	1	全毁	15元	1940年1月	
黄卡[咔]叽制服		1	全毁	25元	1939年4月	
青线布制服		1	全毁	20元	1940年3月	
黑皮鞋		1	全毁	21元	1939年8月	
面盆	洋瓷	1	全毁	3元	1938年5月	
面巾		1	全毁	1元	1940年4月	
礼帽	呢质	1	全毁	20元	1939年11月	
线袜		2	全毁	4元	1940年4月	
背心	绒质	1	全毁	12元	1937年11月	
枕头	竹布	2	全毁	5元	1940年3月	
漱口缸		1	全毁	1.5元	1940年3月	
牙刷		1	全毁	1元	1940年4月	

续表

物品名称	品质	数量	损失程度	原价	购买年月	备考
牙粉		1	全毁	0.2元	1940年6月	
被灾日期 1940年6月28日	被灾地点	铜鼓台巷1号西区马路工程处	房屋被炸或震塌 全部炸毁	原支薪俸数目	25元	有无同居眷属

右〈上〉开物品确系因空袭被毁,谨报告

局长吴

  转呈

市长吴

填报人:职务 测工

姓名 薛怀玉

二十九年六月二十九日

（0067—1—5111）

44. 重庆市工务局为呈报职员葛诗绪1940年6月28日被炸损失给重庆市政府秘书处的文（1940年7月）

  兹查本局西区马路工程处职员葛诗绪于本年六月二十八日在本市铜鼓台巷1号遭受空袭损害,将房屋炸毁。经查属实,连同该员所报私物损失报告表函请查照办理为荷。

  此致

本府秘书处

附检送葛诗绪私物损失报告表1份

局戳

二十九年七月

附：

重庆市政府工务局员役空袭损失私物报告表

物品名称	品质	数量	损失程度	原价	购买年月	备考
被单	布	1床	全毁	18元	1939年6月	职于去年5月25日（时住新丰街仓坝子短期小学市政府职员宿舍内）所有衣物行李亦遭空袭全部尽毁，故上开物件均系在1939年5月以后陆续购置者
棉被	布	1床	全毁	40元	1939年10月	
毯	黄呢	1床	全毁	24元	1939年6月	
中山装	灰布	1套	全毁	25元	1940年2月	
	灰帆布	1套	全毁	28元	1939年7月	
衬衫	布	3件	全毁	27元	1939年8月	
短裤	布	3条	全毁	9元	1939年6月	
蚊帐	纱鞋	1床	全毁	12元	1939年6月	
枕头	布	2个	全毁	6元	1939年6月	
洗脸盆	洋瓷	1个	全毁	8元	1939年6月	
雨衣(旧货)	胶布	1件	全毁	34元	1939年12月	
皮鞋	牛皮	1双	全毁	20元	1940年4月	
卫生衣	面纸	1件	全毁	11元	1939年9月	
帽(旧货)	呢	1顶	全毁	8元	1939年10月	
雨鞋	橡胶	1双	全毁	10元	1939年11月	
刷牙缸	洋瓷	1个	全毁	4元	1939年6月	

被灾日期	1940年6月28日	被灾地点	铜鼓台巷1号西区马路工程处	房屋被炸或震塌	全部炸毁	原支薪俸数目	100元	有无同居眷属	无

右〈上〉开物品确系因空袭被毁，谨报告

局长吴

  转呈

市长吴

        填报人：职务 工程员

            姓名 葛诗绪

         二十九年六月二十九日

（0067—1—5111）

45. 重庆市工务局为呈报职员曾贤澍1940年6月28日被炸损失给重庆市政府秘书处的文(1940年7月)

兹查本局西区马路工程处职员曾贤澍于本年六月二十八日在本市铜鼓台巷1号遭受空袭损害,将房屋炸毁。经查属实,连同该员所报私物损失报告表函请查照办理为荷。

此致

本府秘书处

附检送曾贤澍私物损失报告表1份

局戳
二十九年七月

附:

重庆市政府工务局员役空袭损失私物报告表

物品名称	品质	数量	损失程度	原价	购买年月	备考
棉被	绸面洋灰□	1床	全部炸毁	40元	1939年7月	
呢毯	黄色呢质	1床	全部炸毁	30元	1939年9月	
白布毯	洋灰	1床	全部炸毁	10元	1939年5月	
油布	大号	1床	全部炸毁	6元	1938年10月	
枕头	芦花皮面	2个	全部炸毁	8元	1938年10月	
蚊帐	中号细纱	1床	全部炸毁	15元	1939年6月	
竹席		1床	全部炸毁	8元	1940年5月	
中山装制服	布纹	2套	全部炸毁	45元	1939年6月	
皮鞋	牛皮	1双	全部炸毁	24元	1940年5月	

续表

物品名称	品质	数量	损失程度	原价	购买年月	备考
跑鞋	橡胶	1双	全部炸毁	8元	1940年5月	
雨鞋	双钱牌	1双	全部炸毁	8元	1940年3月	
拖鞋	牛皮	1双	全部炸毁	5元	1940年元月	
呢帽	灰色呢质	1顶	全部炸毁	18元	1939年10月	
皮箱	假皮	1个	全部炸毁	30元	1939年5月	
衬衫	府绸1件 □布1件	2件	全部炸毁	19元	1940年2、5月	
黄短裤	黄哈吱〔叽〕	2条	全部炸毁	15元	1940年5月	
内短裤	布	2条	全部炸毁	4元	1940年4月	
背身〔心〕		2件	全部炸毁	4元	1940年3月	
脸盆	洋磁	1个	全部炸毁	10元	1939年10月	
漱牙缸	洋磁	1个	全部炸毁	4元	1940年5月	
热水壶	长城牌	1个	全部炸毁	20元	1940年2月	
袜		2双	全部炸毁	4元	1940年3月	
伞	大号	1把	全部炸毁	3元	1940年6月	
工程书籍		15本	全部炸毁	40元	1937年4月	

续表

被灾日期	1940年6月28日	被灾地点	铜鼓台巷1号西区马路工程处	房屋被炸或震塌	全部炸毁	原支薪俸数目	80元	有无同居眷属	无

右〈上〉开物品确系因空袭被毁,谨报告

局长吴

  转呈

市长吴

填报人:职务 工程员

姓名 曾贤澍

二十九年六月二十九日

(0067—1—5111)

46. 重庆市工务局为呈报职员朱吟龙1940年6月28日被炸损失给重庆市政府秘书处的文(1940年7月)

兹查本局西区马路工程处职员朱吟龙于本年六月二十八日在本市铜鼓台巷1号遭受空袭损害,将房屋炸毁。经查属实,连同该员所报私物损失报告表函请查照办理为荷。

此致

本府秘书处

附检送朱吟龙私物损失报告表1份

局戳

二十九年七月

附:

重庆市政府工务局员役空袭损失私物报告表

物品名称	品质	数量	损失程度	原价	购买年月	备考
书籍	纸	42	全毁	168元	1933年至1939年间	大学4年间用书
棉被	布	2条	全毁	56元	1939年9月	
毛毯	毛	1条	全毁	35元	1935年9月	

续表

物品名称	品质	数量	损失程度	原价	购买年月	备考
被单	布	2条	全毁	20元	1939年10月	
枕头	布	2个	全毁	5元	1939年9月	
西服	毛	3套	全毁	200元	1938年至1939年间	
中山装	毛	1套	全毁	30元	1937年10月	
内衣	布	4件	全毁	30元	1939年10月	
皮鞋	皮	1双	全毁	35元	1940年3月	
日用品		6件	全毁	20元	1940年5月	毛巾牙刷面盆袜子剃刀肥皂等
被灾日期	1940年6月28日	被灾地点	铜鼓台巷1号西区马路工程处	房屋被炸或震塌	全部炸毁	原支薪俸数目	90元	有无同居眷属	有3人

右（上）开物品确系因空袭被毁，谨报告

局长吴

　转呈

市长吴

填报人：职务　工程员

　　　　姓名　朱吟龙

二十九年六月二十八日

(0067—1—5111)

47. 重庆市工务局为呈报职员任崇德1940年6月28日被炸损失给重庆市政府秘书处的文（1940年7月）

兹查本局西区马路工程处职员任崇德于本年六月二十八日在本市铜鼓台巷1号遭受空袭损害，将房屋炸毁。经查属实，连同该员所报私物损失报告表函请查照办理为荷。

此致

本府秘书处

附检送任崇德私物损失报告表1份

　　　　　　　　　　　　　　　　　　　局戳

　　　　　　　　　　　　　　　　　二十九年七月

附：

重庆市政府工务局员役空袭损失私物报告表

物品名称	品质	数量	损失程度	原价	购买年月	备考
被盖	棉	1床	全部炸毁	15元	1938年9月	
蚊帐	棉	1床	全部炸毁	10元	1939年5月	
枕头	棉	2个	全部炸毁	5元	1938年5月	
番〔帆〕布床	棉	1张	全部炸毁	8元	1939年1月	
布毯	棉	1床	全部炸毁	10元	1939年10月	
皮鞋	皮	1双	全部炸毁	26元	1939年2月	
草绿色短裤	棉	2条	全部炸毁	12元	本年3月	
白府绸	绸	7尺	全部炸毁	12元	本年6月	
条子衬衫	绸	1件	全部炸毁	12元	本年6月	
黄毛毯	毛	1条	全部炸毁	24元	本年2月	
人字纹中山装	棉	1套	全部炸毁	12元	1939年11月	
番〔帆〕布学生装	棉	1套	全部炸毁	20元	本年5月	
汗衫	棉	2件	全部炸毁	14元	本年4月	
热水瓶	洋磁	1个	全部炸毁	22元	本年6月	长城牌两磅者
洗脸盆	洋磁	1个	全部炸毁	12元	本年1月	
草席	草	1床	全部炸毁	8元	本年6月	
番〔帆〕布皮底鞋	皮	1双	全部炸毁	5元	1939年12月	
袜子	棉	1双	全部炸毁	2元	本年5月	
被灾日期	1940年6月28日	被灾地点	铜鼓台巷1号西区马路工程处	房屋被炸或震塌	全部炸毁	原支薪俸数目 75元	有无同居眷属 无

续表

右〈上〉开物品确系因空袭被毁,谨报告

局长吴

　　转呈

市长吴

填报人:职务　副工程员

姓名　任崇德

二十九年六月二十九日

（0067—1—5111）

48. 重庆市工务局为呈报职员梁锡伯1940年6月28日被炸损失给重庆市政府秘书处的文（1940年7月）

兹查本局西区马路工程处职员梁锡伯于本年六月二十八日在本市铜鼓台巷1号遭受空袭损害,将房屋炸毁。经查属实,连同该员所报私物损失报告表函请查照办理为荷。

此致

本府秘书处

附检送梁锡伯私物损失报告表1份

局戳

二十九年七月

附:

重庆市政府工务局员役空袭损失私物报告表

物品名称	品质	数量	损失程度	原价	购买年月	备考
蚊帐	纱	1	炸碎	30元	1939年1月	
绸袍	绸	2	炸失	42元	1939年7月	
暖水壶		1	炸碎	3元	1938年10月	
礼帽	呢	1	炸失	10元	1939年11月	
皮鞋		2	炸失	40元	1939年2月	
制服	呢	1	炸毁	20元	1939年5月	
锅		1	炸碎	4元	1940年4月	

续表

物品名称	品质	数量	损失程度	原价	购买年月	备考
碗	磁	12	炸毁	12元	1939年2月	
面粉		3	炸毁	44元	1940年4月	
菜盘	磁	7	炸毁	10元	1939年2月	
面盆		2	炸毁	14元	1937年8月 1940年3月	
床	藤	1	炸毁	10元	1939年4月	
被褥	绸布	4	炸毁	80元	1937年4月 1939年10月	
毯子	呢	1	炸毁	25元	1939年2月	
箱子	皮	1	炸失	10元	1938年12月	
旗袍	布、绸	4	炸毁	100元	1938年8月 1939年12月	
书籍	土木课本	14	炸失	140元	1938年10月	西本土木书籍、土木手书
西装	毛	1	炸毁	90元	1939年4月	
计算尺	胶	1	炸失	30元	1937年4月	
绘图仪品	镍	1	炸失	40元	1937年4月	
女皮鞋	皮	2	炸失	40元	1940年4月	
三角板量角器	胶	4	炸失	20元	1938年6月	
西书			炸失			借工务局技术室参考
被灾日期	1940年6月28日	被灾地点	铜鼓台巷1号西区马路工程处	房屋被炸或震塌	全部炸毁	原支薪俸数目	140元	有无同居眷属	妻一女一

右〈上〉开物品确系因空袭被毁，谨报告

局长吴

　　转呈

市长吴

　　　　　　　　　　　　填报人：职务　副工程师

　　　　　　　　　　　　　　　姓名　梁锡伯

　　　　　　　　　　　　二十九年六月二十九日

(0067—1—5111)

49. 重庆市工务局为呈报职员熊世平1940年6月28日被炸损失给重庆市政府秘书处的文（1940年7月）

兹查本局西区马路工程处职员熊世平于本年六月二十八日在本市铜鼓台巷1号遭受空袭损害，将房屋炸毁。经查属实，连同该员所报私物损失报告表函请查照办理为荷。

此致

本府秘书处

附检送熊世平私物损失报告表1份

局戳

二十九年七月

附：

重庆市政府工务局员役空袭损失私物报告表

物品名称	品质	数量	损失程度	原价	购买年月	备考
蚊帐	罗纱	1顶	全毁	30元	1938年5月	
垫席	细篾	1铺	全毁	5元	1939年6月	
木床	西式双铺	1架	全毁	12元	1939年5月	
衬衫	府绸	2件	全毁	16元	1939年7月	
卫生衫	麻纱	3件	全毁	15元	1939年6月	
内裤	仿绸、洋布	2件	全毁	12元	1938年5月	
袜子	麻纱	2双	全毁	4元	1940年5月	
皮靴	皮	1双	全毁	15元	1940年4月	
白番〔帆〕布靴	白番〔帆〕布	1双	全毁	5元	1938年5月	
球鞋	番〔帆〕布	1双	全毁	7元	1939年9月	
皮拖鞋	全皮	1双	全毁	10元	1939年5月	
套鞋	树胶	1双	全毁	8元	1939年4月	
呢帽	细呢	1顶	全毁	10元	1938年10月	
洋伞	钢架番〔帆〕幔	1把	全毁	8元	1939年4月	
洗脸盆	洋磁	1个	全毁	5元	1939年5月	

续表

物品名称	品质	数量	损失程度	原价	购买年月	备考
洋磁缸	白磁	1个	全毁	5元	1938年5月	
毛巾牙刷牙膏		5件	全毁	10元	1940年5月	购存未用
靴油香皂肥皂		各2件	全毁	9元	1940年6月	
热水瓶		1个	全毁	12元	1940年1月	
面镜	闽省特产	1面	全毁	5元	1937年3月	
茶壶、玻璃杯	磁、玻璃	1把、2个	全毁	4元	1939年8月	
工程书籍	英文原版	19本	全毁	160元	1934年至1939年	外尚有净水工程学一册系向技术室借来参考一并炸毁
绘图仪器		5件	全毁	30元	1935年	
文具		6件	全毁	12元	1939年8月	
女旗袍	绸料	2件	全毁	35元	1939年9月	
小孩裤褂	布料	8件	全毁	16元	1939年10月	
藤箱筐篮厨具等		15件	全毁	60元	1938年12月至1939年12月	
被灾日期	1940年6月28日	被灾地点	铜鼓台巷1号西区马路工程处	房屋被炸或震塌	全部炸毁	原支薪俸数目	240元	有无同居眷属	有

右〈上〉开物品确系因空袭被毁,谨报告

局长吴

　转呈

市长吴

　　　　　　　　　　　填报人:职务　工程师

　　　　　　　　　　　　　　姓名　熊世平

　　　　　　　　　　　二十九年六月二十九日

（0067—1—5111）

50. 重庆市工务局为呈报职员徐兆龙1940年6月28日被炸损失给重庆市政府秘书处的文(1940年7月)

兹查本局西区马路工程处职员徐兆龙于本年六月二十八日在本市铜鼓台巷1号遭受空袭损害,将房屋炸毁。经查属实,连同该员所报私物损失报告表函请查照办理为荷。

此致

本府秘书处

附检送徐兆龙私物损失报告表1份

局戳

二十九年七月

附:

重庆市政府工务局员役空袭损失私物报告表

物品名称	品质	数量	损失程度	原价	购买年月	备考
棉被	绸面洋布里	1床	全毁	46元	1939年10月	窃职于1938年国军西撤时仓皇出走一时未及携带行李,入川后始陆续购买
垫被絮	湘棉	1床	全毁	9元	1939年10月	
卧单	三友实业社出品	1床	全毁	12元	1939年10月	
枕头	洋布	1对	全毁	10元	1939年10月	
竹席	中等	1床	全毁	7元	1940年5月	
衬衫	府绸	1件	全毁	9元	1940年3月	
短裤	洋布	1件	全毁	4元	1940年3月	
中山服	灰呢布	1套	全毁	22元	1940年4月	
毯子	灰军毯	1床	全毁	10元	1939年8月	
背心	麻纱	1件	全毁	3元	1939年6月	
汗衫	麻纱	1件	全毁	5.5元	1939年6月	
皮鞋	牛皮	1双	全毁	22元	1940年4月	
拖鞋	牛皮	1双	全毁	5元	1940年4月	
袜子	麻纱	2双	全毁	4元	1940年4月	
鞋刷	黄漆玻璃	1只	全毁	1.6元	1939年5月	

续表

物品名称	品质	数量	损失程度	原价	购买年月	备考
鞋拔〔跋〕	白铜	1只	全毁	0.8元	1939年5月	
面盆	洋磁	1个	全毁	10元	1939年7月	
漱口缸	洋磁	1个	全毁	1.8元	1939年7月	
肥皂盒	胶	1只	全毁	1元	1939年7月	
毛巾	线	2条	全毁	4元	1940年5月	
肥皂	药水	1块	全毁	1.2元	1940年5月	
牙刷	中等	1把	全毁	1.2元	1940年4月	
牙膏	三星	1盒	全毁	1.2元	1940年5月	
雨伞	中等	1把	全毁	3元	1940年2月	
国音字典	中华书局出版	1部	全毁	3.2元	1939年7月	
被灾日期	1940年6月28日	被灾地点	铜鼓台巷1号西区马路工程处	房屋被炸或震塌	全部炸毁	原支薪俸数目	60元	有无同居眷属	无

右〈上〉开物品确系因空袭被毁,谨报告

局长吴

　　转呈

市长吴

填报人:职务　办事员

姓名　徐兆龙

二十九年六月二十九日

(0067—1—5111)

51. 重庆市工务局为呈报职员徐忠文1940年6月28日被炸损失给重庆市政府秘书处的文(1940年7月)

兹查本局西区马路工程处职员徐忠文于本年六月二十八日在本市铜鼓台巷1号遭受空袭损害,将房屋炸毁。经查属实,连同该员所报私物损失报告表函请查照办理为荷。

此致

本府秘书处

附检送徐忠文私物损失报告表1份

> 局戳
>
> 二十九年七月

附：

重庆市政府工务局员役空袭损失私物报告表

物品名称	品质	数量	损失程度	原价	购买年月	备考
土木工程手册	原本	7	炸毁	45元	1936年1月	
钢骨混凝土	洋装	1	炸毁	5元	1935年4月	
建筑工程学	洋装	4	炸毁	8元	1937年4月	
建筑绘图学	原本	1	炸毁		1939年10月	本局技术室借来
礼帽	草	1	炸毁	7元	1940年6月	
棉被	木棉布被面	1	炸碎	40元	1939年12月	
三角板	8寸	2	炸失	3元	1937年6月	
绘图工具		1	炸失	5元	1935年4月	
被灾日期	1940年6月28日	被灾地点	铜鼓台巷1号西区马路工程处	房屋被炸或震塌	全部炸毁	原支薪俸数目	70元	有无同居眷属

右〈上〉开物品确系因空袭被毁，谨报告

局长吴

　　转呈

市长吴

> 填报人：职务　工程员
>
> 　　　　姓名　徐忠文
>
> 二十九年六月二十九日

（0067—1—5111）

52. 重庆市工务局为呈报职员朱宗峻1940年6月28日被炸损失给重庆市政府秘书处的文（1940年7月）

兹查本局西区马路工程处职员朱宗峻于本年六月二十八日在本市铜鼓

台巷1号遭受空袭损害,将房屋炸毁。经查属实,连同该员所报私物损失报告表函请查照办理为荷。

此致

本府秘书处

附检送朱宗峻私物损失报告表1份

局戳
二十九年七月

附:

重庆市政府工务局员役空袭损失私物报告表

物品名称	品质	数量	损失程度	原价	购买年月	备考
薄棉被	绸布	1条	全毁	26元	1938年12月	
厚棉被	布	1条	全毁	32元	1939年11月	
棉褥	布	1条	全毁	16元	1938年12月	
被单	布	2条	全毁	12元	1938年12月	
枕头	布	1个	全毁	3元	1938年12月	
驼绒棉袍	绸	1件	全毁	24元	1937年10月	
华达呢夹袍	毛	1件	全毁	30元	1936年4月	
布袍	布	1件	全毁	8元	1937年5月	
绒布内衣	布	2套	全毁	20元	1937年10月	
布内衣	布	2套	全毁	18元	1938年4月	
呢帽	呢	1顶	全毁	8元	1936年11月	
蚊帐	纱	1顶	全毁	10元	1939年6月	
毛线衣	毛	1件	全毁	20元	1937年12月	
卫生裤	绒	1条	全毁	5元	1937年12月	
眼镜	铜框	1付	全毁	4元	1936年3月	
面盆	珐琅	1个	全毁	3.5元	1937年10月	
手巾	纱	1条	全毁	1元	1940年4月	
漱口盂	磁	1个	全毁	1.5元	1938年3月	
牙刷	骨	1个	全毁	1元	1939年12月	
线袜	纱	3双	全毁	3.6元	1939年11月	
油布	布	1张	全毁	3元	1938年10月	

续表

物品名称	品质	数量	损失程度	原价	购买年月	备考
皮箱	皮	1支〔只〕	全毁	5元	1937年11月	
被灾日期 1940年6月28日	被灾地点 铜鼓台巷1号西区马路工程处	房屋被炸或震塌	全部炸毁	原支薪俸数目	55元	有无同居眷属	无

右〈上〉开物品确系因空袭被毁，谨报告

局长吴

　　转呈

市长吴

填报人：职务　雇员

姓名　朱宗峻

二十九年六月二十八日

(0067—1—5111)

53. 重庆市工务局为呈报测工吴相芝1940年6月28日被炸损失给重庆市政府秘书处的文(1940年7月)

兹查本局西区马路工程处职员吴相芝于本年六月二十八日在本市铜鼓台巷1号遭受空袭损害，将房屋炸毁。经查属实，连同该员所报私物损失报告表函请查照办理为荷。

此致

本府秘书处

附检送吴相芝私物损失报告表1份

局戳

二十九年七月

附：

重庆市政府工务局员役空袭损失私物报告表

物品名称	品质	数量	损失程度	原价	购买年月	备考
洗面盆	洋瓷	1个	全炸	4元	1938年8月	

续表

物品名称	品质	数量	损失程度	原价	购买年月	备考
棉被	绸面布里	1床	全炸	15元	1937年10月	
军毯	呢	1床	全炸	20元	1939年3月	
中山服	布	1套	全炸	20元	1940年4月	
	白布	1套	全炸	10元	1938年7月	
球鞋	橡胶	1双	全炸	5.4元	1940年2月	
毛巾		2条	全炸	1.4元	1940年3月	
背心	绒	1件	全炸	5元	1938年10月	
袜子	线	3双	全炸	3.6元	1939年10月	
青布上衣	布	2件	全炸	3.6元	1940年3月	
衬衫	布	2件	全炸	14元	1939年5月	
呢帽	呢	1顶	全炸	10元	1939年9月	
牙缸	瓷	1个	全炸	2元	1938年4月	
箱	藤造	1个	全炸	10元	1938年10月	
被灾日期	1940年6月28日	被灾地点	铜鼓台巷1号西区马路工程处	房屋被炸或震塌	全部炸毁	原支薪俸数目	23元	有无同居眷属	无

右〈上〉开物品确系因空袭被毁,谨报告

局长吴

　　转呈

市长吴

填报人:职务　测工

姓名　吴相芝

二十九年六月二十九日

(0067—1—5111)

54. 重庆市工务局为呈报测工赵华堂1940年6月28日被炸损失给重庆市政府秘书处的文(1940年7月)

兹查本局西区马路工程处测工赵华堂[①]于本年六月二十八日在本市铜鼓台巷1号遭受空袭损害,将房屋炸毁。经查属实,连同该员所报私物损失报

---

① 正文各处为赵华堂,落款处为赵华棠,原档照录。

告表函请查照办理为荷。

　　此致

本府秘书处

附检送赵华堂私物损失报告表1份

局戳
二十九年七月

　　附：

重庆市政府工务局员役空袭损失私物报告表

物品名称	品质	数量	损失程度	原价	购买年月	备考
花直贡呢被卧		1	全毁	30元	1939年2月	
冲哔叽中山装		1	全毁	40元	1940年1月	
冲哔叽褥子		1	全毁	15元	1939年2月	
印花卧单	线布	1	全毁	6元	1940年6月	
衬裤	线布	2	全毁	10元	1940年4月	
白衬衫	府绸	2	全毁	20元	1940年4月	
礼帽	呢质	1	全毁	10元	1940年3月	
套鞋		1	全毁	8元	1940年3月	
球鞋		1	全毁	8元	1940年3月	
面盆	洋瓷	1	全毁	5元	1940年1月	
玻璃杯		1	全毁	0.5元	1940年5月	
皮箱		1	全毁	6元	1939年10月	
被灾日期	1940年6月28日	被灾地点	铜鼓台巷1号西区马路工程处	房屋被炸或震塌	全部炸毁	原支薪俸数目	22元	有无同居眷属	

右〈上〉开物品确系因空袭被毁,谨报告

局长吴

　　转呈

市长吴

填报人：职务　测工
姓名　赵华棠
二十九年六月二十九日

(0067—1—5111)

55. 重庆市工务局为呈报伙夫吴少卿1940年6月28日被炸损失给重庆市政府秘书处的文(1940年7月)

兹查本局西区马路工程处伙夫吴少卿于本年六月二十八日在本市铜鼓台巷1号遭受空袭损害,将房屋炸毁。经查属实,连同该员所报私物损失报告表函请查照办理为荷。

此致

本府秘书处

附检送吴少卿私物损失报告表1份

局戳

二十九年七月

附:

重庆市政府工务局员役空袭损失私物报告表

物品名称	品质	数量	损失程度	原价	购买年月	备考
被盖	布	1床	全毁	25元	1939年5月	
中山服	布	1套	全毁	12元	1939年4月	
汗衣	布	2件	全毁	10元	1939年6月	
草席	草	1件	全毁	2元	1939年10月	
鞋子	布	1双	全毁	3元	1940年2月	
衬裤	青布	2套	全毁	10元	1938年11月	
毛巾		1条	全毁	1元	1940年6月	
被灾日期	1940年6月28日	被灾地点	铜鼓台巷1号西区马路工程处	房屋被炸或震塌	全部炸毁	原支薪俸数目	14元	有无同居眷属	无

右〈上〉开物品确系因空袭被毁,谨报告

局长吴

　　转呈

市长吴

填报人:职务　伙夫
姓名　吴少卿
二十九年六月二十九日

(0067—1—5111)

56. 重庆市工务局为呈报工役袁忠山1940年6月28日被炸损失给重庆市政府秘书处的文(1940年7月)

兹查本局西区马路工程处工役袁忠山于本年六月二十八日在本市铜鼓台巷1号遭受空袭损害,将房屋炸毁。经查属实,连同该员所报私物损失报告表函请查照办理为荷。

此致

本府秘书处

附检送袁忠山私物损失报告表1份

局戳

二十九年七月

附：

重庆市政府工务局员役空袭损失私物报告表

物品名称	品质	数量	损失程度	原价	购买年月	备考
盖被	布	1床	全毁	22元	1939年7月	
中山服	布	1套	全毁	19元	1940年5月	
	布	1套	全毁	15元	1939年2月	
汗衣	布	2件	全毁	10元	1938年12月	
鞋	布	1双	全毁	2.5元	1940年5月	
毛巾		1条	全毁	1元	1940年3月	
短裤	布	2件	全毁	6元	1939年2月	
被灾日期	1940年6月28日	被灾地点	铜鼓台巷1号西区马路工程处	房屋被炸或震塌	全部炸毁	原支薪俸数目	14元	有无同居眷属	无

右〈上〉开物品确系因空袭被毁,谨报告

局长吴

转呈

市长吴

填报人：职务　公〔工〕役

姓名　袁忠山

二十九年六月二十九日

(0067—1—5111)

57. 重庆市工务局为呈报工役袁平安1940年6月28日被炸损失给重庆市政府秘书处的文(1940年7月)

兹查本局西区马路工程处工役袁平安于本年六月二十八日在本市铜鼓台巷1号遭受空袭损害,将房屋炸毁。经查属实,连同该员所报私物损失报告表函请查照办理为荷。

此致

本府秘书处

附检送袁平安私物损失报告表1份

局戳

二十九年七月

附:

重庆市政府工务局员役空袭损失私物报告表

物品名称	品质	数量	损失程度	原价	购买年月	备考
棉被	布	1床	全毁	20元	1938年9月	
毯	布	1床	全毁	5元	1938年8月	
中山服	布	1套	全毁	19元	1940年3月	
鞋	帆布	1双	全毁	2元	1940年5月	
汗衫	布	1件	全毁	6元	1939年4月	
毛巾		2条	全毁	2元	1940年1月	
洗脸盆	洋瓷	1个	全毁	6元	1939年4月	
短裤	布	1条	全毁	5元	1940年4月	
被灾日期	1940年6月28日	被灾地点	铜鼓台巷1号西区马路工程处	房屋被炸或震塌	全部炸毁	原支薪俸数目	14元	有无同居眷属	无

右〈上〉开物品确系因空袭被毁,谨报告

局长吴

  转呈

市长吴

填报人:职务 公〔工〕役
姓名 袁平安
二十九年六月二十九日

(0067—1—5111)

58. 重庆市工务局为呈报测工马伯勋1940年6月28日被炸损失给重庆市政府秘书处的文(1940年7月)

兹查本局西区马路工程处测工马伯勋于本年六月二十八日在本市铜鼓台巷1号遭受空袭损害,将房屋炸毁。经查属实,连同该员所报私物损失报告表函请查照办理为荷。

此致

本府秘书处

附检送马伯勋私物损失报告表1份

局戳

二十九年七月

附:

重庆市政府工务局员役空袭损失私物报告表

物品名称	品质	数量	损失程度	原价	购买年月	备考
棉被	绸面布里	1床	全毁	40元	1939年5月	职于去年5月25日在机房街城区工务管理处全部被炸毁,嗣经戚友救济,不幸昨日间又被惨炸全部物品炸毁殆尽
垫被	布	1床	全毁	20元	1939年5月	
蚊帐	中号	1床	全毁	15元	1939年5月	
枕头	布	2个	全毁	6元	1939年5月	
中山装	布	2套	全毁	30元	1939年5月、10月	
军毯	灰呢	1床	全毁	14元	1939年9月	
脸盆	洋磁	1个	全毁	8元	1939年7月	
衬衫	布	2件	全毁	12元	1939年5月、11月	
呢帽	粗呢	1顶	全毁	15元	1939年12月	
毛巾		2条	全毁	4元	1940年3月	
漱牙缸	洋磁	1个	全毁	3元	1940年5月	
短裤	布	2条	全毁	10元	1940年6月	
跑鞋	橡胶	1双	全毁	10元	1940年元月	
布鞋		1双	全毁	4元	1940年6月	

续表

| 被灾日期 | 1940年6月28日 | 被灾地点 | 铜鼓台巷1号西区马路工程处 | 房屋被炸或震塌 | 全部炸毁 | 原支薪俸数目 | 22元 | 有无同居眷属 | 无 |

右〈上〉开物品确系因空袭被毁,谨报告

局长吴

  转呈

市长吴

        填报人:职务 测工

            姓名 马伯勋

         二十九年六月二十九日

(0067—1—5111)

59. 重庆市工务局为呈报职员邓祖福1940年6月28日被炸损失给重庆市政府秘书处的文(1940年7月)

兹查本局西区马路工程处职员邓祖福于本年六月二十八日在本市铜鼓台巷1号遭受空袭损害,将房屋炸毁。经查属实,连同该员所报私物损失报告表函请查照办理为荷。

此致

本府秘书处

附检送邓祖福私物损失报告表1份

                局戳

              二十九年七月

附:

重庆市政府工务局员役空袭损失私物报告表

物品名称	品质	数量	损失程度	原价	购买年月	备考
白衬衣	府绸	2	毁无	20元	1940年2月	
白衬裤	布	2	毁无	5元	1939年12月	
中山装	布	2	毁无	36元	□□□□年10月	

续表

物品名称	品质	数量	损失程度	原价	购买年月	备考
蚊帐	方格纱	1	毁无	6元	□□□□年7月	
面盆	磁铁	1	毁无	8元	□□□□年1月	
面巾	纱	1	毁无	1元	1940年6月	
牙刷	牙毛	1	毁无	1元	1940年6月	
棉被	布棉	1	毁无	42元	1940年2月	
被灾日期	1940年6月28日	被灾地点	铜鼓台巷1号西区马路工程处	房屋被炸或震塌	炸中全毁	原支薪俸数目 115元	有无同居眷属

右〈上〉开物品确系因空袭被毁，谨报告

局长吴

　　转呈

市长吴

填报人：职务　工程员

姓名　邓祖福

二十九年六月二十九日

（0067—1—5111）

60. 重庆市工务局为呈报职员熊世奎1940年6月28日被炸损失给重庆市政府秘书处的文（1940年7月）

兹查本局西区马路工程处职员熊世奎于本年六月二十八日在本市铜鼓台巷遭受空袭损害，将房屋炸毁。经查属实，连同该员所报私物损失报告表函请查照办理为荷。

此致

本府秘书处

附检送熊世奎私物损失报告表1份

局戳

二十九年七月

附：

重庆市政府工务局员役空袭损失私物报告表

物品名称	品质	数量	损失程度	原价	购买年月	备考
大衣	毛线呢面獭皮领皮里	1件	炸毁	260元	1938年9月	
西服	青法兰绒	1套	炸毁	120元	1938年9月	
短裤	白布2夏布1	3件	炸毁	9元	1940年4月	
背心	麻纱	1件	炸毁	3.5元	1940年4月	
卫生衣裤	线绒	1套	炸毁	12元	1939年11月	
衬衫	白标布	1件	炸毁	14元	1939年10月	
袜	麻纱	2双	炸毁	5元	1940年4月	
皮靴	黄纹皮	1双	炸毁	20元	1940年5月	
漱口杯	白瓷	1个	炸毁	1.2元	1939年10月	
牙刷	骨柄	1把	炸毁	1.2元	1940年6月	
牙膏	黑人牌	1管	炸毁	2元	1940年6月	
洗脸盆	红洋瓷	1个	炸毁	6元	1939年10月	
雨帽	呢	1顶	炸毁	6元	1938年10月	
西服领带	绸缎各1	2条	炸毁	10元	1938年10月	
棉被	白条布	1床	炸毁	20元	1939年10月	
行军床	铁架	1床	炸毁	60元	1938年7月	
枕头	白布挑花	1个	炸毁	6元	1939年8月	
三脚架	五节铜管	1个	炸毁	42元	1937年11月	
无线原理	倪尚达注〔著〕	1册	炸毁	9元	1933年1月	
被灾日期	1940年6月28日	被灾地点	铜鼓台巷西区马路1号	房屋被炸或震塌	被炸	原支薪俸数目	105元	有无同居眷属	有

右〈上〉开物品确系因空袭被毁,谨报告
局长吴
　　转呈
市长吴

　　　　　　　　　　　　　　填报人:职务　工程员
　　　　　　　　　　　　　　　　　　姓名　熊世奎
二十九年六月二十九日

(0067—1—5111)

61. 重庆市工务局为呈报职员廖新魁1940年6月28日被炸损失给重庆市政府秘书处的文(1940年7月)

兹查本局东区马路工程处职员廖新魁于本年六月二十八日在本市铜鼓台巷1号遭受空袭损害,将房屋炸毁。经查属实,连同该员所报私物损失报告表函请查照办理为荷。

此致

本府秘书处

附检送廖新魁私物损失报告表1份

局戳

二十九年七月

附:

重庆市政府工务局员役空袭损失私物报告表

物品名称	品质	数量	损失程度	原价	购买年月	备考
盖被		1床	全毁	60元	1939年8月	
白洋布蚊帐	洋纱	1棚	全毁	30元	1940年6月	
印花被单	洋纱	1张	全毁	22元	1940年2月	
线毯	棉纱	1张	全毁	20元	1939年8月	
油布		1张	全毁	20元	1939年12月	
绣花枕头	府绸	1个	全毁	6元	1939年8月	
黄卡〔咔〕叽长裤	老纱	1条	全毁	22元	1940年3月	
黄卡〔咔〕叽短裤	老纱	1条	全毁	8元	1940年5月	
白洋布短裤	洋纱	2条	全毁	5元	1940年4月	
□□力斯中山服	毛纱	1套	全毁	50元	1939年7月	
灰色条卫生衣	纱	1件	全毁	20元	1939年9月	
蓝色夹背心	葛麻	1件	全毁	9元	1940年6月	
汗背心	麻纱	2件	全毁	5元	1940年6月	
裤带		1付	全毁	3元	1939年6月	
袜子	麻纱	2双	全毁	5元	1940年6月	
白洋布包袱皮	洋纱	1张	全毁	5元	1940年5月	
雨伞	油纸	1把	全毁	1.5元	1940年5月	

续表

物品名称	品质	数量	损失程度	原价	购买年月	备考
拖鞋	港皮	1双	全毁	9元	1940年4月	
布鞋	毛线呢	1双	全毁	5元	1940年6月	
呢帽	毛呢	1顶	全毁	21元	1939年9月	
衬衣	府绸	1件	全毁	15元	1940年5月	
漱口杯	洋磁	1个	全毁	2元	1939年2月	
茶杯	瓷器	1个	全毁	1元	1940年3月	
毛巾	洋纱	1条	全毁	1.5元	1940年6月	
洗面盆	洋磁	1个	全毁	12元	1940年3月	
牙刷		1把	全毁	1.5元	1940年6月	
提篮	广藤	1个	全毁	6元	1939年12月	
套鞋	橡胶	1双	全毁	8元	1940年1月	
被灾日期	1940年6月28日	被灾地点	铜鼓台巷1号	房屋被炸或震塌	全部炸毁	原支薪俸数目	50元	有无同居眷属	无

右〈上〉开物品确系因空袭被毁,谨报告

局长吴

　　转呈

市长吴

　　　　　　　　　填报人:职务　监工员

　　　　　　　　　　　　　姓名　廖新魁

　　　　　　　　　二十九年六月二十九日

(0067—1—5111)

62. 重庆市工务局为呈报职员蔡致平1940年6月28日被炸损失给重庆市政府秘书处的文(1940年7月)

兹查本局东区马路工程处职员蔡致平于本年六月二十八日在本市铜鼓台巷1号遭受空袭损害,将房屋炸毁。经查属实,连同该员所报私物损失报告表函请查照办理为荷。

此致

本府秘书处
附检送蔡致平私物损失报告表1份

> 局戳
> 二十九年七月

附：

重庆市政府工务局员役空袭损失私物报告表

物品名称	品质	数量	损失程度	原价	购买年月	备考
被卧		2床	全毁	70元	1939年4月	
印花被单	洋纱	2床	全毁	18元	1939年10月	
衬衣	府绸	2件	全毁	36元	1940年4月	
冲哔叽中山服	毛纱	1套	全毁	54元	1940年1月	
绣花枕头	府绸	1对	全毁	9元	1939年12月	
罗纹方帐	麻纱	1棚	全毁	46元	1940年3月	
皮鞋	文皮	1双	全毁	24元	1940年2月	
袜子	麻纱	2双	全毁	8元	1940年5月	
毛巾	洋纱	4条	全毁	7.2元	1940年6月	
洋布短裤	洋纱	1条	全毁	4.5元	1940年6月	
洋锁		1把	全毁	3.2元	1940年5月	
被灾日期	1940年6月28日	被灾地点	铜鼓台巷1号	房屋被炸或震塌	全部炸毁	原支薪俸数目	45元	有无同居眷属	无

右〈上〉开物品确系因空袭被毁，谨报告
局长吴
　转呈
市长吴

> 填报人：职务　监工员
> 姓名　蔡致平
> 二十九年六月二十九日

（0067—1—5111）

63. 重庆市工务局为呈报职员黄秉德1940年6月28日被炸损失给重庆市政府秘书处的文(1940年7月)

兹查本局城区工务处职员黄秉德于本年六月二十八日在本市铜鼓台巷1号遭受空袭损害,将房屋炸毁。经查属实,连同该员所报私物损失报告表函请查照办理为荷。

此致

本府秘书处

附检送黄秉德私物损失报告表1份

局戳

二十九年七月

附:

重庆市政府工务局员役空袭损失私物报告表

物品名称	品质	数量	损失程度	原价	购买年月	备考
短裤	一品黄布	2条	全毁	15元	1940年6月	
短裤	白斜纹	2条	全毁	7元	1939年5月	
皮箱		1个	全毁	24元	1938年9月	
热水瓶	长城牌	1个	全坏	9元	1939年4月	
皮鞋	牛皮	1双	全失	26元	1940年4月	
拖鞋	皮	1双	全失	3元	1938年3月	
面盆	铜	1个	全失	10元	1940年4月	
牙杯	谦信	1个	全失	8元	1940年4月	
圆蚊帐	纱罗	1领	全失	12元	1939年5月	
毛线衫	羊毛	1件	全失	18元	1939年8月	
吊带		1条	全失	4元	1940年4月	
实用曲线表		1本	全失	4元	1939年12月	
雨伞		1把	全毁	2.6元	1940年5月	
肥皂盒		1个	全失	□元	1940年4月	
人字呢大衣	呢面绸里	1件	全失	160元	1939年11月	
哔吱〔叽〕中山装	哔吱〔叽〕	1套	全失	150元	1940年5月	

续表

物品名称	品质	数量	损失程度	原价	购买年月	备考
棉被	绸面白斜布里	1领	全失	68元	1940年5月	
军毯	毛质	1张	全失	15元	1940年4月	
枕头	芦花	2个	全失	12元	1940年4月	
中山服	中山布	1套	全失	36元	1940年3月	
中山服	假哗吱〔叽〕	1套	全坏	32元	1940年4月	
卫生衣	里有绒	2个	全失	16元	1939年11月	
卫生裤	纱绒	2条	全失	14元	1939年12月	
毛巾毯		1张	全失	34元	1940年5月	
衬衫	白府绸	2件	全失	24元	1940年6月	
汗衫	线纱	1件	全坏	8元	1940年2月	
背心	纱	2件	全失	6元	1940年6月	
衬衫		1件	全坏	□元	1939年9月	
中山服		1套	全失	□元		
被灾日期	1940年6月28日	被灾地点	铜鼓台巷1号	房屋被炸或震塌	全部炸毁	原支薪俸数目	100元	有无同居眷属

右〈上〉开物品确系因空袭被毁，谨报告

局长吴

　　转呈

市长吴

　　　　　　　　　　　填报人：职务　工程员

　　　　　　　　　　　　　　　姓名　黄秉德

　　　　　　　　　　　二十九年六月二十九日

(0067—1—5111)

64. 重庆市工务局为呈报职员熊力功1940年6月28日被炸损失给重庆市政府秘书处的文（1940年7月）

兹查本局城区工务管理处职员熊力功于本年六月二十八日在本市铜鼓

台巷1号遭受空袭损害,将房屋炸毁。经查属实,连同该员所报私物损失报告表函请查照办理为荷。

此致

本府秘书处

附检送熊力功私物损失报告表1份

局戳
二十九年七月

附:

重庆市政府工务局员役空袭损失私物报告表

物品名称	品质	数量	损失程度	原价	购买年月	备考
盖被	大绸	1床	全毁	24元	1939年3月	
垫套	棉絮	1床	全毁	6元	1939年12月	
油布	布	1张	全毁	8元	1939年4月	
簟席	竹	1张	全毁	1.2元	1939年6月	
枕头	竹布	1个	全毁	4元	1940年3月	
毛巾	洋纱	3条	全毁	3.2元	1940年5月	
洗脸盆	洋磁	1个	全毁	5元	1939年8月	
漱口缸	洋磁	1个	全毁	2元	1939年8月	
茶壶	江西瓷	1把	全毁	1.5元	1940年3月	
套鞋	橡皮	1双	全毁	6元	1940年1月	
雨伞	纸造	1把	全毁	1.5元	1940年5月	
蚊帐	夏布	1棚	全毁	16元	1939年2月	
衬衫	府绸	1件	全毁	12元	1940年4月	
汗衫	麻纱	1件	全毁		1940年5月	
礼帽	呢	1顶	全毁	15元	1939年10月	
中山装	华达呢	1套	全毁	65元	1939年4月	
短衬裤	布	1条	全毁	2元	1940年5月	
袜子	纱	2双	全毁	5元	1940年5月	
袖扣	绸	1付	全毁	0.8元	1939年5月	
发帽	蓝布	1顶	全毁	0.6元	1940年4月	
布鞋	布	1双	全毁	3元	1940年5月	

续表

物品名称	品质	数量	损失程度	原价	购买年月	备考
木床	柏木	1张	全毁	10元	1940年5月	
英汉合解辞典	布面	1本	全毁	5元	1939年12月	世界书局出版
桥梁工程学	精装	1本	全毁	2元	1937年7月	全国道路协会出版
道路全书	平装	1本	全毁	3元	1937年7月	全国道路协会出版
平面测量学	平装	1本	全毁	1元	1939年9月	正中书局
子夜	平装	1本	全毁	3.2元	1940年4月	茅盾著
公路标准图	道林纸	1本	全毁	2.2元	1938年3月	
被灾日期	1940年6月28日	被灾地点	铜鼓台巷1号	房屋被炸或震塌	房屋全毁	原支薪俸数目	60元	有无同居眷属	有

右（上）开物品确系因空袭被毁，谨报告
局长吴
　转呈
市长吴

填报人：职务　副工程员
　　　　姓名　熊力功
二十九年六月二十九日

（0067—1—5111）

65. 重庆市工务局为呈报愿警王景房1940年6月28日被炸损失给重庆市政府秘书处的文（1940年7月）

兹查本局愿警王景房于本年六月二十八日在本市桂香阁（本局）遭受空袭损害，将房屋震塌。经查属实，连同该员所报私物损失报告表函请查照办理为荷。

此致

本府秘书处

附检送王景房私物损失报告表1份

              局戳

             二十九年七月

附：

重庆市政府工务局员役空袭损失私物报告表

物品名称	品质	数量	损失程度	原价	购买年月	备考
衬衣	白布	1件	均已炸毁	7元	本度3月	
汗衣	白布	1件	均已炸毁	4.5元	本度5月	
磁缸	磁	1个	均已炸毁	1.2元	去年7月	
中山服上装	青哈叽	1件	均已炸毁	11元	去年5月	
被灾日期	1940年6月28日	被灾地点	本局警卫室	房屋被炸或震塌	被炸	原支薪俸数目	24元	有无同居眷属

右〈上〉开物品确系因空袭被毁，谨报告

局长吴

  转呈

市长吴

          填报人：职务 愿警
            姓名 王景房
         二十九年六月二十九日

（0067—3—5111）

66. 重庆市工务局为呈报测工陈六尊1940年6月28日被炸损失给重庆市政府秘书处的文（1940年7月）

兹查本局测工陈六尊于本年六月二十八日在本市和平路29号[1]遭受空袭损害，将房屋炸毁。经查属实，连同该员所报私物损失报告表函请查照办理为荷。

---

[1] 所附表格地点为和平路219号，原档照录。

此致

本府秘书处

附检送陈六尊私物损失报告表1份

局戳

二十九年七月

附：

重庆市政府工务局员役空袭损失私物报告表

物品名称	品质	数量	损失程度	原价	购买年月	备考
蚊帐	夏布	1床	无	14元	1938年5月	
棉被	白洋布	1条	无	10元	1936年	
垫被	白洋布	1条	无	7元	1936年	
单被	白洋布	1条	无	7元	1940年2月	
竹床	竹	1架	无	5元	1940年4月	
夹袄	布	1套	无	7元	1937年2月	
长衣	布	1件	无	6元	1938年9月	
汗衫	纱	1件	无	6元	1940年6月	
短裤	布	1条	无	2元	1940年6月	
女衣服	蓝布	1套	无	6元	1938年2月	
女衣服	冲吱〔叽〕	1套	无	5元	1937年	
面盆		1只	无	6元	1939年11月	
袜	线	2双	无	3元	1939年11月	
毛巾	纱	1条	无	1元	1940年6月	
被灾日期	1940年6月28日	被灾地点	和平路219号	房屋被炸或震塌	被炸	原支薪俸数目	24元	有无同居眷属	有

右〈上〉开物品确系因空袭被毁，谨报告

局长吴

　　转呈

市长吴

填报人：职务　测工
姓名　陈六尊
二十九年六月二十九日

67. 重庆市工务局为呈报测工陈六尊1940年6月28日另一处被炸损失给重庆市政府秘书处的文(1940年7月)

兹查本局测工陈六尊于本年六月二十八日在本市桂香阁(本局)遭受空袭损害,将房屋震塌。经查属实,连同该员所报私物损失报告表函请查照办理为荷。

此致

本府秘书处

附检送陈六尊私物损失报告表1份

局戳
二十九年七月

附:

重庆市政府工务局员役空袭损失私物报告表

物品名称	品质	数量	损失程度	原价	购买年月	备考
毛巾	纱	1条	无	2元	1940年6月	
牙刷	骨	1把	无	1元	1940年6月	
牙杯		1只	无	1元	1939年2月	
被灾日期	1940年6月28日	被灾地点	工程局	房屋被炸或震塌	原支薪俸数目	24元	有无同居眷属

右〈上〉开物品确系因空袭被毁,谨报告

局长吴

　转呈

市长吴

填报人:职务　测工
姓名　陈六尊
二十九年六月二十九日

68. 重庆市工务局为呈报愿警罗治华1940年6月28日被炸损失给重庆市政府秘书处的文（1940年7月）

兹查本局愿警罗治华于本年六月二十八日在本市桂香阁（本局）遭受空袭损害，将房屋震塌。经查属实，连同该员所报私物损失报告表函请查照办理为荷。

此致

本府秘书处

附检送罗治华私物损失报告表1份

局戳
二十九年七月

附：

重庆市政府工务局员役空袭损失私物报告表

物品名称	品质	数量	损失程度	原价	购买年月	备考
衬衣	白府绸	1件	全体炸毁	17元	本度5月	
卧单	白布	1床	全体炸毁	14元	1939年12月	
皮鞋		1双	全体炸毁	24元	本度正月	
被灾日期	1940年6月28日	被灾地点	本局警卫室	房屋被炸或震塌	被炸	原支薪俸数目	24元	有无同居眷属

右〈上〉开物品确系因空袭被毁，谨报告

局长吴

　　转呈

市长吴

填报人：职务　愿警
姓名　罗治华
二十九年六月二十九日

（0067—3—5111）

69. 重庆市工务局为呈报愿警1940年6月28日毛尚林被炸损失给重庆市政府秘书处的文(1940年7月)

兹查本局愿警毛尚林于本年六月二十八日在本市桂香阁(本局)遭受空袭损害,将房屋震塌。经查属实,连同该员所报私物损失报告表函请查照办理为荷。

此致

本府秘书处

附检送毛尚林私物损失报告表1份

局戳

二十九年七月

附:

重庆市政府工务局员役空袭损失私物报告表

物品名称	品质	数量	损失程度	原价	购买年月	备考
上下装	芝麻呢	1套	炸毁	23元	本年6月	
衬衣	白府绸	2件	炸毁	15元	本年6月	
卧单	白布	1床	炸毁	8元	本年5月	
脸盆	磁	1个	炸毁	8元	1939年7月	
毛巾	线	2条	炸毁	2.5元	本年6月	
布鞋		1双	炸毁	3元	本年6月	
被灾日期	1940年6月28日	被灾地点	本局警卫室	房屋被炸或震塌	被炸	原支薪俸数目	26元	有无同居眷属

右〈上〉开物品确系因空袭被毁,谨报告

局长吴

　　转呈

市长吴

填报人:职务　愿警

姓名　毛尚林

二十九年六月二十九日

(0067—3—5111)

70. 重庆市工务局为呈报测工闵金泉1940年6月28日被炸损失给重庆市政府秘书处的文(1940年7月)

兹查本局测工闵金泉于本年六月二十八日在本市桂香阁(本局)遭受空袭损害,将房屋震塌。经查属实,连同该员所报私物损失报告表函请查照办理为荷。

此致

本府秘书处

附检送闵金泉私物损失报告表1份

局戳
二十九年七月

附:

重庆市政府工务局员役空袭损失私物报告表

物品名称	品质	数量	损失程度	原价	购买年月	备考
棉被	兰〔蓝〕丁绸	1条	炸碎	45元	1939年8月	
垫被	白布	1条	炸碎	8元	1934年9月	
被禅〔单〕	兰〔蓝〕洋布	1条	炸碎	5元	1940年2月	
中山服	灰布	1套	无	18元	1939年4月	
白寸〔衬〕衣	白洋布	1件	无	7元	1940年5月	
面盆		1个	无	6元	1939年正月	
胶鞋		1双	无	8元	1940年3月	
被灾日期	1940年6月28日	被灾地点	工务局晒图室	房屋被炸或震塌	原支薪俸数目	18元	有无同居眷属

右〈上〉开物品确系因空袭被毁,谨报告

局长吴

　转呈

市长吴

填报人:职务　测工
姓名　闵金泉
二十九年六月二十九日

(0067—3—5111)

71. 重庆市工务局为呈报测工黎昇平1940年6月28日被炸损失给重庆市政府秘书处的文(1940年7月)

兹查本局测工黎昇平于本年六月二十八日在本市桂香阁(本局)遭受空袭损害,将房屋震塌。经查属实,连同该员所报私物损失报告表函请查照办理为荷。

此致

本府秘书处

附检送黎昇平私物损失报告表1份

局戳

二十九年七月

附:

重庆市政府工务局员役空袭损失私物报告表

物品名称	品质	数量	损失程度	原价	购买年月	备考
中三〔山〕服	灰布	1套	无	16元	1939年12月	
汗衣	蓝布	1套	无	11.5元	1939年12月	
棉衣服	布	1件	无	12元	1939年10月	
胶鞋	帆布	1双	无	8.3元	1940年2月	
毛巾		1根	无	1.6元	1940年6月	
被灾日期	1940年6月28日	被灾地点	本局晒图室	房屋被炸或震塌		原支薪俸数目	19元	有无同居眷属

右〈上〉开物品确系因空袭被毁,谨报告

局长吴

　　转呈

市长吴

填报人:职务　测工

姓名　黎昇平

二十九年六月二十九日

(0067—3—5111)

72. 重庆市工务局为呈报油印生胡焕章1940年6月28日被炸损失给重庆市政府秘书处的文(1940年7月)

兹查本局油印生胡焕章于本年六月二十八日在本市桂香阁(本局)遭受空袭损害,将房屋震塌。经查属实,连同该员所报私物损失报告表函请查照办理为荷。

此致

本府秘书处

附检送胡焕章私物损失报告表1份

局戳

二十九年七月

附：

重庆市政府工务局员役空袭损失私物报告表

物品名称	品质	数量	损失程度	原价	购买年月	备考
白市布下装	布	1条	全失	8.1元	1940年5月	
胶鞋	布	1双	全失	6元	1940年3月	
被灾日期	1940年6月28日	被灾地点	工务局	房屋被炸或震塌		原支薪俸数目	22元	有无同居眷属

右〈上〉开物品确系因空袭被毁,谨报告

局长吴

　　转呈

市长吴

填报人：职务　油印生
姓名　胡焕章
二十九年六月二十八日

(0067—3—5111)

73. 重庆市工务局为呈报工役胡海泉1940年6月28日被炸损失给重庆市政府秘书处的文（1940年7月）

兹查本局工役胡海泉于本年六月二十八日在本市桂香阁（本局）遭受空袭损害，将房屋震塌。经查属实，连同该员所报私物损失报告表函请查照办理为荷。

此致

本府秘书处

附检送胡海泉私物损失报告表1份

局戳
二十九年七月

附：

重庆市政府工务局员役空袭损失私物报告表

物品名称	品质	数量	损失程度	原价	购买年月	备考
白府绸衬衣	绸	1件	全毁	11.5元	1940年4月	
呢鞋	呢	1双	全毁	8.5元	1940年4月	
袜子	线	1双	全毁	1.2元	1940年6月	
被灾日期	1940年6月28日	被灾地点	本局警卫室	房屋被炸或震塌	被炸	原支薪俸数目	19元	有无同居眷属

右〈上〉开物品确系因空袭被毁，谨报告

局长吴

    转呈

市长吴

填报人：职务　工差
姓名　胡海泉
二十九年六月二十九日

(0067—3—5111)

74. 重庆市工务局为呈报工役周克生1940年6月28日被炸损失给重庆市政府秘书处的文(1940年7月)

兹查本局工役周克生于本年六月二十八日在本市桂香阁(本局)遭受空袭损害,将房屋震塌。经查属实,连同该员所报私物损失报告表函请查照办理为荷。

此致

本府秘书处

附检送周克生私物损失报告表1份

局戳
二十九年七月

附：

重庆市政府工务局员役空袭损失私物报告表

物品名称	品质	数量	损失程度	原价	购买年月	备考
麻制服	布	1双	无	27元	1940年正月	
胶鞋	布	1双	无	6元	1940年正月	
被灾日期	1940年6月28日	被灾地点	桂香阁工务局	房屋被炸或震塌	震塌	原支薪俸数目	20元	有无同居眷属

右〈上〉开物品确系因空袭被毁,谨报告

局长吴

　　转呈

市长吴

填报人:职务　公差
姓名　周克生
二十九年六月二十八日

(0067—3—5111)

75. 重庆市工务局为呈报职员杨蜀樵1940年6月28日被炸损失给重庆市政府秘书处的文(1940年7月)

兹查本局职员杨蜀樵于本年六月二十八日在本市棉絮街38号遭受空袭损害,将房屋震毁。经查属实,连同该员所报私物损失报告表函请查照办理为荷。

此致

本府秘书处

附检送杨蜀樵私物损失报告表1份

局戳
二十九年七月

附:

重庆市政府工务局员役空袭损失私物报告表

物品名称	品质	数量	损失程度	原价	购买年月	备考
衣箱	革皮	1口	炸坏	3元	1927年4月	
皮袍	滩羊	1件	炸坏	120元	1936年9月	
棉袍	大绸 洋布	1件 1件	炸坏	32元 15元	1935年8月 1937年10月	
线衫 线裤	毛线	1件 1条	炸坏	12元 10元	1935年10月	
夹袍 夹裤	绉绸	1件 1条	炸坏	30元 12元	1933年2月	
单衫	纱 绸	1件 1件	炸坏	30元	1936年4月 1939年5月	
被盖	布 绸	1床 1床	炸坏	30元 18元	1932年3月 1932年9月	
毯子	毛	1床	炸坏	16元	1933年10月	
汗衣	绒	2套	炸坏	20元	1939年8月	
中衣	布	2套	炸坏	12元	1939年3月	
单被	布	2张	炸坏	12元	1935年7月	
毯帽	毯	1顶	炸坏	8元	1935年7月	
木架床	楠木	1架	炸坏	40元	1931年2月	

续表

物品名称	品质	数量	损失程度	原价	购买年月	备考
方桌	楠木	1张	炸坏	16元	1931年2月	
方凳	楠木	4个	炸坏	12元	1931年2月	
玻橱	楠木	1具	炸坏	70元	1931年2月	
被灾日期	1940年6月28日	被灾地点	棉絮街38号	房屋被炸或震塌	炸毁	原支薪俸数目	105元	有无同居眷属	无

右〈上〉开物品确系因空袭被毁，谨报告

局长吴

　　转呈

市长吴

填报人：职务　科员

姓名　杨蜀樵

二十九年六月二十九日

（0067—3—5111）

76. 重庆市工务局为呈报职员马乔林1940年6月28日被炸损失给重庆市政府秘书处的文（1940年7月）

兹查本局职员马乔林于本年六月二十八日在本市吴师爷巷29号遭受空袭损害，将房屋震塌。经查属实，连同该员所报私物损失报告表函请查照办理为荷。

此致

本府秘书处

附检送马乔林私物损失报告表1份

局戳

二十九年七月

附：

重庆市政府工务局员役空袭损失私物报告表

物品名称	品质	数量	损失程度	原价	购买年月	备考
白布被单	布	1床	全毁	14元	1940年2月	
棉被	麻葛面大布里棉絮4斤	1床	全毁	35.6元	1938年8月	
洗脸盆	搪瓷	1个	全毁	8元	1939年7月	
蓝布衬衣	布	1件	全毁	4元	1939年9月	
被灾日期	1940年6月28日	被灾地点	吴师爷巷29号	房屋被炸或震塌	被炸塌	原支薪俸数目	55元	有无同居眷属	有

右〈上〉开物品确系因空袭被毁,谨报告

局长吴

　　转呈

市长吴

　　　　　　　　　　　填报人:职务　雇员

　　　　　　　　　　　　　　姓名　马乔林

　　　　　　　　　　　二十九年六月二十九日

（0067—3—5111）

77. 重庆市工务局为呈报职员周渭滨1940年6月28日被炸损失给重庆市政府秘书处的文（1940年7月）

兹查本局职员周渭滨于本年六月二十八日在本市新民街35号遭受空袭损害,将房屋震塌。经查属实,连同该员所报私物损失报告表函请查照办理为荷。

此致

本府秘书处

附检送周渭滨私物损失报告表1份

　　　　　　　　　　　　　　　　局戳

　　　　　　　　　　　　　　　二十九年七月

附：

重庆市政府工务局员役空袭损失私物报告表

物品名称	品质	数量	损失程度	原价	购买年月	备考
被窝	棉被	1	全毁	30元	1935年10月	
褥子	棉褥	1	全毁	10元	1935年10月	
纹皮鞋		1	全毁	30元	1939年11月	
油布			全毁	15元	1938年12月	
被灾日期	1940年6月28日	被灾地点	新民街35号	房屋被炸或震塌	被炸	原支薪俸数目	65元	有无同居眷属	

右〈上〉开物品确系因空袭被毁，谨报告

局长吴

　　转呈

市长吴

填报人：职务　职员

　　　　姓名　周渭滨

二十九年六月二十九日

（0067—3—5111）

78. 重庆市工务局为呈报职员谭桂羢1940年6月28日被炸损失给重庆市政府秘书处的文（1940年7月）

兹查本局城区工务处职员谭桂羢于本年六月二十八日在本市铜鼓台[巷]1号遭受空袭损害，将房屋炸毁。经查属实，连同该员所报私物损失报告表函请查照办理为荷。

　　此致

本府秘书处

附检送谭桂羢私物损失报告表1份

局戳

二十九年七月

附：

重庆市政府工务局员役空袭损失私物报告表

物品名称	品质	数量	损失程度	原价	购买年月	备考
印花线布毯	洋纱	1床	全毁	24元	1939年12月	
藏青哔叽西服	毛线物	1套	全毁	160元	本年2月	
青线布中山服	纱	1套	全毁	25元	本年3月	
绒毯	棉绒	1张	全毁	25元	1938年8月	
条花衬衫	府绸	1件	全毁	15元	本年5月	
白衬衫	府绸	1件	全毁	20元	本年6月	
中山布中山服	纱	1套	全毁	25元	本年2月	
褐色线袜	老纱	3双	全毁	6元	本月	
拖鞋	港皮	1双	全毁	7元	本年5月	
面盆	洋磁	1个	全毁	12元	1939年5月	
漱口杯	洋磁	1个	全毁	2元	1939年5月	
牙刷		1把	全毁	1元	本年6月	
牙膏		1瓶	全毁	2元	本月	
黄咔叽短裤	纱	1条	全毁	10元	本月	
灰色拿破仑帽	毛呢	1顶	全毁	12元	1939年5月	
汗衫	麻纱	1件	全毁	8元	本月	
剃发保安刀	钢	1把	全毁	10元	1938年3月	
被灾日期	1940年6月28日	被灾地点	铜鼓[台]巷1号西区马路工程处	房屋被炸或震塌	全部炸毁	原支薪俸数目	55元	有无同居眷属	无

右〈上〉开物品确系因空袭被毁,谨报告

局长吴

　转呈

市长吴

　　　　　　　　　填报人：职务　监工员

　　　　　　　　　　　　姓名　谭桂甡

　　　　　　　　　二十九年六月二十九日

(0067—3—5111)

79. 重庆市工务局为呈报工役陈庭辉1940年6月28日被炸损失给重庆市政府秘书处的文(1940年7月)

兹查本局工役陈庭辉于本年六月二十八日在本市桂香阁(本局)遭受空袭损害,将房屋震塌。经查属实,连同该员所报私物损失报告表函请查照办理为荷。

此致

本府秘书处

附检送陈庭辉私物损失报告表1份

局戳
二十九年七月

附:

重庆市政府工务局员役空袭损失私物报告表

物品名称	品质	数量	损失程度	原价	购买年月	备考
被盖	红哔叽	1条	十分之五	10元	1936年3月	
被灾日期	1940年6月28日	被灾地点	本局电话室	房屋被炸或震塌	原支薪俸数目 15元	有无同居眷属

右〈上〉开物品确系因空袭被毁,谨报告

局长吴

　转呈

市长吴

填报人:职务　公差
姓名　陈庭辉
二十九年七月一日

(0067—3—5111)

80. 重庆市工务局为呈报愿警林云1940年6月28日被炸损失给重庆市政府秘书处的文(1940年7月)

兹查本局愿警林云于本年六月二十八日在本市桂香阁(本局)遭受空袭损害,将房屋震塌。经查属实,连同该员所报私物损失报告表函请查照办理为荷。

此致

本府秘书处

附检送林云私物损失报告表1份

　　　　　　　　　　　　　　　　　　　　　　　局戳

　　　　　　　　　　　　　　　　　　　　　　二十九年七月

附：

重庆市政府工务局员役空袭损失私物报告表

物品名称	品质	数量	损失程度	原价	购买年月	备考
礼帽	呢	1顶	多部炸毁不堪用	12元	1939年	
磁钟		1个	多部炸毁不堪用	1.6元	1939年	
皮箱		1口	多部炸毁不堪用	12元	1939年	
皮鞋		1双	多部炸毁不堪用	18元	本度4月	
雨衣	油布	1件	多部炸毁不堪用	14元	去岁11月	
大磁盆		1个	多部炸毁不堪用	11元	去岁8月	
小磁盆		1个	多部炸毁不堪用	7元	去岁3月	
被灾日期	1940年6月28日	被灾地点	本局警卫室	房屋被炸或震塌	被炸	原支薪俸数目	27元	有无同居眷属	

右〈上〉开物品确系因空袭被毁，谨报告

局长吴

　　转呈

市长吴

　　　　　　　　　　　　　　　　　　填报人：职务　愿警

　　　　　　　　　　　　　　　　　　　　　　姓名　林云

　　　　　　　　　　　　　　　　　　二十九年六月二十九日

（0067—3—5111）

81. 重庆市工务局为补呈报愿警刘云1940年6月28日被炸损失给重庆市政府秘书处的文(1940年7月)

兹查本局愿警刘云于本年六月二十八日在本市桂香阁(本局)遭受空袭损害,将房屋震塌。经查属实,连同该员所报私物损失报告表函请查照办理为荷。

此致

本府秘书处

附检送刘云私物损失报告表1份

局戳

二十九年七月

附:

重庆市政府工务局员役空袭损失私物报告表

物品名称	品质	数量	损失程度	原价	购买年月	备考
下装	毛哔叽	1条	炸毁	30元	本度元月	
上装	青哈叽	1件	炸毁	12元	去岁9月	
青党服	斜纹	1套	炸毁	20元	本度2月	
上下装	桶〔统〕绒	1套	炸毁	20元	去岁11月	
皮箱		1口	炸毁	12元	去岁	
黄工装	哈叽	1件	炸毁	12元	本度5月	
电棒零物等件		合计	炸毁	18元		
被灾日期	1940年6月28日	被灾地点	本局警卫室	房屋被炸或震塌	被炸	原支薪俸数目	24元	有无同居眷属

右〈上〉开物品确系因空袭被毁,谨报告

局长吴

　　转呈

市长吴

　　　　　　　填报人:职务　愿警

　　　　　　　　　　姓名　刘云

　　　　　　　二十九年六月二十九日

(0067—3—5111)

82. 重庆市工务局为呈报愿警王治邦1940年6月28日被炸损失给重庆市政府秘书处的文(1940年7月)

兹查本局愿警王治邦于本年六月二十八日在本市桂香阁(本局)遭受空袭损害,将房屋震塌。经查属实,连同该员所报私物损失报告表函请查照办理为荷。

此致

本府秘书处

附检送王治邦私物损失报告表1份

局戳
二十九年七月

附:

重庆市政府工务局员役空袭损失私物报告表

物品名称	品质	数量	损失程度	原价	购买年月	备考
军毯	棉	1床	炸坏	5.5元	本度5月	
鞋子	毛呢	1双	炸坏	7元	本度6月	
被灾日期	1940年6月28日	被灾地点	本局警卫室	房屋被炸或震塌	被炸	原支薪俸数目	24元	有无同居眷属

右〈上〉开物品确系因空袭被毁,谨报告

局长吴

　　转呈

市长吴

填报人:职务　愿警
姓名　王治邦
二十九年六月二十九日

(0067—3—5111)

83. 重庆市工务局为呈报巡官邱养如1940年6月28日被炸损失给重庆市政府秘书处的文(1940年7月)

兹查本局巡官邱养如于本年六月二十八日在本市桂香阁(本局)遭受空

袭损害,将房屋震塌。经查属实,连同该员所报私物损失报告表函请查照办理为荷。

此致

本府秘书处

附检送邱养如私物损失报告表1份

局戳
二十九年七月

附:

重庆市政府工务局员役空袭损失私物报告表

物品名称	品质	数量	损失程度	原价	购买年月	备考
武装皮带及划药皮		1根	纯全炸毁	9元	1938年	汉口购
下装	黄哈叽	1条	纯全炸毁	16元	1939年	系重庆购全套36元
印盒	磁	1个	无踪	2.5元	1938年3月	汉口购
皮鞋		1双	炸毁	24元	本度4月	重庆购
被灾日期	1940年6月28日	被灾地点	本局警卫室	房屋被炸或震塌	被炸	原支薪俸数目	24元	有无同居眷属	

右〈上〉开物品确系因空袭被毁,谨报告

局长吴

　　转呈

市长吴

填报人:职务 巡官
姓名 邱养如
二十九年六月二十九日

(0067—3—5111)

84. 重庆市工务局为呈报愿警粟鑫1940年6月28日被炸损失给重庆市政府秘书处的文(1940年7月)

兹查本局愿警粟鑫于本年六月二十八日在本市桂香阁(本局)遭受空袭

损害,将房屋震塌。经查属实,连同该员所报私物损失报告表函请查照办理为荷。

此致

本府秘书处

附检送粟鑫私物损失报告表1份

局戳

二十九年七月

附:

重庆市政府工务局员役空袭损失私物报告表

物品名称	品质	数量	损失程度	原价	购买年月	备考
花毯子	线	1床	最多炸毁不堪急用	24元	本度元月	
被盖	大呢面子新棉絮白洋布	1床	最多炸毁不堪急用	40元	去岁11月	
学生服上下装	芝麻呢	1套	最多炸毁不堪急用	22元	本度4月	
便服上下装	白洋布	1套	最多炸毁不堪急用	14元	本度5月	
衬衣	府绸	1件	最多炸毁不堪急用	10元	本度3月	
下装	青哈叽	1条	最多炸毁不堪急用	10元	本度3月	
皮箱		1口	最多炸毁不堪急用	10元	本度3月	
磁盆		1个	最多炸毁不堪急用	8元	本度3月	
布鞋		1双	最多炸毁不堪急用	4元	本度6月	
袜子		1双	最多炸毁不堪急用	2元	本度6月	
脸巾牙刷零物等		合计	最多炸毁不堪急用	6元	本度6月	
被灾日期	1940年6月28日	被灾地点	本局警卫室	房屋被炸或震塌	被炸	原支薪俸数目	25元	有无同居眷属

右〈上〉开物品确系因空袭被毁,谨报告

局长吴

　　转呈

市长吴

填报人:职务　愿警

姓名　粟鑫

二十九年六月二十九日

(0067—3—5111)

85.重庆市工务局为呈报工役胡宝轩1940年6月28日被炸损失给重庆市政府秘书处的文(1940年7月)

兹查本局工役胡宝轩于本年六月二十八日在本市桂香阁(本局)遭受空袭损害,将房屋震塌。经查属实,连同该员所报私物损失报告表函请查照办理为荷。

此致

本府秘书处

附检送胡宝轩私物损失报告表1份

局戳

二十九年七月

附:

重庆市政府工务局员役空袭损失私物报告表

物品名称	品质	数量	损失程度	原价	购买年月	备考
线毯	线	1条	全失	18.5元	1939年7月	
麻制服	布	1套	全失	19元	1940年1月	
毛贡呢鞋		1双	全失	8元	1940年5月	
毛巾		2根	全失	2.8元	1940年6月	
被灾日期	1940年6月28日	被灾地点	本局警卫室	房屋被炸或震塌		原支薪俸数目	18元	有无同居眷属

右〈上〉开物品确系因空袭被毁,谨报告

局长吴

　　转呈

市长吴

填报人:职务　公差

姓名　胡宝轩

二十九年六月二十九日

(0067—3—5111)

86. 重庆市工务局为呈报测工黎崇德1940年6月28日被炸损失给重庆市政府秘书处的文(1940年7月)

兹查本局测工黎崇德于本年六月二十八日在本市桂香阁(本局)遭受空袭损害,将房屋震塌。经查属实,连同该员所报私物损失报告表函请查照办理为荷。

此致

本府秘书处

附检送黎崇德私物损失报告表1份

局戳
二十九年七月

附：

重庆市政府工务局员役空袭损失私物报告表

物品名称	品质	数量	损失程度	原价	购买年月	备考
中山服	青布	1套	无	18元	1940年2月	
汗衣	花洋布	1件	无	7元	1940年3月	
鞋子	帆布	1双	无	2.6元	1940年5月	
毛巾		1根	无	1.6元	1940年6月	
牙刷		1把	无	0.8元	1940年6月	
茶杯		1个	无	1.8元	1940年5月	
被灾日期	1940年6月28日	被灾地点	本局警卫室	房屋被炸或震塌	原支薪俸数目	18元	有无同居眷属

右〈上〉开物品确系因空袭被毁,谨报告

局长吴

　　转呈

市长吴

填报人：职务　测工
姓名　黎崇德
二十九年六月二十九日

(0067—3—5111)

87. 重庆市工务局为呈报愿警傅甄甫1940年6月28日被炸损失给重庆市政府秘书处的文（1940年7月）

兹查本局愿警傅甄甫于本年六月二十八日在本市桂香阁（本局）遭受空袭损害，将房屋震塌。经查属实，连同该员所报私物损失报告表函请查照办理为荷。

此致

本府秘书处

附检送傅甄甫私物损失报告表1份

局戳
二十九年七月

附：

重庆市政府工务局员役空袭损失私物报告表

物品名称	品质	数量	损失程度	原价	购买年月	备考
衬衣	白府绸	1件	炸毁	14元	本度3月	
短裤	哔叽	1条	炸毁	7.5元	1939年7月	
被单	白布	1床	炸毁	4.5元	1939年11月	
被卧	棉	1床	炸毁	18元	1939年9月	
衬衣	标准布	1件	炸毁	7.5元	本度4月	
被灾日期	1940年6月28日	被灾地点	本局警卫室	房屋被炸或震塌	被炸	原支薪俸数目	24元	有无同居眷属	

右（上）开物品确系因空袭被毁，谨报告

局长吴

　转呈

市长吴

填报人：职务　愿警
姓名　傅甄甫
二十九年六月二十九日

（0067—3—5111）

88. 重庆市工务局为呈报测工钟大全1940年6月28日被炸损失给重庆市政府秘书处的文(1940年7月)

兹查本局测工钟大全于本年六月二十八日在本市桂香阁(本局)遭受空袭损害,将房屋震塌。经查属实,连同该员所报私物损失报告表函请查照办理为荷。

此致

本府秘书处

附检送钟大全私物损失报告表1份

局戳
二十九年七月

附:

重庆市政府工务局员役空袭损失私物报告表

物品名称	品质	数量	损失程度	原价	购买年月	备考
衬衫	白布	1件	炸碎	9元	1939年5月	
汗衫	纱	1件	不见	4元	1940年2月	
短裤	洋布	1条	不见	2元	1940年2月	
油布		1张	炸碎	6元	1939年6月	
胶鞋		1双	无		1940年正月	
被灾日期	1940年6月28日	被灾地点	工务局	房屋被炸或震塌		原支薪俸数目	21元	有无同居眷属	

右〈上〉开物品确系因空袭被毁,谨报告

局长吴

转呈

市长吴

填报人:职务 测工
姓名 钟大全
二十九年六月二十九日

(0067—3—5111)

89. 重庆市工务局为呈报测工张全美1940年6月28日被炸损失给重庆市政府秘书处的文（1940年7月）

兹查本局测工张全美于本年六月二十八日在本市和平路219号遭受空袭损害，将房屋炸塌。经查属实，连同该员所报私物损失报告表函请查照办理为荷。

此致

本府秘书处

附检送张全美私物损失报告表1份

局戳

二十九年七月

附：

重庆市政府工务局员役空袭损失私物报告表

物品名称	品质	数量	损失程度	原价	购买年月	备考
棉被	白布	1条	无	12元	1937年正月	
垫被	白布	1条	无	8元	1937年9月	
帐子	白市布	1床	无	20元	1939年5月	
学士服	哔叽	1套	无	21元	1938年2月	
学士服	黄布	1套	无	20元	1940年3月	
寸〔衬〕衣	白府绸	2件	无	10元	1938年7月	
茶瓶		1个	无	6元	1939年9月	
旗袍	兰〔蓝〕布	2件	无	19元	1939年7月	
夹旗袍	花哔叽	1件	无	20元	1940年正月	
汗衣	花布	2件	无	8元	1939年6月	
棉袄	青洋布	1个	无	12元	1938年10月	
长裤	青布	2条	无	10元	1940年2月	
锅子	铁	1个	无	5元	1938年10月	
大小白碗		12个		6元	1938年10月	
被灾日期	1940年6月28日	被灾地点	和平路219号	房屋被炸或震塌	被炸	原支薪俸数目	16元	有无同居眷属	有

续表

右〈上〉开物品确系因空袭被毁,谨报告 局长吴 　　　转呈 市长吴 　　　　　　　　　　　　　填报人:职务　测工 　　　　　　　　　　　　　　　　姓名　张全美 　　　　　　　　　　　　二十九年六月二十九日

(0067—3—5111)

90. 重庆市工务局为呈报职员林登球1940年6月28日被炸损失给重庆市政府秘书处的文(1940年7月)

兹查本局职员林登球于本年六月二十八日在本市桂香阁(本局)遭受空袭损害,将房屋震塌。经查属实,连同该员所报私物损失报告表函请查照办理为荷。

此致

本府秘书处

附检送林登球私物损失报告表1份

　　　　　　　　　　　　　　　　　　　　　局戳

　　　　　　　　　　　　　　　　　　　二十九年七月

附：

重庆市政府工务局员役空袭损失私物报告表

物品名称	品质	数量	损失程度	原价	购买年月	备考
雨衣	胶布	1件	炸毁不能用	18元	1936年	
西裤	帆布	1件	无	13元	1940年3月	
衬衫	洋布	1件	无	10元	1940年5月	
汗衫	线	1件	无	8元	1940年5月	
毛巾	纱	1件	无	2元	1940年3月	
牙刷		1把	无	1元	1940年3月	
牙杯		1只	无	2元	1940年3月	

续表

物品名称	品质	数量	损失程度	原价	购买年月	备考
布皮鞋		1双	无	5元	1940年1月	
短裤	布	1件	无	2元	1940年1月	
被灾日期	1940年6月28日	被灾地点	工务局	房屋被炸或震塌		原支薪俸数目	45元	有无同居眷属	无

右〈上〉开物品确系因空袭被毁,谨报告

局长吴

 转呈

市长吴

填报人:职务　职员
姓名　林登球
二十九年六月二十九日

(0067—3—5111)

91. 重庆市工务局为呈报职员罗震1940年6月28日被炸损失给重庆市政府秘书处的文(1940年8月28日)

兹查本局东区马路工程处职员罗震于本年六月二十八日在本市回水沟38号遭受空袭损害,将房屋震坏。经查属实,连同该员所报私物损失报告表函请查照办理为荷。

此致

本府秘书处

附检送罗震私物损失报告表1份

局戳
二十九年七月

附:

重庆市政府工务局员役空袭损失私物报告表

物品名称	品质	数量	损失程度	原价	购买年月	备考
茶杯	白磁	9个	全	9元	1940年4月	

续表

物品名称	品质	数量	损失程度	原价	购买年月	备考
热水瓶		1个	全	10元	1940年4月	
小钵	粗磁	4口	全	2元	1940年4月	
大钵	粗磁	3口	全	2.1元	1940年4月	
调更〔羹〕	白磁	10个	全	3元	1940年5月	
酒杯	白磁	10个	全	6元	1940年5月	
小甑	粗磁	2口	全	1.5元	1940年5月	
大甑	粗磁	2口	全	2元	1940年5月	
钢精饭锅	银白色	1口	全	9元	1940年5月	
磁茶壶	白色	1把	全	4元	1940年4月	
水缸		1口	全	8元	1940年4月	
玻璃杯	玻璃	8个	全	8元	1940年4月	
开水壶	铁	1把	全	3.8元	1940年4月	
细料磁碗	磁料	10口	全	10元	1940年4月	
大碗	磁料	10口	全	6元	1940年4月	
细大碗	磁料	5口	全	6元	1940年4月	
中碗	磁料	8口	全	4.8元	1940年4月	
细料磁碗	1940年6月28日	被灾地点	回水沟38号	房屋被炸或震塌	震坏	原支薪俸数目	实支62元	有无同居眷属	有

右〈上〉开物品确系因空袭被毁,谨报告
局长吴
　　转呈
市长吴

填报人:职务　办事员
　　　　姓名　罗震
二十九年八月二十八日

(0067—3—5111)

92. 重庆市工务局为呈报园丁吴万清1940年7月16日被炸损失给重庆市政府秘书处的文(1940年7月)

兹查本局中央公园事务所园丁吴万清于本年七月十六日在本市中央公

园遭受空袭损害,将房屋炸毁。经查属实,连同该员所报私物损失报告表函请查照办理为荷。

此致

本府秘书处

附检送吴万清私物损失报告表1份

局戳

二十九年七月

附:

重庆市政府工务局员役空袭损失私物报告表

物品名称	品质	数量	损失程度	原价	购买年月	备考
被罩	棉布	1床	炸毁	18元	1938年	
衬衣裤	布料	3件	炸毁	18元	1938年	

被灾日期	1940年7月16日	被灾地点	中央公园	房屋被炸或震塌	被炸	原支薪俸数目	18元	有无同居眷属	无

右〈上〉开物品确系因空袭被毁,谨报告

局长吴

　　转呈

市长吴

填报人:职务　园丁

姓名　吴万清

二十九年七月十七日

(0067—3—5118)

93. 重庆市工务局为呈报职员滕熙1940年7月16日被炸损失给重庆市政府秘书处的文(1940年7月)

兹查本局职员滕熙于本年七月十六日在本市新民街72号遭受空袭损害,将房屋炸塌。经查属实,连同该员所报私物损失报告表函请查照办理为荷。

此致

本府秘书处

附检送滕熙私物损失报告表1份

局戳

二十九年七月

附：

重庆市政府工务局员役空袭损失私物报告表

物品名称	品质	数量	损失程度	原价	购买年月	备考
被褥	绸面布里	1套	被炸	6元	1939年9月添置	
毯子	绒	1条	被炸	36元	1938年10月	
床铺	木质	1付	被炸	16元	1939年11月	
圆顶纱帽	珠罗纱	1顶	被炸	38元	1939年6月	
短装	哔叽	2套	被炸	260元	1939年11月	
衬衫	府绸	2件	被炸	34元	1939年9月	
汗衫	麻纱	2件	被炸	24元	1940年3月	
伞	黑布	1把	被炸	5元	1939年5月	
热水瓶	玻璃	1个	被炸	12元	1939年10月	
皮鞋	皮革	1双	被炸	36元	1940年4月	
领带	绸质	3条	被炸	9元	1939年至1940年添置	
茶壶	磁质	1个	被炸	3元	1940年6月	
杯子	玻璃	4个		4元		
帽子	呢质	1个	被炸	18元	1939年11月	
镜子	玻璃	1个	被炸	5元	1939年8月	
被灾日期	1940年7月16日	被灾地点	新民街72号	房屋被炸或震塌	被炸坍塌	原支薪俸数目	220元	有无同居眷属	无

右〈上〉开物品确系因空袭被毁，谨报告

局长吴

　　转呈

市长吴

填报人：职务　技士

　　　　姓名　滕熙

二十九年七月二十三日

(0067—3—5118)

94. 重庆市工务局为呈报园丁张宏达1940年7月16日被炸损失给重庆市政府秘书处的文(1940年7月)

兹查本局中央公园事务所园丁张宏达于本年七月十六日在本市中央公园遭受空袭损害,将房屋炸毁。经查属实,连同该员所报私物损失报告表函请查照办理为荷。

此致

本府秘书处

附检送张宏达私物损失报告表1份

局戳
二十九年七月

附：

重庆市政府工务局员役空袭损失私物报告表

物品名称	品质	数量	损失程度	原价	购买年月	备考
皮鞋	牛皮	1双	炸毁	12元	1940年	
制服	麻色布	1套	炸毁	25元	1940年	
衬衣	布料	2件	炸毁	12元	1940年	
被灾日期	1940年7月16日	被灾地点	中央公园	房屋被炸或震塌	炸毁	原支薪俸数目	18元	有无同居眷属	无

右〈上〉开物品确系因空袭被毁,谨报告

局长吴

　　转呈

市长吴

填报人：职务　园丁
姓名　张宏达
二十九年七月十七日

(0067—1—5111)

95. 重庆市工务局为呈报园丁贺海清1940年7月16日被炸损失给重庆市政府秘书处的文(1940年7月)

兹查本局中央公园事务所园丁贺海清于本年七月十六日在本市中央公园遭受空袭损害,将房屋炸毁。经查属实,连同该员所报私物损失报告表函请查照办理为荷。

此致

本府秘书处

附检送贺海清私物损失报告表1份

            局戳

          二十九年七月

附:

重庆市政府工务局员役空袭损失私物报告表

物品名称	品质	数量	损失程度	原价	购买年月	备考
铺盖	布料	1床	被炸	18元	1938年	
衣服	布料	2件	被炸	14元	1939年	
被灾日期	1940年7月16日	被灾地点	中央公园	房屋被炸或震塌	炸毁	原支薪俸数目	18元	有无同居眷属	无

右〈上〉开物品确系因空袭被毁,谨报告

局长吴

 转呈

市长吴

         填报人:职务 园丁

            姓名 贺海清

            二十九年七月一日

(0067—1—5111)

96. 重庆市工务局为呈报园丁戴义森1940年7月16日被炸损失给重庆市政府秘书处的文(1940年7月)

兹查本局中央公园事务所园丁戴义森于本年七月十六日在本市中央公

园遭受空袭损害,将房屋炸毁。经查属实,连同该员所报私物损失报告表函请查照办理为荷。

此致

本府秘书处

附检送戴义森私物损失报告表1份

局戳

二十九年七月

附：

重庆市政府工务局员役空袭损失私物报告表

物品名称	品质	数量	损失程度	原价	购买年月	备考
被絮	布料	1套	被炸	25元	1940年	
衬衣裤	布料	4件	被炸	20元	1940年	
制服	布料	1套	被炸	15元	1939年	
钢笔	自来水式	1支	被炸	5元	1940年	
被灾日期	1940年7月16日	被灾地点	中央公园	房屋被炸或震塌	被炸	原支薪俸数目	18元	有无同居眷属	无

右(上)开物品确系因空袭被毁,谨报告

局长吴

　转呈

市长吴

填报人：职务　园丁

姓名　戴义森

二十九年七月十七日

(0067—1—5111)

97. 重庆市工务局为呈报园警刘云1940年7月16日被炸损失给重庆市政府秘书处的文(1940年7月)

兹查本局中央公园事务所园警刘云于本年七月十六日在本市中央公园遭受空袭损害,将房屋炸毁。经查属实,连同该员所报私物损失报告表函请查照办理为荷。

此致

本府秘书处

附检送刘云私物损失报告表1份

局戳

二十九年七月

附：

重庆市政府工务局员役空袭损失私物报告表

物品名称	品质	数量	损失程度	原价	购买年月	备考
大衣	哈叽	1件	被炸	18元	1939年	
磁盆	洋磁	1只	被炸	10元	1939年	
毡子	白线	1床	被炸	9元	1939年	
制服	青布	1套	被炸	16元	1939年	
衬衣	白布	1件	被炸	15元	1940年	
被灾日期	1940年7月16日	被灾地点	中央公园	房屋被炸或震塌	被炸	原支薪俸数目	24元	有无同居眷属	无

右〈上〉开物品确系因空袭被毁，谨报告

局长吴

　　转呈

市长吴

填报人：职务　园警
姓名　刘云
二十九年七月十七日

(0067—1—5111)

98. 重庆市工务局为呈报园丁金紫名1940年7月16日被炸损失给重庆市政府秘书处的文（1940年7月）

兹查本局中央公园事务所园丁金紫名于本年七月十六日在本市中央公园遭受空袭损害，将房屋炸毁。经查属实，连同该员所报私物损失报告表函请查照办理为荷。

此致

本府秘书处

附检送金紫名私物损失报告表1份

          局戳

         二十九年七月

附：

重庆市政府工务局员役空袭损失私物报告表

物品名称	品质	数量	损失程度	原价	购买年月	备考
衫子	洋布	1件	被炸	13元	1939年	
衬衣裤	布料	1套	被炸	13元	1939年	
被絮	布料	1床	被炸	20元	1939年	
被灾日期	1940年7月16日	被灾地点	中央公园	房屋被炸或震塌	被炸	原支薪俸数目	18元	有无同居眷属	无

  右〈上〉开物品确系因空袭被毁,谨报告

局长吴

  转呈

市长吴

         填报人：职务 园丁

            姓名 金紫名

         二十九年七月十七日

            （0067—1—5111）

99.重庆市工务局为呈报工役徐扬威1940年7月16日被炸损失给重庆市政府秘书处的文（1940年7月）

  兹查本局中央公园事务所工役徐扬威于本年七月十六日在本市中央公园遭受空袭损害,将房屋炸毁。经查属实,连同该员所报私物损失报告表函请查照办理为荷。

  此致

本府秘书处

附检送徐扬威私物损失报告表1份

局戳

二十九年七月

附：

重庆市政府工务局员役空袭损失私物报告表

物品名称	品质	数量	损失程度	原价	购买年月	备考
面盆	磁料	1只	压碎	3元	1938年	
衬衣裤	白布	2件	炸毁	56元	1940年	
被絮	棉布	1床	炸毁	10元	1934年	
皮鞋	牛皮	1双	炸毁	18元	1940年	
被灾日期	1940年7月16日	被灾地点	中央公园	房屋被炸或震塌	被炸	原支薪俸数目	18元	有无同居眷属	无

右〈上〉开物品确系因空袭被毁，谨报告

局长吴

  转呈

市长吴

填报人：职务　公差

姓名　徐扬威

二十九年七月十七日

(0067—1—5111)

100. 重庆市工务局为呈报园警王云1940年7月16日被炸损失给重庆市政府秘书处的文（1940年7月）

兹查本局中央公园事务所园警王云于本年七月十六日在本市中央公园遭受空袭损害，将房屋炸毁。经查属实，连同该员所报私物损失报告表函请查照办理为荷。

此致

本府秘书处

附检送王云私物损失报告表1份

局戳

二十九年七月

附：

重庆市政府工务局员役空袭损失私物报告表

物品名称	品质	数量	损失程度	原价	购买年月	备考
大衣	青布	1件	被炸	24元	1939年	
被单	布料	1床	被炸	28元	1939年	
制服	青布	1套	被炸	14元	1939年	
皮鞋	牛皮	1双	被炸	16元	1939年	
衬衣裤	布料	1套	被炸	12元	1939年	
被灾日期	1940年7月16日	被灾地点	中央公园	房屋被炸或震塌	被炸	原支薪俸数目	27元	有无同居眷属	无

右〈上〉开物品确系因空袭被毁，谨报告

局长吴

  转呈

市长吴

         填报人：职务　园警

            姓名　王云

         二十九年七月十七日

（0067—1—5111）

101. 重庆市工务局为呈报职员郑庆奎1940年7月16日被炸损失给重庆市政府秘书处的文（1940年8月28日）

  兹查本局东区马路工程处职员郑庆奎于本年七月十六日在本市中央公园遭受空袭损害，将房屋炸塌。经查属实，连同该员所报私物损失报告表函请查照办理为荷。

  此致

本府秘书处

附检送郑庆奎私物损失报告表1份

              局戳

          二十九年八月廿八日

附：

重庆市政府工务局员役空袭损失私物报告表

物品名称	品质	数量	损失程度	原价	购买年月	备考
皮箱	羊皮	1件	打碎	11元	1940年3月	
棉袍	线织品	1件	破碎	45元	1939年10月	
夹裤	胡〔府〕绸	1件	破碎	15元	1938年6月	
夹裤	棉绒	1件	破碎	18元	1938年6月	
衬衫	标准布	1件	破碎	6元	1939年10月	
衬裤	棉绒	1件	破碎	6元	1939年10月	
袜子	羊毛	1双	破碎	2元	1939年11月	
背心	羊毛	1件	破碎	12元	1938年10月	
中山装	细毛哔叽	1套	破碎	100元	1939年10月	
中山装	线呢	1套	破碎	25元	1939年8月	
毛衣	羊毛	1件	破碎	25元	1938年10月	
被灾日期	1940年7月16日	被灾地点	中央公园	房屋被炸或震塌	被炸	原支薪俸数目	90元	有无同居眷属	无

右〈上〉开物品确系因空袭被毁,谨报告

局长吴

　　转呈

市长吴

　　　　　　　　　填报人：职务　工程员

　　　　　　　　　　　　　姓名　郑庆奎

　　　　　　　　　　　　二十九年七月十七日

(0067—1—5111)

102. 重庆市工务局为呈报职员程颂宏1940年8月18日被炸损失给重庆市政府秘书处的文(1940年8月28日)

兹查本局职员程颂宏于本年八月十八日在本市枣子岚垭33号遭受空袭损害,将房屋炸毁。经查属实,连同该员所报私物损失报告表函请查照办理为荷。

此致

本府秘书处

附检送程颂宏私物损失报告表1份

局戳

二十九年八月廿八日

附：

重庆市政府工务局员役空袭损失私物报告表

物品名称	品质	数量	损失程度	原价	购买年月	备考
棉被	线、呢、毛、葛	4床	炸烂	160元	1938年8月	
家具等	木	床2张桌子2张椅子4把	全毁	100元	1939年3月	
箱子	皮	2只	炸烂	100元	1938年8月	
中山装女夹大衣	哔叽布呢	各1件	炸烂	70元 20元 70元	1939年3月	
小孩衣服等	布	14件	全毁	60元	1937年、1938年	
厨房用具及零星物件等	铁木等	16件	全毁	100元	1939年3月	
女单夹旗袍	绸布	7件	全毁	120元	1938年4月	
被灾日期	1940年8月18日晚间	被灾地点	枣子岚垭33号3楼	房屋被炸或震塌	被炸	原支薪俸数目	80元	有无同居眷属	妻及子女各1人

右〈上〉开物品确系因空袭被毁，谨报告

局长吴

　　转呈

市长吴

填报人：职务　科员

姓名　程颂宏

二十九年八月十九日

(0067—3—5111)

103. 重庆市工务局为呈报职员陈达群1940年8月19日被炸损失给重庆市政府秘书处的文(1940年8月28日)

兹查本局职员陈达群于本年八月十九日在本市王爷石堡6号遭受空袭损害,将房屋烧毁。经查属实,连同该员所报私物损失报告表函请查照办理为荷。

此致

本府秘书处

附检送陈达群私物损失报告表1份

局戳

二十九年八月廿八日

附:

重庆市政府工务局员役空袭损失私物报告表

物品名称	品质	数量	损失程度	原价	购买年月	备考
毛巾被		1床	焚毁	60元	1940年5月	
雨衣	橡皮	1件	焚毁	60元	1940年3月	
竹席		1件	焚毁	3元	1940年3月	
衬衫	绸	2件	焚毁	36元	1940年5月	
背心		2件	焚毁	6元	1940年4月	
面盆		1个	焚毁	15元	1940年1月	
被灾日期	1940年8月19日	被灾地点	王爷石堡6号	房屋被炸或震塌	被炸烧	原支薪俸数目	140元	有无同居眷属

右〈上〉开物品确系因空袭被毁,谨报告

局长吴

  转呈

市长吴

填报人:职务 副工程师
姓名 陈达群
二十九年八月二十一日

(0067—3—5111)

104. 重庆市工务局为呈报职员李智德1940年8月19日被炸损失给重庆市政府秘书处的文(1940年8月28日)

兹查本局职员李智德于本年八月十九日在本市木货街56号遭受空袭损害，将房屋炸毁。经查属实，连同该员所报私物损失报告表函请查照办理为荷。

此致

本府秘书处

附检送李智德私物损失报告表1份

局戳

二十九年八月廿八日

附：

重庆市政府工务局员役空袭损失私物报告表

物品名称	品质	数量	损失程度	原价	购买年月	备考
中山服	黄华达〔呢〕	1套	烧毁	60.3元	1939年6月	
中山服	蓝呢	1套	烧毁	85.6元	1939年9月	
中山服	黄哔叽	2套	烧毁	52.7元	1939年7月	
毡毯	羊毛	1床	烧毁	120元	1939年8月	
毡毯	绒毡	1床	烧毁	80.5元	1939年6月	
棉被	线绵〔棉〕	1床	烧毁	50元	1939年7月	
被面	闪缎	1床	烧毁	50元	1939年7月	
被单	布	2床	烧毁	60.84元	1939年6月	
男长衫	纺绸	1件	烧毁	20.2元	1939年5月	
男衬衫	纺绸	2件	烧毁	10.2元	1939年6月	
男腰裤	布	4条	烧毁	8元	1939年5月	
女长袍	纺绸	2件	烧毁	25元	1939年5月	
女夹袍	线绒	1件	烧毁	53.8元	1939年10月	
女衬衫腰裤	绸布	各4件	烧毁	43.6元	1939年8月	
脸盆	洋磁	2个	烧毁	17元	1940年2月	
锅碗		18个	烧毁	16.5元	1940年2月	

续表

物品名称	品质	数量	损失程度	原价	购买年月	备考
木床		1	烧毁	100.16元	1939年12月	
木桌		2	烧毁			
木凳		4	烧毁			
木椅		6	烧毁			
被灾日期	1940年8月19日	被灾地点	本市木货街56号	房屋被炸或震塌	炸毁	原支薪俸数目	50元	有无同居眷属	妻

右〈上〉开物品确系因空袭被毁,谨报告

局长吴

  转呈

市长吴

        填报人:职务　雇员

          姓名　李智德

         二十九年八月二十日

（0067—3—5111）

105. 重庆市工务局为呈报职员史次玉1940年8月19日被炸损失给重庆市政府秘书处的文(1940年8月28日)

  兹查本局职员史次玉于本年八月十九日在本市木货街65号遭受空袭损害,将房屋炸毁。经查属实,连同该员所报私物损失报告表函请查照办理为荷。

  此致

本府秘书处

附检送史次玉私物损失报告表1份

            局戳

         二十九年八月廿八日

附：

重庆市政府工务局员役空袭损失私物报告表

物品名称	品质	数量	损失程度	原价	购买年月	备考
黄色中山服	乙官呢 华达呢	各1套	完全炸毁	82元 52元	1939年10月制 1938年5月制	带军帽
被盖毡毯油布铺单洋枕	布	全套	完全炸毁	150元	均系1938年5月制	除棉絮两床凤尾哔叽被面1床外余皆布制
草绿中山服	布	1套	完全炸毁	5元	均系1938年5月制	
白衬衣裤	布	2套	完全炸毁	24元	1940年1月制	
女齐〔旗〕袍	布	3件	完全炸毁	50元	1939年2月制	内有驼绒夹袍1件
脸盆菜饭碗	磁	详注备考	完全炸毁	11元	1938年5月制 1940年4月制	洗脸盆1个4元系1938年制菜碗4个4元饭碗2个3元系1940年制
床铺桌凳	木	全套	完全炸毁	55元	1940年4月制	转买友人故货尚未给价
被灾日期	1940年8月19日	被灾地点	重庆市木货街65号	房屋被炸或震塌	炸毁	原支薪俸数目	65元	有无同居眷属	有

右〈上〉开物品确系因空袭被毁，谨报告

局长吴

    转呈

市长吴

填报人：职务　雇员

姓名　史次玉

二十九年八月二十日

(0067—3—5111)

106. 重庆市工务局为呈报职员王畴1940年8月19日被炸损失给重庆市政府秘书处的文(1940年8月28日)

兹查本局职员王畴于本年八月十九日在本市王爷石堡第7号遭受空袭损害,将房屋炸毁。经查属实,连同该员所报私物损失报告表函请查照办理为荷。

此致

本府秘书处

附检送王畴私物损失报告表1份

局戳

二十九年八月廿八日

附:

重庆市政府工务局员役空袭损失私物报告表

物品名称	品质	数量	损失程度	原价	购买年月	备考
中号衣箱	纹皮	1口	完全烧毁	45元	1938年8月制	
头号衣箱	牛皮	1口	完全烧毁	22元	1938年8月制	
人字呢男大衣	毛质	1件	完全烧毁	120元	1939年11月制	
绛色女大衣	呢质	1件	完全烧毁	68元	1938年10月制	
黄色男中山服	华达呢	1套	完全烧毁	45元	1938年8月制	
被絮	棉	3床	完全烧毁	36元	1938年10月制	
绣花被面	川绸	1床	完全烧毁	20元	1940年2月制	
印花卧单	布	2床	完全烧毁	40元	1939年7月制	
毯子	线	1床	完全烧毁	12元	1938年9月制	
礼帽	呢	1顶	完全烧毁	18元	1939年9月制	
帐子	麻布	1床	完全烧毁	17元	1939年4月制	
女衬绒袍	丝面里	1件	完全烧毁	30元	1939年10月制	
女驼绒袍	丝面	1件	完全烧毁	40元	1939年10月制	
女长衫	香云纱	1件	完全烧毁	23元	1939年4月制	

续表

物品名称	品质	数量	损失程度	原价	购买年月	备考
女长衫	花绸	1件	完全烧毁	25元	1939年5月制	
男长衫	直罗	1件	完全烧毁	20元	1938年6月制	
男裤褂	杭纺	1套	完全烧毁	26元	1938年6月制	
睡衣	绒	1件	完全烧毁	12元	1938年9月制	
座钟	双马牌	1架	完全烧毁	27元	1939年3月制	
男毛线内衣	绒线	1套	完全烧毁	30元	1938年11月制	
女内衣	绸	2套	完全烧毁	24元	1938年4月制	
面盆	洋磁	1个	完全烧毁	12元	1940年2月制	
男皮鞋	牛皮	1双	完全烧毁	22元	1940年4月制	
女皮鞋	牛皮	1双	完全烧毁	20元	1940年4月制	
男女袜	麻纱及丝	3双	完全烧毁	11元	1940年5月制	男麻纱袜2双共4元女长衫统丝袜1双7元
写字台	木	1个	完全烧毁	10元	1939年10月制	
镜子及茶壶、茶杯	玻璃	注备考	完全烧毁	11.6元	1940年2月制	镜子1面4元，茶壶1个2元，茶杯7个5.6元
锅盆菜碗饭碗	铁木磁	注备考	完全烧毁	31元	1940年2月制	锅1口9元大小木盆2个10元白磁饭菜碗80个共12元
学士服	哔叽	1套	完全烧毁	80元	1939年3月制	
衬衫	绸	2件	完全烧毁	40元	1940年4月制	
六法全书	洋装	1套	完全烧毁	12元	1938年8月制	
辞源	丙种	1套	完全烧毁	30元	1939年10月制	
架子床	木	1架	完全烧毁	24元	1938年2月制	
衣柜	楠木玻砖	1个	完全烧毁	45元	1938年3月制	

续表

物品名称	品质	数量	损失程度	原价	购买年月	备考
方桌	木	1个	完全烧毁	8元	1938年4月制	
被灾日期 1940年8月19日	被灾地点 王爷石堡第7号	房屋被炸或震塌	全部烧毁	原支薪俸数目	实支 90元	有无同居眷属	有妻一子一

右〈上〉开物品确系因空袭被毁，谨报告

局长吴

　　转呈

市长吴

填报人：职务　科员

姓名　王畴

二十九年八月二十日

(0067—3—5111)

107. 重庆市工务局为呈报职员盛承彦1940年8月20日被炸损失给重庆市政府秘书处的文（1940年8月28日）

兹查本局职员盛承彦于本年八月二十日在本市民族路142号遭受空袭损害，将房屋烧毁。经查属实，连同该员所报私物损失报告表函请查照办理为荷。

此致

本府秘书处

附检送盛承彦私物损失报告表1份

局戳

二十九年八月廿八日

附：

重庆市政府工务局员役空袭损失私物报告表

物品名称	品质	数量	损失程度	原价	购买年月	备考
学生装	哔叽	1	被焚	80元	1938年	

续表

物品名称	品质	数量	损失程度	原价	购买年月	备考
学生装	法兰绒	1	被焚	90元	1939年	
被	丝绵	2	被焚	40元	1936年	
褥	棉	1	被焚	15元	1936年	
皮鞋		1	被焚	30元	1938年	
衬衫	布	4	被焚	20元	1938年	
汗衫裤		4	被焚	10元	1938年	
毯子	毛绒	1	被焚	80元	1937年	
热水瓶		1	被焚	12元	1939年	
行李袋		1	被焚	5元	1937年	
茶具		1套	被焚	12元	1935年	
胶底鞋		1	被焚	6元	1937年	
面盆			被焚	8元	1937年	
被灾日期	1940年8月20日	被灾地点	民族路142号	房屋被炸或震塌	被烧	原支薪俸数目	实支292元	有无同居眷属	无

右〈上〉开物品确系因空袭被毁,谨报告

局长吴

　　转呈

市长吴

填报人:职务　第三科科长

姓名　盛承彦

二十九年八月二十四日

(0067—3—5111)

108. 重庆市工务局为呈报职员应立本1940年8月20日被炸损失给重庆市政府秘书处的文(1940年8月28日)

兹查本局职员应立本于本年八月二十日在本市炮台街12号遭受空袭损害,将房屋炸塌。经查属实,连同该员所报私物损失报告表函请查照办理为荷。

此致

本府秘书处

附检送应立本私物损失报告表1份

局戳

二十九年八月廿八日

附：

重庆市政府工务局员役空袭损失私物报告表

物品名称	品质	数量	损失程度	原价	购买年月	备考
床	木	1	破损	25元	1940年2月	
行军床	帆布	1	破损	7.5元	1940年8月	
方桌	木	1	破损	10元	1940年2月	
写字桌	木	1	破损	30元	1940年2月	
茶几	木	2	破损	7.2元	1940年2月	
□子	木	4	破损	10元	1940年2月	
方凳	木	4	破损	6元	1940年2月	
藤椅	藤	2	破损	40元	1940年3月	
书架	竹	1	破损	8元	1940年2月	
□□	竹	1	破损	8.2元	1940年2月	
面盆架	木	1	破损	5元	1940年2月	
大小木盆	木	各1	破损	10元	1940年2月	
公文皮包	纹皮	1	不见	15元	1939年1月	
各式中西书籍		30余册	破烂	200元	1927年至1940年不等	
席	竹	3	破烂	13.4元	1940年6月	
丝绵被	绸面	1	破烂	34元	1934年11月	
棉被	绸面布里	各1	破烂	40元	1939年10月	
□被		2	破烂	10元	1940年2月	
绒毯		1	破烂	50元	1936年10月	
毛巾被		1	破烂	11元	1939年5月	
单被	印花布	3	破烂	30元	1939年5月、1940年4月	

续表

物品名称	品质	数量	损失程度	原价	购买年月	备考
枕头	木棉	2对	破烂	14元	1939年5月	
□衣	府绸、布	3对	破烂	12元	1939年2月	
□□	土布	4丈	破烂	14.4元	1940年2月	
电灯泡		3	破烂	3.6元	1940年2月	
熨斗	铁	1	不见	9元	1940年2月	
闹钟		1	不见	28元	1935年5月	
雨伞		2	不见	2.4元	1939年10月、1940年1月	
蚊帐	罗纹夏布	1	破损	55元	1940年5月	
皮箱		1	不见	24元	1935年5月	
冬大衣	呢	1	不见	85元	1935年11月	
女式冬大衣	呢	1	不见	168元	1939年11月	
丝绵袍	绸面	1	不见	35元	1935年12月	
滩羊皮袍（女）	绸面	1	不见	70元	1939年1月	
厚呢制服		1	不见	85元	1936年10月	
羊毛内衣		2套	不见	50元	1937年12月	
□□旗袍	绸面	1件	不见	90元	1939年11月	
藤箱		1	破损	6元	1935年5月	
绒布衬裤		2套	破损	20元	1938年11月	
女衫裤	府绸、布	3套	破损	27元	1939年5月、1940年4月	
衬裙	纺绸	2件	破损	10元	1937年3月	
领带	各式	17条	破损	50元	1935年至1940年不等	
男皮鞋	纹皮、□皮	2	不见	40元	1939年5月、1940年3月	
套鞋	橡皮	1	不见	12元	1939年3月	
女皮鞋	纹皮	2	不见	26元	1939年10月	
橡皮鞋	帆布	3	不见	9元	1939年11月	
呢帽	□字呢	4	不见	18元	1937年4月	

续表

物品名称	品质	数量	损失程度	原价	购买年月	备考
女草帽		5	不见	4.5元	1940年6月	
纺绸长衫	□纺	6	不见	18元	1934年6月	
旗袍	夏布、□绸	各1	不见	36元	1940年5月、8月	
衬衫	纺绸	3	不见	16元	1938年3月1件1939年12月2件	
男女袜	丝、□	11双	不见	30元		
浴衣	毛巾布	1	不见	16元	1936年7月	
西装背心	羊毛	1	不见	28元	1935年8月	
脸盆	搪瓷	2	破烂	10元	1937年8月、1939年10月	
漱杯	玻璃	1	破烂	1.5元	1940年2月	
发梳	牛角	2	破损	5元	1938年5月、11月	
英利剃刀		1	不见	5元	1940年4月	
毛巾牙刷等			不见	10元	1940年5月、8月	
热水瓶		1	不见	12元	1940年1月	
玻璃杯		6	不见	7.2元	1940年1月	
茶具	土磁	1	不见	0.6元	1940年1月	
洋刀		1	不见	4元	1935年5月	
剪刀		2	不见	1.8元	1939年5月	
□□罐		1	不见	5元	1936年10月	
□	铁	1	破烂	5元	1940年2月	
□	钢□	1	破烂	28元	1940年2月	
□	钢	1	破烂	6元	1939年5月	
钢勺		1	破烂	1元	1939年5月	
米缸		1	破烂	5元	1940年2月	
水缸		1	破烂	8元	1940年6月	
米		1斗	失散	15元	1940年8月	

续表

物品名称	品质	数量	损失程度	原价	购买年月	备考
煤球		1挑	失散	8元	1940年8月	
菜盘	搪瓷	4	破烂	3.2元	1940年2月	
菜碟饭碗	土瓷、细瓷	12个	破烂	6元	1940年2月	
铝桶	白铝	1	破烂	6元	1940年2月	
铜台	黄铜	1	破烂	9元	1940年2月	
拖帚		1	不见	2元	1940年2月	
被灾日期	1940年8月20日	被灾地点	炮台街12号	房屋被炸或震塌	被炸	原支薪俸数目	额300元实250元	有无同居眷属	妻1人

右〈上〉开物品确系因空袭被毁，谨报告

局长吴

　转呈

市长吴

填报人：职务　专员

姓名　应立本

二十九年八月二十二日

（0067—3—5111）

109. 重庆市工务局为呈报职员邹光烈1940年8月20日被炸损失给重庆市政府秘书处的文（1940年8月28日）

兹查本局职员邹光烈于本年八月二十日在本市青年会宿舍遭受空袭损害，将房屋炸毁。经查属实，连同该员所报私物损失报告表函请查照办理为荷。

此致

本府秘书处

附检送邹光烈私物损失报告表1份

局戳

二十九年八月廿八日

附：

重庆市政府工务局员役空袭损失私物报告表

物品名称	品质	数量	损失程度	原价	购买年月	备考
棉被	绸面	1条	烧毁	50元	1939年10月	
垫被及被单面	布质	各1条	烧毁	40元	1939年4月	
帐子	罗纱	1顶	烧毁	25元	1938年10月	
大衣	黑呢	1件	烧毁	100元	1939年2月	
中山装	布质	1套	烧毁	20元	1939年9月	
呢帽	国货	1顶	烧毁	15元	1939年3月	
面盆	搪瓷	1只	失去	10元	1940年1月	
被灾日期	1940年8月20日	被灾地点	青年会宿舍	房屋被炸或震塌	焚毁	原支薪俸数目 实支234元	有无同居眷属	弟

右〈上〉开物品确系因空袭被毁，谨报告

局长吴

　　转呈

市长吴

填报人：职务　科长

姓名　邹光烈

二十九年八月二十一日

（0067—3—5111）

110. 重庆市工务局为呈报职员滕熙1940年8月20日被炸损失给重庆市政府秘书处的文（1940年8月28日）

兹查本局职员滕熙于本年八月二十日在本市民族路142号遭受空袭损害，将房屋烧毁。经查属实，连同该员所报私物损失报告表函请查照办理为荷。

此致

本府秘书处

附检送滕熙私物损失报告表1份

局戳

二十九年八月廿八日

附：
重庆市政府工务局员役空袭损失私物报告表

物品名称	品质	数量	损失程度	原价	购买年月	备考
被褥	棉	2条	烧毁	52元	1940年7月	
油布	布	1条	烧毁	10元	1940年7月	
中山装	法兰绒	1套	烧毁	140元	1939年4月	
热水瓶	瓷	1个	烧毁	2元	1940年7月	
皮鞋	皮革	1双	烧毁	37元	1940年5月	
胶底鞋	胶	1双	烧毁	10元	1940年7月	
套鞋	胶	1双	烧毁	8元	1940年4月	
面盆	瓷	1个	烧毁	8元	1939年7月	
被灾日期	1940年8月20日	被灾地点	民族路142号	房屋被炸或震塌	被烧	原支薪俸数目	220元	有无同居眷属	无

右〈上〉开物品确系因空袭被毁，谨报告

局长吴

　　转呈

市长吴

　　　　　　　　　　　　填报人：职务　技士

　　　　　　　　　　　　　　　　姓名　滕熙

　　　　　　　　　　　　二十九年八月二十一日

(0067—3—5111)

111. 重庆市工务局为呈报职员梁锡琰1940年8月20日被炸损失给重庆市政府秘书处的文（1940年8月28日）

兹查本局职员梁锡琰于本年八月二十日在本市青年会遭受空袭损害，将房屋炸毁。经查属实，连同该员所报私物损失报告表函请查照办理为荷。

此致

本府秘书处

附检送梁锡琰私物损失报告表1份

局戳

二十九年八月廿八日

附：

重庆市政府工务局员役空袭损失私物报告表

物品名称	品质	数量	损失程度	原价	购买年月	备考
蓝色制服	布	1套	完全烧毁	30元	1940年5月	
皮靴	土皮	1双	完全烧毁	28元	1939年12月	
衬衣	布	2件	完全烧毁	20元	1940年1月	每件10元
背心	线	2件	完全烧毁	5元	1940年1月	每件2.5元
短裤	布	2件	完全烧毁	6.4元	1940年1月	每件3.2元
被灾日期	1940年8月20日	被灾地点	青年会	房屋被炸或震塌	火烧	原支薪俸数目 220元	有无同居眷属 无

右〈上〉开物品确系因空袭被毁，谨报告

局长吴

　　转呈

市长吴

填报人：职务　路灯管路处主任

　　　　姓名　梁锡琰

二十九年八月二十一日

（0067—3—5111）

112. 重庆市工务局为呈报职员邹森1940年8月20日被炸损失给重庆市政府秘书处的文（1940年8月28日）

兹查本局职员邹森于本年八月二十日在本市青年会宿舍遭受空袭损害，将房屋炸毁。经查属实，连同该员所报私物损失报告表函请查照办理为荷。

此致

本府秘书处

附检送邹森私物损失报告表1份

局戳

二十九年八月二十八日

附：

重庆市政府工务局员役空袭损失私物报告表

物品名称	品质	数量	损失程度	原价	购买年月	备考
呢制服	黑呢	1套	烧毁	60元	1939年8月	
中山服	布质	1套	烧毁	30元	1940年3月	
棉被	布质	1条	烧毁	30元	1939年2月	
垫被及被单	布质	各1条	烧毁	35元	1939年2月	
衬衣	府绸	2件	烧毁	30元	1940年2月	
清漆台钟	钢质	1只	烧毁	40元	1938年8月	
鞋油		1盆	烧毁	2.2元	1940年8月	
被灾日期	1940年8月20日	被灾地点	青年会宿舍	房屋被炸或震塌	烧毁	原支薪俸数目	120元	有无同居眷属	兄

右〈上〉开物品确系因空袭被毁，谨报告
局长吴
　转呈
市长吴

填报人：职务　科员
姓名　邹森
二十九年八月二十一日

(0067—3—5111)

113. 重庆市工务局为呈报工役张绍槐1940年8月20日被炸损失给重庆市政府秘书处的文（1940年8月）

兹查本局城区工务管理处工役张绍槐于本年八月二十日在本市机房街空袭损害，将房屋烧毁。经查属实，连同该员所报私物损失报告表函请查照办理为荷。

此致
本府秘书处
附检送张绍槐私物损失报告表1份

局戳

二十九年　月

附：

重庆市政府工务局员役空袭损失私物报告表

物品名称	品质	数量	损失程度	原价	购买年月	备考
棉被	布	1	烧毁	15元	1939年10月	
上衣	布	2	烧毁	10元	1939年1月	
裤子	布	2	烧毁	7元	1939年5月	
被灾日期	1940年8月20日	被灾地点	机房街	房屋被炸或震塌	烧毁	原支薪俸数目	19元	有无同居眷属	无

右〈上〉开物品确系因空袭被毁，谨报告

局长吴

　　转呈

市长吴

填报人：职务　城区道班

姓名　张绍槐

二十九年八月二十一日

（0067—3—5228）

114. 重庆市工务局为呈报工役周星北1940年8月20日被炸损失给重庆市政府秘书处的文（1940年8月）

兹查本局城区工务管理处工役周星北于本年八月二十日在本市机房街遭受空袭损害，将房屋烧毁。经查属实，连同该员所报私物损失报告表函请查照办理为荷。

此致

本府秘书处

附检送周星北私物损失报告表1份

局戳

二十九年　月

附：

重庆市政府工务局员役空袭损失私物报告表

物品名称	品质	数量	损失程度	原价	购买年月	备考
棉被	布	1	烧毁	15元	1939年10月	
上衣	布	2	烧毁	10元	1939年1月	
裤子	布	2	烧毁	6元	1939年5月	
被灾日期	1940年8月20日	被灾地点	机房街	房屋被炸或震塌	烧毁	原支薪俸数目	18.5元	有无同居眷属	无

右〈上〉开物品确系因空袭被毁，谨报告

局长吴

　　转呈

市长吴

填报人：职务　城区道班

姓名　周星北

二十九年八月二十一日

（0067—3—5228）

115. 重庆市工务局为呈报工役蔡少华1940年8月20日被炸损失给重庆市政府秘书处的文（1940年8月）

兹查本局城区工务管理处工役蔡少华于本年八月二十日在本市机房街遭受空袭损害，将房屋烧毁。经查属实，连同该员所报私物损失报告表函请查照办理为荷。

此致

本府秘书处

附检送蔡少华私物损失报告表1份

局戳

二十九年　月

附：

重庆市政府工务局员役空袭损失私物报告表

物品名称	品质	数量	损失程度	原价	购买年月	备考
上衣	布	2	烧毁	10元	1939年10月	
裤子	布	2	烧毁	6元	1939年1月	
长衣	布	1	烧毁	6元	1939年1月	
鞋子	布	1	烧毁	2元	1940年1月	
汗衣		1	烧毁	3元	1940年3月	
被灾日期	1940年8月20日	被灾地点	机房街	房屋被炸或震塌	烧毁	原支薪俸数目	18元	有无同居眷属	无

右〈上〉开物品确系因空袭被毁，谨报告

局长吴

　　转呈

市长吴

　　　　　填报人：职务　城区道班

　　　　　　　　　姓名　蔡少华

　　　　　　二十九年八月二十一日

（0067—3—5228）

116. 重庆市工务局为呈报工役吴士伦1940年8月20日被炸损失给重庆市政府秘书处的文（1940年8月）

兹查本局城区工务管理处工役吴士伦于本年八月二十日在本市机房街遭受空袭损害，将房屋烧毁。经查属实，连同该员所报私物损失报告表函请查照办理为荷。

此致

本府秘书处

附检送吴士伦私物损失报告表1份

　　　　　　　　　　　　　　　局戳

　　　　　　　　　　　　二十九年　月

附：

重庆市政府工务局员役空袭损失私物报告表

物品名称	品质	数量	损失程度	原价	购买年月	备考
棉被	布	1	烧毁	16元	1939年10月	
长衣	布	2	烧毁	7元	1940年1月	
裤子	布	1	烧毁	6元	1939年1月	
上衣	布	1	烧毁	5元	1939年1月	
被灾日期	1940年8月20日	被灾地点	机房街	房屋被炸或震塌	烧毁	原支薪俸数目	18元	有无同居眷属	无

右〈上〉开物品确系因空袭被毁，谨报告

局长吴

　　转呈

市长吴

　　　　　　　　　　　填报人：职务　城区道班

　　　　　　　　　　　　　　　姓名　吴士伦

　　　　　　　　　　　　二十九年八月二十一日

（0067—3—5229）

117. 重庆市工务局为呈报工役彭兴顺1940年8月20日被炸损失给重庆市政府秘书处的文（1940年8月）

兹查本局城区工务管理处工役彭兴顺于本年八月二十日在本市机房街遭受空袭损害，将房屋烧毁。经查属实，连同该员所报私物损失报告表函请查照办理为荷。

此致

本府秘书处

附检送彭兴顺私物损失报告表1份

　　　　　　　　　　　　　　　　　局戳

　　　　　　　　　　　　　　二十九年　月

附：

重庆市政府工务局员役空袭损失私物报告表

物品名称	品质	数量	损失程度	原价	购买年月	备考
棉被	布	1	烧毁	16元	1939年10月	
衬衫		1	烧毁	3元	1939年5月	
上衣	布	2	烧毁	10元	1940年1月	
裤子	布	1	烧毁	3元	1940年1月	
被灾日期	1940年8月20日	被灾地点	机房街	房屋被炸或震塌	烧毁	原支薪俸数目 19.5元	有无同居眷属	无

　右〈上〉开物品确系因空袭被毁,谨报告
局长吴

　　　转呈
市长吴

　　　　　　　　　　　　填报人：职务　城区道班

　　　　　　　　　　　　　　姓名　彭兴顺

　　　　　　　　　　　二十九年八月二十一日

(0067—3—5229)

118. 重庆市工务局为呈报工役米子云1940年8月20日被炸损失给重庆市政府秘书处的文(1940年8月)

　　兹查本局城区工务管理处工役米子云于本年八月二十日在本市机房街遭受空袭损害,将房屋烧毁。经查属实,连同该员所报私物损失报告表函请查照办理为荷。

　　此致
本府秘书处
附检送米子云私物损失报告表1份

　　　　　　　　　　　　　　　　局戳

　　　　　　　　　　　　　二十九年　月

附：

重庆市政府工务局员役空袭损失私物报告表

物品名称	品质	数量	损失程度	原价	购买年月	备考
棉被	布	1条	全烧	16元	1939年3月	
长衫	布	1件	全烧	8元	1939年10月	
背心	布	1件	全烧	2元	1940年4月	
袜子	线	1双	全烧	1.5元	1940年4月	
短褂裤	布	1套	全烧	12元	1939年11月	
被灾日期	1940年8月20日	被灾地点	机房街	房屋被炸或震塌	全烧	原支薪俸数目	26元	有无同居眷属	

右〈上〉开物品确系因空袭被毁，谨报告
局长吴
　　转呈
市长吴

填报人：职务　城区队目
　　　　姓名　米子云
二十九年八月二十一日

(0067—3—5229)

119. 重庆市工务局为呈报工役冯海清1940年8月20日被炸损失给重庆市政府秘书处的文(1940年8月)

兹查本局城区工务管理处工役冯海清于本年八月二十日在本市机房街遭受空袭损害，将房屋烧毁。经查属实，连同该员所报私物损失报告表函请查照办理为荷。

此致
本府秘书处
附检送冯海清私物损失报告表1份

局戳

二十九年　月

附：

重庆市政府工务局员役空袭损失私物报告表

物品名称	品质	数量	损失程度	原价	购买年月	备考
上衣	布	2	烧毁	10元	1939年1月	
裤子	布	2	烧毁	6元	1939年10月	
长衣	布	1	烧毁	7元	1939年1月	
汗衣	布	1	烧毁	3元	1939年1月	
鞋子	布	2	烧毁	4元	1940年1月	
被灾日期	1940年8月20日	被灾地点	机房街	房屋被炸或震塌	烧毁	原支薪俸数目	19.5元	有无同居眷属	无

右〈上〉开物品确系因空袭被毁，谨报告

局长吴

　转呈

市长吴

　　　　　　　　　　　　填报人：职务　城区道班

　　　　　　　　　　　　　　　姓名　冯海清

　　　　　　　　　　　二十九年八月二十一日

（0067—3—5229）

120. 重庆市工务局为呈报工役周兴发1940年8月20日被炸损失给重庆市政府秘书处的文（1940年8月）

兹查本局城区工务管理处工役周兴发于本年八月二十日在本市机房街遭受空袭损害，将房屋烧毁。经查属实，连同该员所报私物损失报告表函请查照办理为荷。

此致

本府秘书处

附检送周兴发私物损失报告表1份

　　　　　　　　　　　　　　　　　局戳

　　　　　　　　　　　　　　二十九年　月

附：

重庆市政府工务局员役空袭损失私物报告表

物品名称	品质	数量	损失程度	原价	购买年月	备考
棉被	布	1	烧毁	15元	1939年1月	
上衣	布	2	烧毁	10元	1939年7月	
裤子	布	1	烧毁	3元	1939年10月	
被灾日期	1940年8月20日	被灾地点	机房街	房屋被炸或震塌	烧毁	原支薪俸数目	18.5元	有无同居眷属	无

右〈上〉开物品确系因空袭被毁，谨报告

局长吴

　转呈

市长吴

　　　　　　　　　　　填报人：职务　城区道班

　　　　　　　　　　　　　　　姓名　周兴发

　　　　　　　　　　　二十九年八月二十一日

（0067—3—5229）

121. 重庆市工务局为呈报工役杨维儒1940年8月20日被炸损失给重庆市政府秘书处的文（1940年8月）

兹查本局城区工务管理处工役杨维儒于本年八月二十日在本市机房街遭受空袭损害，将房屋烧毁。经查属实，连同该员所报私物损失报告表函请查照办理为荷。

此致

本府秘书处

附检送杨维儒私物损失报告表1份

　　　　　　　　　　　　　　　　　局戳

　　　　　　　　　　　　　　　二十九年　月

附：

重庆市政府工务局员役空袭损失私物报告表

物品名称	品质	数量	损失程度	原价	购买年月	备考
棉衣	布	1	烧毁	10元	1939年1月	
上衣	布	2	烧毁	10元	1939年10月	
裤子	布	2	烧毁	6元	1939年1月	
汗衣		1	烧毁	2元	1939年1月	
被灾日期	1940年8月20日	被灾地点	机房街	房屋被炸或震塌	烧毁	原支薪俸数目	19.5元	有无同居眷属

右〈上〉开物品确系因空袭被毁，谨报告

局长吴

　　转呈

市长吴

　　　　　　　　　　填报人：职务　城区道班

　　　　　　　　　　　　　　姓名　杨维儒

　　　　　　　　　　二十九年八月二十一日

（0067—3—5229）

122. 重庆市工务局为呈报工役张远仁1940年8月20日被炸损失给重庆市政府秘书处的文（1940年8月）

兹查本局城区工务管理处工役张远仁于本年八月二十日在本市机房街遭受空袭损害，将房屋烧毁。经查属实，连同该员所报私物损失报告表函请查照办理为荷。

此致

本府秘书处

附检送张远仁私物损失报告表1份

　　　　　　　　　　　　　　　　局戳

　　　　　　　　　　　　　　二十九年　月

附：

重庆市政府工务局员役空袭损失私物报告表

物品名称	品质	数量	损失程度	原价	购买年月	备考
棉被	布	1	烧毁	15元	1939年1月	
上衣	布	2	烧毁	10元	1939年10月	
裤子	布	1	烧毁	3元	1939年10月	
被灾日期	1940年8月20日	被灾地点	机房街	房屋被炸或震塌	烧毁	原支薪俸数目	19元	有无同居眷属	无

右〈上〉开物品确系因空袭被毁，谨报告

局长吴

　　转呈

市长吴

填报人：职务　城区道班
姓名　张远仁
二十九年八月二十一日

（0067—3—5229）

123. 重庆市工务局为呈报工役钟如思1940年8月20日被炸损失给重庆市政府秘书处的文（1940年8月）

兹查本局城区工务管理处工役钟如思于本年八月二十日在本市机房街遭受空袭损害，将房屋烧毁。经查属实，连同该员所报私物损失报告表函请查照办理为荷。

此致

本府秘书处

附检送钟如思私物损失报告表1份

局戳
二十九年　月

附：

重庆市政府工务局员役空袭损失私物报告表

物品名称	品质	数量	损失程度	原价	购买年月	备考
上衣	布	2	烧毁	10元	1939年1月	
裤子	布	2	烧毁	6元	1939年10月	
鞋子	布	1	烧毁	2元	1939年10月	
被单	布	1	烧毁	6元	1939年2月	
被灾日期	1940年8月20日	被灾地点	机房街	房屋被炸或震塌	烧毁	原支薪俸数目	19元	有无同居眷属	无

右〈上〉开物品确系因空袭被毁，谨报告

局长吴

　　转呈

市长吴

　　　　　　　　　　填报人：职务　城区道班

　　　　　　　　　　　　　　姓名　钟如思

　　　　　　　　　　二十九年八月二十一日

(0067—3—5229)

124. 重庆市工务局为呈报工役吴国清1940年8月20日被炸损失给重庆市政府秘书处的文(1940年8月)

兹查本局城区工务管理处工役吴国清于本年八月二十日在本市机房街遭受空袭损害，将房屋烧毁。经查属实，连同该员所报私物损失报告表函请查照办理为荷。

此致

本府秘书处

附检送吴国清私物损失报告表1份

　　　　　　　　　　　　　　局戳

　　　　　　　　　　二十九年　月

附：

重庆市政府工务局员役空袭损失私物报告表

物品名称	品质	数量	损失程度	原价	购买年月	备考
棉被	布	1	烧毁	15元	1939年1月	
上衣	布	2	烧毁	10元	1939年10月	
裤子	布	2	烧毁	6元	1939年10月	
被灾日期	1940年8月20日	被灾地点	机房街	房屋被炸或震塌	烧毁	原支薪俸数目	19元	有无同居眷属

右〈上〉开物品确系因空袭被毁，谨报告

局长吴

　　转呈

市长吴

　　　　　　　　　　　填报人：职务　城区道班

　　　　　　　　　　　　　　　姓名　吴国清

　　　　　　　　　　　二十九年八月二十一日

（0067—3—5229）

125. 重庆市工务局为呈报工役潘成贵1940年8月20日被炸损失给重庆市政府秘书处的文（1940年8月）

兹查本局城区工务管理处工役潘成贵于本年八月二十日在本市机房街遭受空袭损害，将房屋烧毁。经查属实，连同该员所报私物损失报告表函请查照办理为荷。

此致

本府秘书处

附检送潘成贵私物损失报告表1份

　　　　　　　　　　　　　　　　局戳

　　　　　　　　　　　　　　二十九年　月

附：

重庆市政府工务局员役空袭损失私物报告表

物品名称	品质	数量	损失程度	原价	购买年月	备考
棉衣	布	2	烧毁	12元	1939年10月	
上衣	布	2	烧毁	10元	1939年1月	
裤子	布	2	烧毁	6元	1939年1月	
被灾日期	1940年8月20日	被灾地点	机房街	房屋被炸或震塌	烧毁	原支薪俸数目	18.5元	有无同居眷属	无

右〈上〉开物品确系因空袭被毁,谨报告
局长吴
　　转呈
市长吴

　　　　　　　　　　　　　填报人：职务　城区道班
　　　　　　　　　　　　　　　　　　姓名　潘成贵
　　　　　　　　　　　　二十九年八月二十一日

（0067—3—5229）

126. 重庆市工务局为呈报工役张德槐1940年8月20日被炸损失给重庆市政府秘书处的文（1940年8月）

兹查本局城区工务管理处工役张德槐于本年八月二十日在本市机房街遭受空袭损害,将房屋烧毁。经查属实,连同该员所报私物损失报告表函请查照办理为荷。

此致
本府秘书处
附检送张德槐私物损失报告表1份

　　　　　　　　　　　　　　　　　　　　局戳
　　　　　　　　　　　　　　　　　　二十九年　月

附：

重庆市政府工务局员役空袭损失私物报告表

物品名称	品质	数量	损失程度	原价	购买年月	备考
上衣	布	2	烧毁	10元	1939年1月	
裤子	布	2	烧毁	6元	1939年10月	
长衣	布	1	烧毁	7元	1939年1月	
汗衣		1	烧毁	2元	1940年1月	
鞋子	布	1	烧毁	2元	1940年1月	
被灾日期	1940年8月20日	被灾地点	机房街	房屋被炸或震塌	烧毁	原支薪俸数目	18.5元	有无同居眷属	无

右（上）开物品确系因空袭被毁，谨报告

局长吴

　　转呈

市长吴

　　　　　　　　　　　　填报人：职务　城区道班

　　　　　　　　　　　　　　　　姓名　张德槐

　　　　　　　　　　　　二十九年八月二十一日

（0067—3—5229）

127. 重庆市工务局为呈报工役王启富1940年8月20日被炸损失给重庆市政府秘书处的文（1940年8月）

兹查本局城区工务管理处工役王启富于本年八月二十日在本市机房街遭受空袭损害，将房屋烧毁。经查属实，连同该员所报私物损失报告表函请查照办理为荷。

此致

本府秘书处

附检送王启富私物损失报告表1份

　　　　　　　　　　　　　　　　　　　　局戳

　　　　　　　　　　　　　　　　二十九年　月

附：

重庆市政府工务局员役空袭损失私物报告表

物品名称	品质	数量	损失程度	原价	购买年月	备考
棉被	布	1	烧毁	15元	1939年1月	
上衣	布	2	烧毁	10元	1939年10月	
裤子	布	2	烧毁	6元	1939年10月	
被灾日期	1940年8月20日	被灾地点	机房街	房屋被炸或震塌	烧毁	原支薪俸数目	19元	有无同居眷属	无

右〈上〉开物品确系因空袭被毁,谨报告
局长吴
　　转呈
市长吴

　　　　　　　　　　　填报人:职务　城区道班
　　　　　　　　　　　　　　　姓名　王启富
　　　　　　　　　　　　二十九年八月二十一日

（0067—3—5229）

128.重庆市工务局为呈报工役冯九高1940年8月20日被炸损失给重庆市政府秘书处的文（1940年8月）

兹查本局城区工务管理处工役冯九高于本年八月二十日在本市机房街遭受空袭损害,将房屋烧毁。经查属实,连同该员所报私物损失报告表函请查照办理为荷。

此致
本府秘书处
附检送冯九高私物损失报告表1份

　　　　　　　　　　　　　　　　　　局戳
　　　　　　　　　　　　　　　　二十九年　月

附：

重庆市政府工务局员役空袭损失私物报告表

物品名称	品质	数量	损失程度	原价	购买年月	备考
棉被	布	1	烧毁	15元	1939年1月	
裤子	布	2	烧毁	6元	1939年10月	
上衣	布	2	烧毁	10元	1939年10月	
被灾日期	1940年8月20日	被灾地点	机房街	房屋被炸或震塌	烧毁	原支薪俸数目	19元	有无同居眷属	无

　　右〈上〉开物品确系因空袭被毁，谨报告
局长吴
　　转呈
市长吴

填报人：职务　城区道班
　　　　姓名　冯九高
　　　　二十九年八月二十一日

（0067—3—5229）

129. 重庆市工务局为呈报工役张登云1940年8月20日被炸损失给重庆市政府秘书处的文（1940年8月）

　　兹查本局城区工务管理处工役张登云于本年八月二十日在本市机房街遭受空袭损害，将房屋烧毁。经查属实，连同该员所报私物损失报告表函请查照办理为荷。

　　此致

本府秘书处

附检送张登云私物损失报告表1份

　　　　　　　　　　　　　　　局戳
　　　　　　　　　　　　　　　二十九年　月

附：

重庆市政府工务局员役空袭损失私物报告表

物品名称	品质	数量	损失程度	原价	购买年月	备考
棉被	布	1	烧毁	15元	1939年1月	
上衣	布	2	烧毁	10元	1939年1月	
裤子	布	2	烧毁	6元	1940年1月	
被灾日期	1940年8月20日	被灾地点	机房街	房屋被炸或震塌	烧毁	原支薪俸数目 19元	有无同居眷属

右〈上〉开物品确系因空袭被毁，谨报告

局长吴

　　转呈

市长吴

填报人：职务　城区道班

　　　　姓名　张登云

二十九年八月二十一日

（0067—3—5229）

130. 重庆市工务局为呈报工役李万三1940年8月20日被炸损失给重庆市政府秘书处的文（1940年8月）

兹查本局城区工务管理处工役李万三于本年八月二十日在本市机房街遭受空袭损害，将房屋烧毁。经查属实，连同该员所报私物损失报告表函请查照办理为荷。

此致

本府秘书处

附检送李万三私物损失报告表1份

局戳

二十九年　月

附：

重庆市政府工务局员役空袭损失私物报告表

物品名称	品质	数量	损失程度	原价	购买年月	备考
棉被	布	1	烧毁	15元	1939年1月	
上衣	布	2	烧毁	10元	1939年10月	
裤子	布	1	烧毁	3元	1939年1月	
汗衣		1	烧毁	3元	1939年1月	
鞋子	布	1	烧毁	2元	1940年2月	
袜子		2	烧毁	3元	1940年6月	
被灾日期	1940年8月20日	被灾地点	机房街	房屋被炸或震塌	烧毁	原支薪俸数目	24元	有无同居眷属	无

右〈上〉开物品确系因空袭被毁,谨报告

局长吴

　　转呈

市长吴

　　　　　　　　　　　填报人：职务　城区道班

　　　　　　　　　　　　　　　姓名　李万三

　　　　　　　　　　　　　二十九年八月二十一日

（0067—3—5229）

131. 重庆市工务局为呈报工役杨吉成1940年8月20日被炸损失给重庆市政府秘书处的文（1940年8月）

兹查本局城区工务管理处工役杨吉成于本年八月二十日在本市机房街遭受空袭损害,将房屋烧毁。经查属实,连同该员所报私物损失报告表函请查照办理为荷。

此致

本府秘书处

附检送杨吉成私物损失报告表1份

局戳

二十九年　月

附：

重庆市政府工务局员役空袭损失私物报告表

物品名称	品质	数量	损失程度	原价	购买年月	备考
棉被	布	1	烧毁	15元	1939年1月	
上衣	布	2	烧毁	10元	1939年10月	
裤子	布	1	烧毁	3元	1939年1月	
长衣	布	1	烧毁	6元	1939年5月	
鞋子	布	1	烧毁	2元	1940年1月	
汗衣	布	1	烧毁	2元	1940年1月	
被灾日期	1940年8月20日	被灾地点	机房街	房屋被炸或震塌	烧毁	原支薪俸数目	25元	有无同居眷属	无

右〈上〉开物品确系因空袭被毁，谨报告

局长吴

　转呈

市长吴

　　　　　　　　　　填报人：职务　城区道班

　　　　　　　　　　　　　　姓名　杨吉成

　　　　　　　　　　二十九年八月二十一日

（0067—3—5229）

132. 重庆市工务局为呈报工役杨炳全1940年8月20日被炸损失给重庆市政府秘书处的文（1940年8月）

兹查本局城区工务管理处工役杨炳全于本年八月二十日在本市机房街遭受空袭损害，将房屋烧毁。经查属实，连同该员所报私物损失报告表函请查照办理为荷。

此致

本府秘书处

附检送杨炳全私物损失报告表1份

　　　　　　　　　　　　　　　　局戳

　　　　　　　　　　　　　　　　二十九年　月

附：

重庆市政府工务局员役空袭损失私物报告表

物品名称	品质	数量	损失程度	原价	购买年月	备考
棉被	布	1	烧毁	16元	1939年1月	
上衣	布	2	烧毁	10元	1939年1月	
裤子	布	2	烧毁	7元	1939年10月	
鞋子	布	2	烧毁	4元	1939年10月	
袜子		2	烧毁	2元	1939年10月	
棉背心	布	1	烧毁	6元	1939年10月	
被灾日期	1940年8月20日	被灾地点	机房街	房屋被炸或震塌	烧毁	原支薪俸数目	40元	有无同居眷属	无

右〈上〉开物品确系因空袭被毁,谨报告

局长吴

　　转呈

市长吴

　　　　　　　　　　填报人：职务　城区道班

　　　　　　　　　　　　　姓名　杨炳全

　　　　　　　　　　二十九年八月二十一日

（0067—3—5229）

133. 重庆市工务局为呈报工役张甫生1940年8月20日被炸损失给重庆市政府秘书处的文（1940年8月）

兹查本局城区工务管理处工役张甫生于本年八月二十日在本市机房街遭受空袭损害,将房屋烧毁。经查属实,连同该员所报私物损失报告表函请查照办理为荷。

此致

本府秘书处

附检送张甫生私物损失报告表1份

　　　　　　　　　　　　　　局戳

　　　　　　　　　　　二十九年　月

附：

重庆市政府工务局员役空袭损失私物报告表

物品名称	品质	数量	损失程度	原价	购买年月	备考
棉被	布	1	烧毁	15元	1939年1月	
上衣	布	2	烧毁	10元	1939年10月	
裤子	布	2	烧毁	7元	1939年1月	
鞋子	布	2	烧毁	4元	1939年10月	
长衫	布	1	烧毁	7元	1939年10月	
被灾日期	1940年8月20日	被灾地点	机房街	房屋被炸或震塌	烧毁	原支薪俸数目	37元	有无同居眷属	无

右〈上〉开物品确系因空袭被毁,谨报告

局长吴

　　转呈

市长吴

　　　　　　　　　　　　填报人：职务　城区道班

　　　　　　　　　　　　　　　　姓名　张甫生

　　　　　　　　　　　　二十九年八月二十一日

(0067—3—5229)

134. 重庆市工务局为呈报工役张代良1940年8月20日被炸损失给重庆市政府秘书处的文(1940年8月)

兹查本局城区工务管理处工役张代良于本年八月二十日在本市机房街遭受空袭损害,将房屋烧毁。经查属实,连同该员所报私物损失报告表函请查照办理为荷。

此致

本府秘书处

附检送张代良私物损失报告表1份

　　　　　　　　　　　　　　　　　　　局戳

　　　　　　　　　　　　　　　　二十九年　月

附：

重庆市政府工务局员役空袭损失私物报告表

物品名称	品质	数量	损失程度	原价	购买年月	备考
上衣	2	布	烧毁	10元	1939年7月	
裤子	2	布	烧毁	6元	1939年1月	
长衫	1	布	烧毁	6元	1939年1月	
被灾日期	1940年8月20日	被灾地点	机房街	房屋被炸或震塌	烧毁	原支薪俸数目	18元	有无同居眷属	无

右〈上〉开物品确系因空袭被毁，谨报告

局长吴

　转呈

市长吴

　　　　　　　　　　　　填报人：职务　城区道班

　　　　　　　　　　　　　　　　姓名　张代良

　　　　　　　　　　　　二十九年八月二十一日

（0067—3—5229）

135. 重庆市工务局为呈报职员俞大奎1940年8月20日被炸损失给重庆市政府秘书处的文（1940年8月）

兹查本局城区工务管理处职员俞大奎于本年八月二十日在本市机房街遭受空袭损害，将房屋烧毁。经查属实，连同该员所报私物损失报告表函请查照办理为荷。

此致

本府秘书处

附检送俞大奎私物损失报告表1份

　　　　　　　　　　　　　　　　　　　　局戳

　　　　　　　　　　　　　　　　　二十九年　月

附：

重庆市政府工务局员役空袭损失私物报告表

物品名称	品质	数量	损失程度	原价	购买年月	备考
皮箱	布	1	烧毁	18元	1938年6月	
被单	布	1	烧毁	6元	1939年10月	
西装	布	1	烧毁	24元	1937年8月	
毛线衫	布	1	烧毁	12元	1938年10月	
冬大衣	布	1	烧毁	110元	1939年10月	
被灾日期	1940年8月20日	被灾地点	机房街	房屋被炸或震塌	烧毁	原支薪俸数目	120元	有无同居眷属	无

右（上）开物品确系因空袭被毁，谨报告

局长吴

　　转呈

市长吴

　　　　　　　　　　填报人：职务　副工程师

　　　　　　　　　　　　　　姓名　俞大奎

　　　　　　　　　　二十九年八月二十一日

(0067—3—5229)

136. 重庆市工务局为呈报职员王作宪1940年8月20日被炸损失给重庆市政府秘书处的文（1940年8月）

兹查本局城区工务管理处职员王作宪于本年八月二十日在本市机房街遭受空袭损害，将房屋烧毁。经查属实，连同该员所报私物损失报告表函请查照办理为荷。

此致

本府秘书处

附检送王作宪私物损失报告表1份

　　　　　　　　　　　　　　　　　局戳

　　　　　　　　　　　　　二十九年　月

附：

重庆市政府工务局员役空袭损失私物报告表

物品名称	品质	数量	损失程度	原价	购买年月	备考
毛呢裤子	毛呢	1条	炸烧毁	40元	1940年6月	
大衣	毛呢	1件	炸烧毁	80元	1940年3月	
中山服		2套	炸烧毁	60元	1939年12月	
卫生衣	毛	1套	炸烧毁	50元	1939年10月	
衬衣	布	3件	炸烧毁	40元	1940年4月	
皮鞋	牛皮	1双	炸烧毁	26元	1940年5月	
毛呢鞋	毛	1双	炸烧毁	11元	1940年6月	
袜子		5双	炸烧毁	15元	1940年5月	
棉絮	被套	2条	炸烧毁	18元	1940年1月	
毛绒毯	绒	1条	炸烧毁	20元	1940年2月	
棉被	绸	1条	炸烧毁	45元	1940年2月	
被灾日期	1940年8月20日	被灾地点	机房街	房屋被炸或震塌	烧毁	原支薪俸数目 55元	有无同居眷属 无

右〈上〉开物品确系因空袭被毁，谨报告
局长吴
　转呈
　市长吴

填报人：职务　城区监工员
　　　　姓名　王作宪
　　　　二十九年八月二十一日

（0067—3—5229）

137. 重庆市工务局为呈报职员王克刚1940年8月20日被炸损失给重庆市政府秘书处的文（1940年8月）

兹查本局城区工务管理处职员王克刚于本年八月二十日在本市机房街遭受空袭损害，将房屋烧毁。经查属实，连同该员所报私物损失报告表函请查照办理为荷。

此致

本府秘书处

附检送王克刚私物损失报告表1份

        局戳

      二十九年 月

附：

重庆市政府工务局员役空袭损失私物报告表

物品名称	品质	数量	损失程度	原价	购买年月	备考
棉被	绸	1条	全烧	28元	1938年8月	
白毯	布	1条	全烧	8元	1939年3月	
衬衣	布	2件	全烧	16元	1940年4月	
短裤	布	2条	全烧	4元	1939年10月	
哔叽中装服	毛	1套	全烧	64元	1939年6月	
蚊帐	布	2条	全烧	12元	1939年5月	
呢帽	毛	1个	全烧	18元	1939年8月	
袜子	纱	1双	全烧	6元	1940年5月	
衬衫	麻纱	1件	全烧	12元	1939年10月	
黑纹皮鞋	纹皮	1双	全烧	29元		
被灾日期	1940年8月20日	被灾地点	机房街	房屋被炸或震塌	全烧	原支薪俸数目 55元 有无同居眷属

右〈上〉开物品确系因空袭被毁，谨报告

局长吴

  转呈

市长吴

      填报人：职务 城区监工

        姓名 王克刚

      二十九年八月二十一日

（0067—3—5229）

138. 重庆市工务局为呈报职员李炳元1940年8月20日被炸损失给重庆市政府秘书处的文（1940年8月）

兹查本局城区工务管理处职员李炳元于本年八月二十日在本市机房街

遭受空袭损害,将房屋烧毁。经查属实,连同该员所报私物损失报告表函请查照办理为荷。

此致

本府秘书处

附检送李炳元私物损失报告表1份

局戳

二十九年八月

附：

重庆市政府工务局员役空袭损失私物报告表

物品名称	品质	数量	损失程度	原价	购买年月	备考
青呢大衣	毛呢	1件	炸烧毁	90元	1939年12月	
棉中山服	布	1套	炸烧毁	36元	1939年10月	
中山呢裤	毛	1条	炸烧毁	30元	1939年9月	
毛毯子	毛	1条	炸烧毁	30元	1938年12月	
毛衣	毛	2件	炸烧毁	40元	1938年10月	
印花棉被	人造丝	1床	炸烧毁	38元	1939年7月	
礼帽	呢	1顶	炸烧毁	12元	1939年9月	
被单	布	1条	炸烧毁	14元	1940年4月	
枕头	白布	1对	炸烧毁	8元	1940年2月	
面盆	磁	1个	炸烧毁	12元	1940年7月	
汗衫	麻纱	2件	炸烧毁	26元	1940年6月	
小皮箱		1口	炸烧毁	26元	1939年8月	
被灾日期	1940年8月20日	被灾地点	机房街工人宿舍	房屋被炸或震塌	烧毁	原支薪俸数目	40元	有无同居眷属

右(上)开物品确系因空袭被毁,谨报告

局长吴

　　转呈

市长吴

填报人：职务　监工员

姓名　李炳元

二十九年八月二十一日

(0067—3—5229)

139. 重庆市工务局为呈报工役徐清河1940年8月20日被炸损失给重庆市政府秘书处的文(1940年8月)

兹查本局城区工务管理处工役徐清河于本年八月二十日在本市机房街遭受空袭损害,将房屋烧毁。经查属实,连同该员所报私物损失报告表函请查照办理为荷。

此致

本府秘书处

附检送徐清河私物损失报告表1份

局戳
二十九年八月

附:

重庆市政府工务局员役空袭损失私物报告表

物品名称	品质	数量	损失程度	原价	购买年月	备考
棉被	布	1条	全烧	17元	1939年2月	
单被	布	1条	全烧	10元	1939年2月	
毛巾	纱	2条	全烧	3元	1940年7月	
长衫	布	1件	全烧	12元	1940年7月	
被灾日期	1940年8月20日	被灾地点	机房街工人宿舍	房屋被炸或震塌	全烧	原支薪俸数目	31元	有无同居眷属	

右〈上〉开物品确系因空袭被毁,谨报告

局长吴

 转呈

市长吴

填报人:职务 城区石工
姓名 徐清河
二十九年八月二十一日

(0067—3—5229)

140. 重庆市工务局为呈报工役张功明1940年8月20日被炸损失给重庆市政府秘书处的文(1940年8月)

兹查本局城区工务管理处工役张功明于本年八月二十日在本市机房街遭受空袭损害,将房屋烧毁。经查属实,连同该员所报私物损失报告表函请查照办理为荷。

此致

本府秘书处

附检送张功明私物损失报告表1份

局戳
二十九年八月

附:

重庆市政府工务局员役空袭损失私物报告表

物品名称	品质	数量	损失程度	原价	购买年月	备考
棉被	布	1条	全烧	13元	1940年1月	
长衫	布	1件	全烧	12元	1940年1月	
短衫	布	1套	全烧	10元	1940年1月	
毛巾	纱	2条	全烧	2元	1940年2月	
单被	布	1条	全烧	12元	1940年2月	
被灾日期	1940年8月20日	被灾地点	机房街工人宿舍	房屋被炸或震塌	全烧	原支薪俸数目 36元	有无同居眷属

右(上)开物品确系因空袭被毁,谨报告

局长吴

    转呈

市长吴

填报人:职务 城区泥工
姓名 张功明
二十九年八月二十一日

(0067—3—5229)

141. 重庆市工务局为呈报工役毛兴顺1940年8月20日被炸损失给重庆市政府秘书处的文(1940年8月)

兹查本局城区工务管理处工役毛兴顺于本年八月二十日在本市机房街遭受空袭损害,将房屋烧毁。经查属实,连同该员所报私物损失报告表函请查照办理为荷。

此致

本府秘书处

附检送毛兴顺私物损失报告表1份

局戳
二十九年八月

附:

重庆市政府工务局员役空袭损失私物报告表

物品名称	品质	数量	损失程度	原价	购买年月	备考
棉被	布	1	烧毁无余	16元	1939年7月	
汗衣	布	1	烧毁无余	5元	1939年7月	
上衣	布	1	烧毁无余	10元	1939年4月	
裤子	布	2	烧毁无余	6元	1939年5月	
鞋子	布	2	烧毁无余	3元	1939年5月	
被灾日期	1940年8月20日	被灾地点	机房街工人宿舍	房屋被炸或震塌	烧毁	原支薪俸数目	19.5元	有无同居眷属

右〈上〉开物品确系因空袭被毁,谨报告

局长吴

　　转呈

市长吴

填报人:职务　城区道班
姓名　毛兴顺
二十九年八月二十一日

(0067—3—5229)

142. 重庆市工务局为呈报工役李洪顺1940年8月20日被炸损失给重庆市政府秘书处的文(1940年8月)

兹查本局城区工务管理处工役李洪顺于本年八月二十日在本市机房街遭受空袭损害,将房屋烧毁。经查属实,连同该员所报私物损失报告表函请查照办理为荷。

此致

本府秘书处

附检送李洪顺私物损失报告表1份

局戳
二十九年八月

附:

重庆市政府工务局员役空袭损失私物报告表

物品名称	品质	数量	损失程度	原价	购买年月	备考
棉被	布	1	烧毁	16元	1939年10月	
长衫	布	1	烧毁	8元	1939年1月	
汗衫		1	烧毁	3元	1939年6月	
被灾日期	1940年8月20日	被灾地点	机房街工人宿舍	房屋被炸或震塌	烧毁	原支薪俸数目	19.5元	有无同居眷属

右〈上〉开物品确系因空袭被毁,谨报告

局长吴

    转呈

市长吴

填报人:职务　城区道班
姓名　李洪顺
二十九年八月二十一日

(0067—3—5229)

143. 重庆市工务局为呈报工役袁兰之1940年8月20日被炸损失给重庆市政府秘书处的文(1940年8月)

兹查本局城区工务管理处工役袁兰之于本年八月二十日在本市机房街遭受空袭损害,将房屋烧毁。经查属实,连同该员所报私物损失报告表函请查照办理为荷。

此致

本府秘书处

附检送袁兰之私物损失报告表1份

局戳

二十九年八月

附:

重庆市政府工务局员役空袭损失私物报告表

物品名称	品质	数量	损失程度	原价	购买年月	备考
棉被	布	1	烧毁	16元	1939年10月	
上衣	布	2	烧毁	10元	1939年1月	
裤子	布	2	烧毁	7元	1939年1月	
鞋子	布	2	烧毁	4元	1940年1月	
被灾日期	1940年8月20日	被灾地点	机房街工人宿舍	房屋被炸或震塌	烧毁	原支薪俸数目	18.5元	有无同居眷属	无

右〈上〉开物品确系因空袭被毁,谨报告

局长吴

    转呈

市长吴

填报人:职务　城区道班
姓名　袁兰之
二十九年八月二十一日

(0067—3—5229)

144. 重庆市工务局为呈报职员许纯照1940年8月20日被炸损失给重庆市政府秘书处的文(1940年8月)

兹查本局城区工务管理处职员许纯照于本年八月二十日在本市机房街遭受空袭损害,将房屋烧毁。经查属实,连同该员所报私物损失报告表函请查照办理为荷。

此致

本府秘书处

附检送许纯照私物损失报告表1份

局戳

二十九年八月

附:

重庆市政府工务局员役空袭损失私物报告表

物品名称	品质	数量	损失程度	原价	购买年月	备考
棉被	布里绸面	1	焚毁	25元		
簟席	竹	1	焚毁	6元	1940年6月	
冬大衣	棉毛	1	焚毁	24元	1938年6月	
白衬衫	布	1	焚毁	13元	1940年7月	
单被	布	1	焚毁	13元	1939年7月	
灰色西装	毛	1套	焚毁	46元	1939年2月	
被灾日期	1940年8月20日	被灾地点	机房街工人宿舍	房屋被炸或震塌	焚毁	原支薪俸数目 75元	有无同居眷属	无

右(上)开物品确系因空袭被毁,谨报告

局长吴

　　转呈

市长吴

填报人:职务　副工程员

　　　　姓名　许纯照

二十九年八月二十一日

(0067—3—5229)

145. 重庆市工务局为呈报职员周兴之1940年8月20日被炸损失给重庆市政府秘书处的文(1940年8月)

兹查本局城区工务管理处职员周兴之于本年八月二十日在本市机房街遭受空袭损害,将房屋烧毁。经查属实,连同该员所报私物损失报告表函请查照办理为荷。

此致

本府秘书处

附检送周兴之私物损失报告表1份

局戳

二十九年八月

附:

重庆市政府工务局员役空袭损失私物报告表

物品名称	品质	数量	损失程度	原价	购买年月	备考
棉被	绸	2条	全烧	62元	1938年8月	
白单被	洋布	2条	全烧	24元	1939年5月	
绒毡	绒	1条	全烧	30元	1937年9月	
双花枕头	布	2个	全烧	8元	1939年12月	
山东绸中山服	绸	1套	全烧	82元	1939年4月	
人字呢中山服	布	1套	全烧	40元	1940年3月	
黄皮鞋	纹皮	1双	全烧	36元	1939年8月	
纺绸衬衣	绸	2件	全烧	44元	1940年4月	
条子衬衣	府绸	2件	全烧	26元	1940年6月	
汗衫	麻纱	2件	全烧	4元	1940年5月	
毛巾	纱	2条	全烧	3元	1940年7月	
被灾日期	1940年8月20日	被灾地点	机房街	房屋被炸或震塌	全烧	原支薪俸数目	60元	有无同居眷属

续表

| 右〈上〉开物品确系因空袭被毁,谨报告 |
| 局长吴 |
| 　　转呈 |
| 市长吴 |
| 　　　　　　　　　　　填报人:职务　城区监工 |
| 　　　　　　　　　　　　　　　姓名　周兴之 |
| 　　　　　　　　　　　　　　二十九年八月二十一日 |

(0067—3—5229)

146. 重庆市工务局为呈报工役张德山1940年8月20日被炸损失给重庆市政府秘书处的文(1940年8月)

兹查本局城区工务管理处工役张德山于本年八月二十日在本市机房街遭受空袭损害,将房屋烧毁。经查属实,连同该员所报私物损失报告表函请查照办理为荷。

此致

本府秘书处

附检送张德山私物损失报告表1份

　　　　　　　　　　　　　　　　　　　　　　局戳

　　　　　　　　　　　　　　　　　　　　二十九年八月

附:

重庆市政府工务局员役空袭损失私物报告表

物品名称	品质	数量	损失程度	原价	购买年月	备考
棉被	布	1	烧毁	15元	1939年5月	
汗衣	布	2	烧毁	4元	1939年4月	
上衣	布	3	烧毁	15元	1939年4月	
裤子	布	2	烧毁	7元	1939年3月	
鞋子	布	2	烧毁	5元	1939年3月	
背心	布	2	烧毁	4元	1940年1月	

续表

被灾日期	1940年8月20日	被灾地点	机房街	房屋被炸或震塌		烧毁	原支薪俸数目	20元	有无同居眷属	

右〈上〉开物品确系因空袭被毁,谨报告

局长吴

　　转呈

市长吴

　　　　　　　　　　　　　　　填报人:职务　城区道班

　　　　　　　　　　　　　　　　　　　姓名　张德山

　　　　　　　　　　　　　　　二十九年八月二十一日

(0067—3—5229)

147. 重庆市工务局为呈报工役杨玉顺1940年8月20日被炸损失给重庆市政府秘书处的文(1940年8月)

兹查本局城区工务管理处工役杨玉顺于本年八月二十日在本市机房街遭受空袭损害,将房屋烧毁。经查属实,连同该员所报私物损失报告表函请查照办理为荷。

此致

本府秘书处

附检送杨玉顺私物损失报告表1份

　　　　　　　　　　　　　　　　　　　　　　　局戳

　　　　　　　　　　　　　　　　　　　　　二十九年八月

附:

重庆市政府工务局员役空袭损失私物报告表

物品名称	品质	数量	损失程度	原价	购买年月	备考
上衣	布	2	烧毁	10元	1939年1月	
裤子	布	2	烧毁	6元	1939年10月	
长衣	布	1	烧毁	7元	1939年1月	
鞋子	布	2	烧毁	4元	1940年1月	
袜子		2	烧毁	2元	1940年1月	

续表

被灾日期	1940年8月20日	被灾地点	机房街	房屋被炸或震塌	烧毁	原支薪俸数目	18.5元	有无同居眷属	无
右（上）开物品确系因空袭被毁，谨报告 局长吴 转呈 市长吴 填报人：职务　城区路工 姓名　杨玉顺 二十九年八月二十一日									

（0067—3—5229）

148. 重庆市工务局为呈报工役王炳全1940年8月20日被炸损失给重庆市政府秘书处的文（1940年8月）

兹查本局城区工务管理处工役王炳全于本年八月二十日在本市机房街遭受空袭损害，将房屋烧毁。经查属实，连同该员所报私物损失报告表函请查照办理为荷。

此致

本府秘书处

附检送王炳全私物损失报告表1份

局戳

二十九年八月

附：

重庆市政府工务局员役空袭损失私物报告表

物品名称	品质	数量	损失程度	原价	购买年月	备考
棉被	布	1	烧毁	15元	1939年1月	
上衣	布	2	烧毁	10元	1939年10月	
裤子	布	2	烧毁	7元	1939年10月	

被灾日期	1940年8月20日	被灾地点	机房街	房屋被炸或震塌	烧毁	原支薪俸数目	19元	有无同居眷属	无

续表

> 右〈上〉开物品确系因空袭被毁，谨报告
>
> 局长吴
>   转呈
> 市长吴
>
> 　　　　　　　　　　填报人：职务　城区道班
> 　　　　　　　　　　　　　　姓名　王炳全
> 　　　　　　　　　　二十九年八月二十一日

（0067—3—5229）

149. 重庆市工务局为呈报工役刘太平1940年8月20日被炸损失给重庆市政府秘书处的文（1940年8月）

兹查本局城区工务管理处工役刘太平于本年八月二十日在本市机房街遭受空袭损害，将房屋烧毁。经查属实，连同该员所报私物损失报告表函请查照办理为荷。

此致

本府秘书处

附检送刘太平私物损失报告表1份

　　　　　　　　　　　　　　　　　　局戳

　　　　　　　　　　　　　　　　　　二十九年八月

附：

重庆市政府工务局员役空袭损失私物报告表

物品名称	品质	数量	损失程度	原价	购买年月	备考
棉被	布	1	烧毁	15元	1939年1月	
上衣	布	2	烧毁	10元	1939年10月	
裤子	布	2	烧毁	6元	1939年10月	
被灾日期	1940年8月20日	被灾地点	机房街	房屋被炸或震塌	烧毁	原支薪俸数目	18元	有无同居眷属	无

续表

右（上）开物品确系因空袭被毁，谨报告 局长吴 　　转呈 市长吴 　　　　　　　　　　填报人：职务　城区道班 　　　　　　　　　　　　　姓名　刘太平 　　　　　　　　　　二十九年八月二十一日

(0067—3—5229)

150. 重庆市工务局为呈报工役吴光明1940年8月20日被炸损失给重庆市政府秘书处的文(1940年8月)

兹查本局城区工务管理处工役吴光明于本年八月二十日在本市机房街遭受空袭损害，将房屋烧毁。经查属实，连同该员所报私物损失报告表函请查照办理为荷。

此致

本府秘书处

附检送吴光明私物损失报告表1份

局戳

二十九年八月

附：

重庆市政府工务局员役空袭损失私物报告表

物品名称	品质	数量	损失程度	原价	购买年月	备考
棉被	布	1	烧毁	15元	1939年5月	
上衣	布	2	烧毁	10元	1939年1月	
裤子	布	2	烧毁	6元	1939年10月	
被灾日期	1940年8月20日	被灾地点	机房街	房屋被炸或震塌	烧毁	原支薪俸数目	18.5元	有无同居眷属	无

续表

> 右〈上〉开物品确系因空袭被毁,谨报告
>
> 局长吴
>
>   转呈
>
> 市长吴
>
>   填报人:职务　城区道班
>
>   姓名　吴光明
>
>   二十九年八月二十一日

(0067—3—5229)

151. 重庆市工务局为呈报工役王益全1940年8月20日被炸损失给重庆市政府秘书处的文(1940年8月)

兹查本局城区工务管理处工役王益全于本年八月二十日在本市机房街遭受空袭损害,将房屋烧毁。经查属实,连同该员所报私物损失报告表函请查照办理为荷。

此致

本府秘书处

附检送王益全私物损失报告表1份

                            局戳

                      二十九年八月

附:

重庆市政府工务局员役空袭损失私物报告表

物品名称	品质	数量	损失程度	原价	购买年月	备考
棉被	布	1	烧毁	17元	1939年7月	
汗衣	布	2	烧毁	5元	1939年7月	
上衣	布	3	烧毁	9元	1939年7月	
裤子		1		6元		
被灾日期	1940年8月20日	被灾地点	机房街	房屋被炸或震塌	烧毁	原支薪俸数目	18.5元	有无同居眷属

续表

右〈上〉开物品确系因空袭被毁,谨报告
局长吴
　　转呈
市长吴

　　　　　　　　　　　　　填报人:职务　城区道班
　　　　　　　　　　　　　　　　　姓名　王益全
　　　　　　　　　　　　　　　二十九年八月二十一日

(0067—3—5229)

152. 重庆市工务局为呈报工役王双元1940年8月20日被炸损失给重庆市政府秘书处的文(1940年8月)

兹查本局城区工务管理处工役王双元于本年八月二十日在本市机房街遭受空袭损害,将房屋烧毁。经查属实,连同该员所报私物损失报告表函请查照办理为荷。

此致

本府秘书处

附检送王双元私物损失报告表1份

　　　　　　　　　　　　　　　　　　　　局戳

　　　　　　　　　　　　　　　　　　　二十九年八月

附:

重庆市政府工务局员役空袭损失私物报告表

物品名称	品质	数量	损失程度	原价	购买年月	备考
棉被	布	1条	全烧	12元	1938年12月	
长衫	布	1件	全烧	10元	1938年12月	
毛巾	纱	1条	全烧	1元	1940年5月	
鞋子	布	1双	全烧	2元	1940年5月	
短裤	布	1套	全烧	10元	1940年5月	
被灾日期	1940年8月20日	被灾地点	机房街	房屋被炸或震塌	全烧	原支薪俸数目	19元	有无同居眷属	

续表

右〈上〉开物品确系因空袭被毁,谨报告 局长吴 　　转呈 市长吴 　　　　　　　　　　填报人:职务　城区道工 　　　　　　　　　　　　　　姓名　王双元 　　　　　　　　　　二十九年八月二十一日

(0067—3—5229)

153. 重庆市工务局为呈报工役罗海云1940年8月20日被炸损失给重庆市政府秘书处的文(1940年8月)

兹查本局城区工务管理处工役罗海云于本年八月二十日在本市机房街遭受空袭损害,将房屋烧毁。经查属实,连同该员所报私物损失报告表函请查照办理为荷。

此致

本府秘书处

附检送罗海云私物损失报告表1份

局戳

二十九年八月

附:

重庆市政府工务局员役空袭损失私物报告表

物品名称	品质	数量	损失程度	原价	购买年月	备考
棉被	布	1条	全烧	18元	1940年1月	
白单被	布	1条	全烧	10元	1940年1月	
短衫	布	1套	全烧	11元	1940年3月	
鞋子	布	1双	全烧	2元	1940年3月	
毛巾	线	1条	全烧	1元	1940年7月	
被灾日期	1940年8月20日	被灾地点	机房街	房屋被炸或震塌	全烧	原支薪俸数目	20元	有无同居眷属

续表

右〈上〉开物品确系因空袭被毁,谨报告 局长吴 　　　　转呈 市长吴 　　　　　　　　　　　填报人:职务　城区道班 　　　　　　　　　　　　　　　姓名　罗海云 　　　　　　　　　　　　　　二十九年八月二十一日

(0067—3—5229)

154. 重庆市工务局为呈报工役王金轩1940年8月20日被炸损失给重庆市政府秘书处的文(1940年8月)

兹查本局城区工务管理处工役王金轩于本年八月二十日在本市机房街遭受空袭损害,将房屋烧毁。经查属实,连同该员所报私物损失报告表函请查照办理为荷。

此致

本府秘书处

附检送王金轩私物损失报告表1份

局戳

二十九年八月

附:

重庆市政府工务局员役空袭损失私物报告表

物品名称	品质	数量	损失程度	原价	购买年月	备考
棉被	布	1	烧毁	16元	1939年5月	
上衣	布	2	烧毁	10元	1940年2月	
裤子	布	3	烧毁	10元	1940年1月	
被灾日期	1940年8月20日	被灾地点	机房街	房屋被炸或震塌	烧毁	原支薪俸数目	19.5元	有无同居眷属

续表

右〈上〉开物品确系因空袭被毁,谨报告

局长吴

　　　转呈

市长吴

　　　　　　　　　　　　填报人：职务　城区道班

　　　　　　　　　　　　　　　　姓名　王金轩

　　　　　　　　　　　　二十九年八月二十一日

(0067—3—5229)

155. 重庆市工务局为呈报工役周玉成1940年8月20日被炸损失给重庆市政府秘书处的文(1940年8月)

兹查本局城区工务管理处工役周玉成于本年八月二十日在本市机房街遭受空袭损害,将房屋烧毁。经查属实,连同该员所报私物损失报告表函请查照办理为荷。

此致

本府秘书处

附检送周玉成私物损失报告表1份

　　　　　　　　　　　　　　　　　　　局戳

　　　　　　　　　　　　　　　　　二十九年八月

附：

重庆市政府工务局员役空袭损失私物报告表

物品名称	品质	数量	损失程度	原价	购买年月	备考
棉被	布	1	烧毁	15元	1939年4月	
上衣	布	3	烧毁	12元	1939年4月	
裤子	布	2	烧毁	6元	1939年5月	
鞋子	布	1	烧毁	4元	1939年5月	
被灾日期	1940年8月20日	被灾地点	机房街	房屋被炸或震塌	烧毁	原支薪俸数目	18.5元	有无同居眷属	

续表

> 右〈上〉开物品确系因空袭被毁,谨报告
>
> 局长吴
>   转呈
> 市长吴
>
> 填报人:职务　城区道班
> 　　　　姓名　周玉成
> 二十九年八月二十一日

(0067—3—5229)

156. 重庆市工务局为呈报工役萧任轩1940年8月20日被炸损失给重庆市政府秘书处的文(1940年8月)

兹查本局城区工务管理处工役萧任轩于本年八月二十日在本市机房街遭受空袭损害,将房屋烧毁。经查属实,连同该员所报私物损失报告表函请查照办理为荷。

此致

本府秘书处

附检送萧任轩私物损失报告表1份

局戳

二十九年八月

附:

重庆市政府工务局员役空袭损失私物报告表

物品名称	品质	数量	损失程度	原价	购买年月	备考
棉被	布	1	烧毁	15元	1939年8月	
上衣	布	2	烧毁	5元	1939年8月	
汗衣	布	2	烧毁	4元	1939年7月	
裤子	布	3	烧毁	9元	1939年7月	
鞋子	布	1	烧毁	3元	1939年7月	
被灾日期	1940年8月20日	被灾地点	机房街	房屋被炸或震塌 烧毁	原支薪俸数目 20元	有无同居眷属

续表

右〈上〉开物品确系因空袭被毁，谨报告 局长吴 　　转呈 市长吴	填报人：职务　城区道班 　　　　姓名　萧任轩 二十九年八月二十一日

(0067—3—5229)

157. 重庆市工务局为呈报工役萧在明1940年8月20日被炸损失给重庆市政府秘书处的文（1940年8月）

兹查本局城区工务管理处工役萧在明于本年八月二十日在本市机房街遭受空袭损害，将房屋烧毁。经查属实，连同该员所报私物损失报告表函请查照办理为荷。

此致

本府秘书处

附检送萧在明私物损失报告表1份

局戳

二十九年八月

附：

重庆市政府工务局员役空袭损失私物报告表

物品名称	品质	数量	损失程度	原价	购买年月	备考
棉被	布	1	烧毁	18元	1940年1月	
裤子	布	2	烧毁	6元	1939年8月	
上衣	布	2	烧毁	7元	1939年7月	
背心	布	2	烧毁	4元	1939年7月	
上衣	布	2	烧毁	5元	1939年7月	
被灾日期	1940年8月20日	被灾地点	机房街	房屋被炸或震塌	烧毁	原支薪俸数目	19.5元	有无同居眷属

续表

右〈上〉开物品确系因空袭被毁,谨报告 局长吴 　　转呈 市长吴	填报人:职务　城区道班 　　　　姓名　萧在明 二十九年八月二十一日

(0067—3—5229)

158. 重庆市工务局为呈报工役周树云1940年8月20日被炸损失给重庆市政府秘书处的文(1940年8月)

兹查本局城区工务管理处工役周树云于本年八月二十日在本市机房街遭受空袭损害,将房屋烧毁。经查属实,连同该员所报私物损失报告表函请查照办理为荷。

此致

本府秘书处

附检送周树云私物损失报告表1份

局戳

二十九年八月

附:

重庆市政府工务局员役空袭损失私物报告表

物品名称	品质	数量	损失程度	原价	购买年月	备考
棉被	布	1	烧毁	15元	1939年9月	
汗衣		2	烧毁	4元	1939年5月	
上衣	布	2	烧毁	10元	1939年7月	
裤子	布	2	烧毁	6元	1939年1月	
鞋子	布	1	烧毁	2元	1940年1月	
被灾日期	1940年8月20日	被灾地点	机房街	房屋被炸或震塌	烧毁	原支薪俸数目	19.5元	有无同居眷属

续表

> 右〈上〉开物品确系因空袭被毁,谨报告
>
> 局长吴
> 　　　转呈
> 市长吴
>
> 　　　　　　　　　　　　填报人:职务　城区道班
> 　　　　　　　　　　　　　　　　姓名　周树云
> 　　　　　　　　　　　　二十九年八月二十一日

(0067—3—5229)

159. 重庆市工务局为呈报工役吴耀三1940年8月20日被炸损失给重庆市政府秘书处的文(1940年8月)

兹查本局城区工务管理处工役吴耀三于本年八月二十日在本市机房街遭受空袭损害,将房屋烧毁。经查属实,连同该员所报私物损失报告表函请查照办理为荷。

　　此致

本府秘书处

附检送吴耀三私物损失报告表1份

　　　　　　　　　　　　　　　　　　　　　　局戳

　　　　　　　　　　　　　　　　二十九年八月

　　附:

重庆市政府工务局员役空袭损失私物报告表

物品名称	品质	数量	损失程度	原价	购买年月	备考
棉被	布	1	烧毁	15元	1939年10月	
鞋子	布	2	烧毁	4元	1939年6月	
袜子		3	烧毁	3元	1940年	
上衣	布	2	烧毁	10元	1939年	
裤子	布	2	烧毁	6元	1939年	
背心	布	1	烧毁	3元	1937年	
呢帽	布	1	烧毁	3元	1937年	

续表

| 被灾日期 | 1940年8月20日 | 被灾地点 | 机房街 | 房屋被炸或震塌 | 烧毁 | 原支薪俸数目 | 29元 | 有无同居眷属 | |

右〈上〉开物品确系因空袭被毁,谨报告

局长吴

  转呈

市长吴

填报人:职务 城区道班
姓名 吴耀三
二十九年八月二十一日

(0067—3—5229)

160. 重庆市工务局为呈报工役周治安1940年8月20日被炸损失给重庆市政府秘书处的文(1940年8月)

兹查本局城区工务管理处工役周治安于本年八月二十日在本市机房街遭受空袭损害,将房屋烧毁。经查属实,连同该员所报私物损失报告表函请查照办理为荷。

此致

本府秘书处

附检送周治安私物损失报告表1份

局戳
二十九年八月

附:

重庆市政府工务局员役空袭损失私物报告表

物品名称	品质	数量	损失程度	原价	购买年月	备考
棉被	布	1	烧毁	15元	1939年10月	
长衫	布	1	烧毁	5元	1938年1月	
上衣	布	2	烧毁	10元	1940年3月	
裤子	布	2	烧毁	6元	1939年1月	
鞋子	布	1	烧毁	2元	1940年2月	

续表

物品名称	品质	数量	损失程度	原价	购买年月	备考
汗衣	布	1	烧毁	2元	1940年1月	
被灾日期	1940年8月20日	被灾地点	机房街	房屋被炸或震塌 烧毁	原支薪俸数目 24元	有无同居眷属 无

右〈上〉开物品确系因空袭被毁,谨报告

局长吴

　　转呈

市长吴

填报人：职务　城区道班

姓名　周治安

二十九年八月二十一日

(0067—3—5229)

161. 重庆市工务局为呈报工役张海云1940年8月20日被炸损失给重庆市政府秘书处的文(1940年8月)

兹查本局城区工务管理处工役张海云于本年八月二十日在本市机房街遭受空袭损害,将房屋烧毁。经查属实,连同该员所报私物损失报告表函请查照办理为荷。

此致

本府秘书处

附检送张海云私物损失报告表1份

局戳

二十九年八月

附：

重庆市政府工务局员役空袭损失私物报告表

物品名称	品质	数量	损失程度	原价	购买年月	备考
上衣	布	2	烧毁	10元	1939年1月	
裤子	布	2	烧毁	6元	1939年2月	

续表

物品名称	品质	数量	损失程度	原价	购买年月	备考
鞋子	布	1	烧毁	2元	1940年1月	
汗衣		1	烧毁	3元	1940年6月	
被灾日期	1940年8月20日	被灾地点	机房街	房屋被炸或震塌	烧毁	原支薪俸数目	20.5元	有无同居眷属	

右〈上〉开物品确系因空袭被毁，谨报告

局长吴

　　转呈

市长吴

填报人：职务　城区道班
姓名　张海云
二十九年八月二十一日

（0067—3—5229）

162. 重庆市工务局为呈报工役林良安1940年8月20日被炸损失给重庆市政府秘书处的文（1940年8月）

兹查本局城区工务管理处工役林良安于本年八月二十日在本市机房街遭受空袭损害，将房屋烧毁。经查属实，连同该员所报私物损失报告表函请查照办理为荷。

此致

本府秘书处

附检送林良安私物损失报告表1份

局戳

二十九年八月

附：

重庆市政府工务局员役空袭损失私物报告表

物品名称	品质	数量	损失程度	原价	购买年月	备考
棉被	布	1	烧毁	15元	1939年7月	
上衣	布	2	烧毁	9元	1939年11月	

续表

被灾日期	1940年8月20日	被灾地点	机房街	房屋被炸或震塌	烧毁	原支薪俸数目	18.5元	有无同居眷属	无

右〈上〉开物品确系因空袭被毁,谨报告

局长吴

  转呈

市长吴

填报人:职务 城区道班

姓名 林良安

二十九年八月二十一日

(0067—3—5229)

163. 重庆市工务局为呈报工役王明扬1940年8月20日被炸损失给重庆市政府秘书处的文(1940年8月)

兹查本局城区工务管理处工役王明扬于本年八月二十日在本市机房街遭受空袭损害,将房屋烧毁。经查属实,连同该员所报私物损失报告表函请查照办理为荷。

此致

本府秘书处

附检送王明扬私物损失报告表1份

局戳

二十九年八月

附:

重庆市政府工务局员役空袭损失私物报告表

物品名称	品质	数量	损失程度	原价	购买年月	备考
棉被	布	1	烧毁	16元	1939年10月	
裤子	布	2	烧毁	7元	1939年1月	
上衣	布	3	烧毁	12元	1939年2月	
鞋子	布	1	烧毁	2元	1940年1月	
汗衫	布	1	烧毁	2元	1940年3月	

续表

被灾日期	1940年8月20日	被灾地点	机房街	房屋被炸或震塌		烧毁	原支薪俸数目	19元	有无同居眷属	无

右〈上〉开物品确系因空袭被毁,谨报告

局长吴

　　转呈

市长吴

　　　　　　　　　　　　　填报人:职务　城区道班

　　　　　　　　　　　　　　　　　姓名　王明扬

　　　　　　　　　　　　　二十九年八月二十一日

(0067—3—5229)

164. 重庆市工务局为呈报工役梁海云1940年8月20日被炸损失给重庆市政府秘书处的文(1940年8月)

兹查本局城区工务管理处工役梁海云于本年八月二十日在本市机房街遭受空袭损害,将房屋烧毁。经查属实,连同该员所报私物损失报告表函请查照办理为荷。

此致

本府秘书处

附检送梁海云私物损失报告表1份

　　　　　　　　　　　　　　　　　　　局戳

　　　　　　　　　　　　　　　　　　　二十九年八月

附:

重庆市政府工务局员役空袭损失私物报告表

物品名称	品质	数量	损失程度	原价	购买年月	备考
棉衣	布	1	烧毁	12元	1939年1月	
上衣	布	2	烧毁	10元	1939年10月	
裤子	布	2	烧毁	7元	1939年10月	
棉被	布	1	烧毁	15元	1939年1月	

续表

被灾日期	1940年8月20日	被灾地点	机房街	房屋被炸或震塌	烧毁	原支薪俸数目	36元	有无同居眷属	无
右〈上〉开物品确系因空袭被毁，谨报告 局长吴 　转呈 市长吴									

填报人：职务　城区道班
　　　　姓名　梁海云
二十九年八月二十一日

（0067—3—5229）

165. 重庆市工务局为呈报工役颜永长1940年8月20日被炸损失给重庆市政府秘书处的文（1940年8月）

兹查本局城区工务管理处工役颜永长于本年八月二十日在本市机房街遭受空袭损害，将房屋烧毁。经查属实，连同该员所报私物损失报告表函请查照办理为荷。

此致

本府秘书处

附检送颜永长私物损失报告表1份

局戳
二十九年八月

附：

重庆市政府工务局员役空袭损失私物报告表

物品名称	品质	数量	损失程度	原价	购买年月	备考
棉衣	布	1	烧毁	15元	1939年1月	
上衣	布	2	烧毁	10元	1939年1月	
裤子	布	2	烧毁	7元	1939年10月	
长衣	布	1	烧毁	9元	1939年1月	

续表

被灾日期	1940年8月20日	被灾地点	机房街	房屋被炸或震塌	烧毁	原支薪俸数目	35元	有无同居眷属	无
右〈上〉开物品确系因空袭被毁，谨报告 局长吴 　转呈 市长吴 　　　　　　　　　　　　填报人：职务　城区道班 　　　　　　　　　　　　　　　姓名　颜永长 　　　　　　　　　　　　二十九年八月二十一日									

（0067—3—5229）

166. 重庆市工务局为呈报工役胡明清1940年8月20日被炸损失给重庆市政府秘书处的文（1940年8月）

兹查本局城区工务管理处工役胡明清于本年八月二十日在本市机房街遭受空袭损害，将房屋烧毁。经查属实，连同该员所报私物损失报告表函请查照办理为荷。

此致

本府秘书处

附检送胡明清私物损失报告表1份

局戳

二十九年八月

附：

重庆市政府工务局员役空袭损失私物报告表

物品名称	品质	数量	损失程度	原价	购买年月	备考
棉被	布	1	烧毁	15元	1939年1月	
上衣	布	2	烧毁	10元	1939年10月	
裤子	布	2	烧毁	6元	1940年1月	
鞋子	布	1	烧毁	2元	1940年1月	
汗衣		1	烧毁	2元	1940年1月	

续表

物品名称	品质	数量	损失程度	原价	购买年月	备考
袜子		2	烧毁	2元	1939年10月	
被灾日期 1940年8月20日	被灾地点 机房街	房屋被炸或震塌	烧毁	原支薪俸数目 35元	有无同居眷属	无

右〈上〉开物品确系因空袭被毁,谨报告

局长吴

　　转呈

市长吴

填报人:职务　城区道班

　　　　姓名　胡明清

二十九年八月二十一日

（0067—3—5229）

167. 重庆市工务局为呈报工役叶永良1940年8月20日被炸损失给重庆市政府秘书处的文（1940年8月）

兹查本局城区工务管理处工役叶永良于本年八月二十日在本市机房街遭受空袭损害,将房屋烧毁。经查属实,连同该员所报私物损失报告表函请查照办理为荷。

此致

本府秘书处

附检送叶永良私物损失报告表1份

局戳

二十九年八月

附：

重庆市政府工务局员役空袭损失私物报告表

物品名称	品质	数量	损失程度	原价	购买年月	备考
棉被	布	1	烧毁	15元	1939年1月	
棉背心	布	1	烧毁	6元	1939年10月	

续表

物品名称	品质	数量	损失程度	原价	购买年月	备考
上衣	布	2	烧毁	10元	1939年10月	
裤子	布	2	烧毁	7元	1940年1月	
被灾日期	1940年8月20日	被灾地点	机房街	房屋被炸或震塌	烧毁	原支薪俸数目	35元	有无同居眷属	无

右〈上〉开物品确系因空袭被毁,谨报告

局长吴

　　转呈

市长吴

填报人:职务　城区道班

姓名　叶永良

二十九年八月二十一日

(0067—3—5229)

168. 重庆市工务局为呈报工役杨文香1940年8月20日被炸损失给重庆市政府秘书处的文(1940年8月)

兹查本局城区工务管理处工役杨文香于本年八月二十日在本市机房街遭受空袭损害,将房屋烧毁。经查属实,连同该员所报私物损失报告表函请查照办理为荷。

此致

本府秘书处

附检送杨文香私物损失报告表1份

局戳

二十九年八月

附:

重庆市政府工务局员役空袭损失私物报告表

物品名称	品质	数量	损失程度	原价	购买年月	备考
棉被	布	1	烧毁	15元	1939年1月	

续表

物品名称	品质	数量	损失程度	原价	购买年月	备考
上衣	布	2	烧毁	10元	1939年10月	
长衣	布	1	烧毁	7元	1939年10月	
裤子	布	2	烧毁	10元	1940年1月	
被灾日期	1940年8月20日	被灾地点	机房街	房屋被炸或震塌	烧毁	原支薪俸数目	35元	有无同居眷属	无

右〈上〉开物品确系因空袭被毁,谨报告

局长吴

　　转呈

市长吴

　　　　　　　　　填报人:职务　城区道班

　　　　　　　　　　　　　姓名　杨文香

　　　　　　　　　　　二十九年八月二十一日

（0067—3—5229）

169. 重庆市工务局为呈报工役余志和1940年8月20日被炸损失给重庆市政府秘书处的文（1940年8月）

兹查本局城区工务管理处工役余志和于本年八月二十日在本市机房街遭受空袭损害,将房屋烧毁。经查属实,连同该员所报私物损失报告表函请查照办理为荷。

　此致

本府秘书处

附检送余志和私物损失报告表1份

　　　　　　　　　　　　　　　　局戳

　　　　　　　　　　　　　　二十九年八月

附：

重庆市政府工务局员役空袭损失私物报告表

物品名称	品质	数量	损失程度	原价	购买年月	备考
棉被	布	1	烧毁	15元	1940年2月	
毛巾	纱	2	烧毁	3元	1940年5月	
袜子	纱	2	烧毁	2元	1940年5月	
背心	布	2	烧毁	7元	1940年5月	
长衫	布	1	烧毁	12元	1940年5月	
被灾日期	1940年8月20日	被灾地点	机房街	房屋被炸或震塌	全烧	原支薪俸数目	19元	有无同居眷属

右〈上〉开物品确系因空袭被毁,谨报告

局长吴

　　转呈

市长吴

　　　　　　　　　填报人：职务　城区道班

　　　　　　　　　　　　　姓名　余志和

　　　　　　　　　二十九年八月二十一日

（0067—3—5229）

170. 重庆市工务局为呈报工役赵从礼1940年8月20日被炸损失给重庆市政府秘书处的文（1940年8月）

兹查本局城区工务管理处工役赵从礼于本年八月二十日在本市机房街遭受空袭损害,将房屋烧毁。经查属实,连同该员所报私物损失报告表函请查照办理为荷。

此致

本府秘书处

附检送赵从礼私物损失报告表1份

　　　　　　　　　　　　　　　　局戳

　　　　　　　　　　　　　　二十九年八月

附：

重庆市政府工务局员役空袭损失私物报告表

物品名称	品质	数量	损失程度	原价	购买年月	备考
棉被	布	□	烧毁	15元	1939年10月	
上衣	布	□	烧毁	10元	1939年1月	
裤子	布	2	烧毁	7元	1939年12月	
鞋	布	1	烧毁	2元	1940年1月	
被灾日期	1940年8月20日	被灾地点	机房街	房屋被炸或震塌	烧毁	原支薪俸数目	33元	有无同居眷属	无

右（上）开物品确系因空袭被毁，谨报告

局长吴

　　转呈

市长吴

　　　　　　　　　填报人：职务　城区道班

　　　　　　　　　　　　　姓名　赵从礼

　　　　　　　　　二十九年八月二十一日

(0067—3—5229)

171. 重庆市工务局为呈报工役张少全1940年8月20日被炸损失给重庆市政府秘书处的文（1940年8月）

兹查本局城区工务管理处工役张少全于本年八月二十日在本市机房街遭受空袭损害，将房屋烧毁。经查属实，连同该员所报私物损失报告表函请查照办理为荷。

此致

本府秘书处

附检送张少全私物损失报告表1份

　　　　　　　　　　　　　　　　局戳

　　　　　　　　　　　　　　　二十九年八月

附：

重庆市政府工务局员役空袭损失私物报告表

物品名称	品质	数量	损失程度	原价	购买年月	备考
棉被	布	1条	全烧	15元	1939年7月	
短布衫	布	1套	全烧	12元		
毛巾	纱	1条	全烧	2元	1939年7月	
长衫	布	1件	全烧	10元	1938年2月	
被灾日期	1940年8月20日	被灾地点	机房街	房屋被炸或震塌	全烧	原支薪俸数目	37元	有无同居眷属

右〈上〉开物品确系因空袭被毁，谨报告

局长吴

　　转呈

市长吴

填报人：职务　城区道班

姓名　张少全

二十九年八月二十一日

(0067—3—5229)

172. 重庆市工务局为呈报工役刘治卿1940年8月20日被炸损失给重庆市政府秘书处的文(1940年8月)

兹查本局城区工务管理处工役刘治卿于本年八月二十日在本市机房街遭受空袭损害，将房屋烧毁。经查属实，连同该员所报私物损失报告表函请查照办理为荷。

此致

本府秘书处

附检送刘治卿私物损失报告表1份

局戳

二十九年八月

附：

重庆市政府工务局员役空袭损失私物报告表

物品名称	品质	数量	损失程度	原价	购买年月	备考
军毯	呢	1条	全烧	12元	1940年2月	
长衫	布	1件	全烧	11元	1940年2月	
毛巾	纱	2条	全烧	3元	1940年2月	
短衫	布	1套	全烧	9元	1940年2月	
被灾日期	1940年8月20日	被灾地点	机房街	房屋被炸或震塌	全烧	原支薪俸数目	33元	有无同居眷属

右〈上〉开物品确系因空袭被毁，谨报告

局长吴

　　转呈

市长吴

　　　　　　　　　　　填报人：职务　城区石工

　　　　　　　　　　　　　　　姓名　刘治卿

　　　　　　　　　　　　二十九年八月二十一日

（0067—3—5229）

173. 重庆市工务局为呈报工役赵开云1940年8月20日被炸损失给重庆市政府秘书处的文（1940年8月）

兹查本局城区工务管理处工役赵开云于本年八月二十日在本市机房街遭受空袭损害，将房屋烧毁。经查属实，连同该员所报私物损失报告表函请查照办理为荷。

此致

本府秘书处

附检送赵开云私物损失报告表1份

　　　　　　　　　　　　　　　　　　　局戳

　　　　　　　　　　　　　　　　　二十九年八月

附：

重庆市政府工务局员役空袭损失私物报告表

物品名称	品质	数量	损失程度	原价	购买年月	备考
上衣	布	2	烧毁	10元	1939年1月	
裤子	布	2	烧毁	6元	1939年10月	
棉衣	布	1	烧毁	10元	1939年10月	
鞋子	布	1	烧毁	2元	1939年1月	
汗衣		1	烧毁	2元	1939年10月	
被灾日期	1940年8月20日	被灾地点	机房街	房屋被炸或震塌	烧毁	原支薪俸数目	18元	有无同居眷属	无

右（上）开物品确系因空袭被毁，谨报告

局长吴

　　转呈

市长吴

填报人：职务　城区道班

　　　　姓名　赵开云

二十九年八月二十一日

（0067—3—5229）

174. 重庆市工务局为呈报工役文少清1940年8月20日被炸损失给重庆市政府秘书处的文（1940年8月）

兹查本局城区工务管理处工役文少清于本年八月二十日在本市机房街遭受空袭损害，将房屋烧毁。经查属实，连同该员所报私物损失报告表函请查照办理为荷。

　　此致

本府秘书处

附检送文少清私物损失报告表1份

局戳

二十九年八月

附：

重庆市政府工务局员役空袭损失私物报告表

物品名称	品质	数量	损失程度	原价	购买年月	备考
棉被	布	1条	烧毁	15元	1939年2月	
单被	布	1条	烧毁	11元	1940年1月	
长夹袄	布	1件	烧毁	15元	1938年11月	
长衫	布	1件	烧毁	12元	1938年11月	
被灾日期	1940年8月20日	被灾地点	机房街	房屋被炸或震塌	全烧	原支薪俸数目	34元	有无同居眷属

右〈上〉开物品确系因空袭被毁，谨报告

局长吴

  转呈

市长吴

       填报人：职务 城区石工

           姓名 文少清

         二十九年八月二十一日

(0067—3—5229)

175. 重庆市工务局为呈报工役唐玉臣1940年8月20日被炸损失给重庆市政府秘书处的文（1940年8月）

兹查本局城区工务管理处工役唐玉臣于本年八月二十日在本市机房街遭受空袭损害，将房屋烧毁。经查属实，连同该员所报私物损失报告表函请查照办理为荷。

此致

本府秘书处

附检送唐玉臣私物损失报告表1份

            局戳

           二十九年八月

附：

重庆市政府工务局员役空袭损失私物报告表

物品名称	品质	数量	损失程度	原价	购买年月	备考
棉被	布	1	烧毁	15元	1939年1月	
上衣	布	2	烧毁	10元	1939年10月	
裤子	布	2	烧毁	6元	1940年1月	
鞋子	布	1	烧毁	2元	1940年1月	
汗衣	布	1	烧毁	3元	1940年2月	
被灾日期	1940年8月20日	被灾地点	机房街	房屋被炸或震塌	烧毁	原支薪俸数目	35元	有无同居眷属	无

右〈上〉开物品确系因空袭被毁，谨报告

局长吴

  转呈

市长吴

      填报人：职务　城区道班

        姓名　唐玉臣

      二十九年八月二十一日

（0067—3—5229）

176. 重庆市工务局为呈报工役吴竟成1940年8月20日被炸损失给重庆市政府秘书处的文（1940年8月）

兹查本局城区工务管理处工役吴竟成于本年八月二十日在本市机房街遭受空袭损害，将房屋烧毁。经查属实，连同该员所报私物损失报告表函请查照办理为荷。

此致

本府秘书处

附检送吴竟成私物损失报告表1份

         局戳

        二十九年八月

附：

重庆市政府工务局员役空袭损失私物报告表

物品名称	品质	数量	损失程度	原价	购买年月	备考
棉被	布	1	烧毁	15元	1939年1月	
上衣	布	2	烧毁	10元	1939年10月	
长衣	布	1	烧毁	10元	1940年1月	
裤子	布	2	烧毁	7元	1940年	
被灾日期	1940年8月20日	被灾地点	机房街	房屋被炸或震塌	烧毁	原支薪俸数目 35元	有无同居眷属 无

右(上)开物品确系因空袭被毁,谨报告

局长吴

　　转呈

市长吴

　　　　　　　　填报人：职务　城区道班

　　　　　　　　　　　　姓名　吴竟成

　　　　　　　　二十九年八月二十一日

(0067—3—5229)

177. 重庆市工务局为呈报工役张月臣1940年8月20日被炸损失给重庆市政府秘书处的文(1940年8月)

兹查本局城区工务管理处工役张月臣于本年八月二十日在本市机房街遭受空袭损害,将房屋烧毁。经查属实,连同该员所报私物损失报告表函请查照办理为荷。

此致

本府秘书处

附检送张月臣私物损失报告表1份

　　　　　　　　　　　　　　　　局戳

　　　　　　　　　　　　　　　　二十九年八月

附：

重庆市政府工务局员役空袭损失私物报告表

物品名称	品质	数量	损失程度	原价	购买年月	备考
棉被	布	1	烧毁	15元	1939年1月	
上衣	布	2	烧毁	10元	1939年10月	
裤子	布	2	烧毁	7元	1940年1月	
鞋子	布	1	烧毁	2元	1940年1月	
长衣	布	1	烧毁	7元	1940年1月	
被灾日期	1940年8月20日	被灾地点	机房街	房屋被炸或震塌	烧毁	原支薪俸数目	41.5元	有无同居眷属	无

右（上）开物品确系因空袭被毁，谨报告

局长吴

　　转呈

市长吴

　　　　　　　　　　填报人：职务　城区道班
　　　　　　　　　　　　　　姓名　张月臣
　　　　　　　　　　二十九年八月二十一日

（0067—3—5229）

178. 重庆市工务局为呈报工役贺治平1940年8月20日被炸损失给重庆市政府秘书处的文（1940年8月）

兹查本局城区工务管理处工役贺治平于本年八月二十日在本市机房街遭受空袭损害，将房屋烧毁。经查属实，连同该员所报私物损失报告表函请查照办理为荷。

此致

本府秘书处

附检送贺治平私物损失报告表1份

　　　　　　　　　　　　　　　　局戳

　　　　　　　　　　　　　　二十九年八月

附：

重庆市政府工务局员役空袭损失私物报告表

物品名称	品质	数量	损失程度	原价	购买年月	备考
棉被	布	1条	全烧	□	1939年10月	
长衫	布	1件	全烧	□	1939年10月	
短衫	布	1件	全烧	5元	1939年10月	
背心	布	2件		5元	1940年5月	
被灾日期	1940年8月20日	被灾地点	机房街	房屋被炸或震塌	全烧	原支薪俸数目	19元	有无同居眷属

右〈上〉开物品确系因空袭被毁,谨报告

局长吴

　　转呈

市长吴

　　　　　　　　　　　填报人：职务　城区道工

　　　　　　　　　　　　　　　姓名　贺治平

　　　　　　　　　　　二十九年八月二十一日

（0067—3—5229）

179. 重庆市工务局为呈报工役叶占云1940年8月20日被炸损失给重庆市政府秘书处的文(1940年8月)

兹查本局城区工务管理处工役叶占云于本年八月二十日在本市机房街遭受空袭损害,将房屋烧毁。经查属实,连同该员所报私物损失报告表函请查照办理为荷。

此致

本府秘书处

附检送叶占云私物损失报告表1份

　　　　　　　　　　　　　　　　　　局戳

　　　　　　　　　　　　　　　　二十九年八月

附：

重庆市政府工务局员役空袭损失私物报告表

物品名称	品质	数量	损失程度	原价	购买年月	备考
棉被	布	1条	烧毁	13元	1938年2月	
长衫	布	1件	烧毁	12元	1936年12月	
毛巾	纱	1条	烧毁	1元	1940年5月	
袜子	纱	1双	烧毁	1元	1940年5月	
单被	布	1件	烧毁	9元	1940年5月	
被灾日期	1940年8月20日	被灾地点	机房街	房屋被炸或震塌	全烧	原支薪俸数目	19元	有无同居眷属

右〈上〉开物品确系因空袭被毁,谨报告

局长吴
　　转呈
市长吴

填报人：职务　城区道工
　　　　姓名　叶占云
二十九年八月二十一日

（0067—3—5229）

180. 重庆市工务局为呈报工役周云章1940年8月20日被炸损失给重庆市政府秘书处的文（1940年8月）

兹查本局城区工务管理处工役周云章于本年八月二十日在本市机房街遭受空袭损害,将房屋烧毁。经查属实,连同该员所报私物损失报告表函请查照办理为荷。

此致

本府秘书处

附检送周云章私物损失报告表1份

局戳

二十九年八月

附：

重庆市政府工务局员役空袭损失私物报告表

物品名称	品质	数量	损失程度	原价	购买年月	备考
棉被	布	1	烧毁	15元	1939年1月	
上衣	布	2	烧毁	10元	1939年10月	
裤子	布	2	烧毁	7元	1939年10月	
衬衫		1	烧毁	2元	1940年1月	
鞋子	布	1	烧毁	2元	1940年1月	
被灾日期	1940年8月20日	被灾地点	机房街	房屋被炸或震塌	烧毁	原支薪俸数目	33元	有无同居眷属	无

右〈上〉开物品确系因空袭被毁，谨报告
局长吴
　　转呈
市长吴

　　　　　　　　　　　填报人：职务　城区道班
　　　　　　　　　　　　　　姓名　周云章
　　　　　　　　　　　二十九年八月二十一日

（0067—3—5229）

181. 重庆市工务局为呈报工役罗治全1940年8月20日被炸损失给重庆市政府秘书处的文（1940年8月）

兹查本局城区工务管理处工役罗治全于本年八月二十日在本市机房街遭受空袭损害，将房屋烧毁。经查属实，连同该员所报私物损失报告表函请查照办理为荷。

　　此致
本府秘书处
附检送罗治全私物损失报告表1份

　　　　　　　　　　　　　　　　局戳
　　　　　　　　　　　　　　二十九年八月

附：

重庆市政府工务局员役空袭损失私物报告表

物品名称	品质	数量	损失程度	原价	购买年月	备考
棉被	布	1	烧毁	15元	1939年1月	
上衣	布	2	烧毁	10元	1939年10月	
裤子	布	2	烧毁	6元	1939年10月	
长衣	布	1	烧毁	7元	1940年1月	
被灾日期	1940年8月20日	被灾地点	机房街	房屋被炸或震塌	烧毁	原支薪俸数目 3□元	有无同居眷属	无

　　右（上）开物品确系因空袭被毁，谨报告

局长吴

　　转呈

市长吴

　　　　　　　　　　填报人：职务　城区道班

　　　　　　　　　　　　　姓名　罗治全

　　　　　　　　　　　二十九年八月二十一日

(0067—3—5229)

182. 重庆市工务局为呈报工役贺德加1940年8月20日被炸损失给重庆市政府秘书处的文（1940年8月）

　　兹查本局城区工务管理处工役贺德加于本年八月二十日在本市机房街遭受空袭损害，将房屋烧毁。经查属实，连同该员所报私物损失报告表函请查照办理为荷。

　　此致

本府秘书处

附检送贺德加私物损失报告表1份

　　　　　　　　　　　　　　　　　局戳

　　　　　　　　　　　　　　　二十九年八月

附：

重庆市政府工务局员役空袭损失私物报告表

物品名称	品质	数量	损失程度	原价	购买年月	备考
棉被	布	1条	全烧	15元	1939年3月	
单被	布	1条	全烧	12元	1939年3月	
长衫	布	1件	全烧	10元	1939年3月	
毛巾	纱	1条	全烧	1元	1940年7月	
被灾日期	1940年8月20日	被灾地点	机房街	房屋被炸或震塌	全烧	原支薪俸数目	19元	有无同居眷属	无

右(上)开物品确系因空袭被毁,谨报告

局长吴

　　转呈

市长吴

　　　　　　　　　填报人：职务　城区道工

　　　　　　　　　　　　　姓名　贺德加

　　　　　　　　　二十九年八月二十一日

（0067—3—5229）

183. 重庆市工务局为呈报工役杨东修1940年8月20日被炸损失给重庆市政府秘书处的文(1940年8月)

兹查本局城区工务管理处工役杨东修于本年八月二十日在本市机房街遭受空袭损害,将房屋烧毁。经查属实,连同该员所报私物损失报告表函请查照办理为荷。

此致

本府秘书处

附检送杨东修私物损失报告表1份

　　　　　　　　　　　　　　　　局戳

　　　　　　　　　　　　　　　二十九年八月

附：

重庆市政府工务局员役空袭损失私物报告表

物品名称	品质	数量	损失程度	原价	购买年月	备考
棉被	布	1条	全烧	12元	1938年2月	
鞋子	布	1双	全烧	2元	1940年5月	
袜子	线	1双	全烧	1元	1940年4月	
长褂	布	1件	全烧	12元	1939年2月	
单褂裤	布	1套	全烧	8元	1939年11月	
被灾日期	1940年8月20日	被灾地点	机房街	房屋被炸或震塌	全烧	原支薪俸数目	19元	有无同居眷属	

右〈上〉开物品确系因空袭被毁，谨报告

局长吴

　　转呈

市长吴

　　　　　　　　　　填报人：职务　城区小工

　　　　　　　　　　　　　　姓名　杨东修

　　　　　　　　　　二十九年八月二十一日

（0067—3—5229）

184. 重庆市工务局为呈报工役毛松亭1940年8月20日被炸损失给重庆市政府秘书处的文（1940年8月）

兹查本局城区工务管理处工役毛松亭于本年八月二十日在本市机房街遭受空袭损害，将房屋烧毁。经查属实，连同该员所报私物损失报告表函请查照办理为荷。

此致

本府秘书处

附检送毛松亭私物损失报告表1份

　　　　　　　　　　　　　　　　局戳

　　　　　　　　　　　　　　　二十九年八月

附：

重庆市政府工务局员役空袭损失私物报告表

物品名称	品质	数量	损失程度	原价	购买年月	备考
棉被	布	1条	全烧	15元	1937年1月	
长衫	布	1件	全烧	9元	1939年7月	
鞋子	布	1双	全烧	2元	1940年3月	
袜子	线	1双	全烧	1元	1940年3月	
短褂裤	布	1套	全烧	10元	1939年2月	
被灾日期	1940年8月20日	被灾地点	机房街	房屋被炸或震塌	全烧	原支薪俸数目	24元	有无同居眷属

右〈上〉开物品确系因空袭被毁，谨报告

局长吴

　　转呈

市长吴

　　　　　　　　　　　填报人：职务　城区附〔队〕目

　　　　　　　　　　　　　　　姓名　毛松亭

　　　　　　　　　　　　　　　二十九年八月二十一日

(0067—3—5229)

185. 重庆市工务局为呈报工役廖年书1940年8月20日被炸损失给重庆市政府秘书处的文（1940年8月）

兹查本局城区工务管理处工役廖年书于本年八月二十日在本市机房街遭受空袭损害，将房屋烧毁。经查属实，连同该员所报私物损失报告表函请查照办理为荷。

此致

本府秘书处

附检送廖年书私物损失报告表1份

　　　　　　　　　　　　　　　　　　　　局戳

　　　　　　　　　　　　　　　　　　二十九年八月

附：

重庆市政府工务局员役空袭损失私物报告表

物品名称	品质	数量	损失程度	原价	购买年月	备考
棉被	布	1条	全烧	16元	1939年7月	
长衫	布	1件	全烧	10元	1939年7月	
短夹袄	布	1件	全烧	6元	1939年7月	
汗衫	纱	1件	全烧	3元	1940年5月	
鞋子	布	1双	全烧	2元	1940年5月	
被灾日期	1940年8月20日	被灾地点	机房街	房屋被炸或震塌	全烧	原支薪俸数目	19元	有无同居眷属

右〈上〉开物品确系因空袭被毁，谨报告
局长吴
　　转呈
市长吴

　　　　　　　　　　　填报人：职务　城区小工
　　　　　　　　　　　　　　　姓名　廖年书
　　　　　　　　　　　二十九年八月二十一日

（0067—3—5229）

186. 重庆市工务局为呈报工役萧定才1940年8月20日被炸损失给重庆市政府秘书处的文（1940年8月）

兹查本局城区工务管理处工役萧定才于本年八月二十日在本市机房街遭受空袭损害，将房屋烧毁。经查属实，连同该员所报私物损失报告表函请查照办理为荷。

　　此致
本府秘书处
附检送萧定才私物损失报告表1份

　　　　　　　　　　　　　　　　局戳
　　　　　　　　　　　　　　二十年八月

附：

重庆市政府工务局员役空袭损失私物报告表

物品名称	品质	数量	损失程度	原价	购买年月	备考
棉被	布	1条	全烧	17元	1939年3月	
短裤褂	布	1套	全烧	12元	1939年3月	
鞋子	布	1双	全烧	2元	1940年7月	
长衫	布	1件	全烧	11元	1938年12月	
袜子	线	1双	全烧	1元	1940年2月	
被灾日期	1940年8月20日	被灾地点	机房街	房屋被炸或震塌	全烧	原支薪俸数目	18元整	有无同居眷属	

右〈上〉开物品确系因空袭被毁，谨报告

局长吴

　　转呈

市长吴

　　　　　　　　　　　填报人：职务　城区班工

　　　　　　　　　　　　　　　姓名　萧定才

　　　　　　　　　　　二十九年八月二十一日

（0067—3—5229）

187. 重庆市工务局为呈报工役陈栋良1940年8月20日被炸损失给重庆市政府秘书处的文（1940年8月）

兹查本局城区工务管理处工役陈栋良于本年八月二十日在本市机房街遭受空袭损害，将房屋烧毁。经查属实，连同该员所报私物损失报告表函请查照办理为荷。

此致

本府秘书处

附检送陈栋良私物损失报告表1份

　　　　　　　　　　　　　　　　　局戳

　　　　　　　　　　　　　　　二十九年八月

附：

重庆市政府工务局员役空袭损失私物报告表

物品名称	品质	数量	损失程度	原价	购买年月	备考
棉被	布	1条	全烧	12元	1938年1月	
长衫	布	1件	全烧	9元	1939年2月	
鞋子	布	1双	全烧	2元	1940年7月	
短褂裤	布	1套	全烧	12元	1939年7月	
袜子	线	1双	全烧	1元	1939年7月	
被灾日期	1940年8月20日	被灾地点	机房街	房屋被炸或震塌	全烧	原支薪俸数目	18元整	有无同居眷属

右〈上〉开物品确系因空袭被毁,谨报告

局长吴

　转呈

市长吴

　　　　　　　　　　　填报人：职务　城区班工
　　　　　　　　　　　　　　　姓名　陈栋良

　　　　　　　　　　　二十九年八月二十一日

（0067—3—5229）

188. 重庆市工务局为呈报工役米祖良1940年8月20日被炸损失给重庆市政府秘书处的文（1940年8月）

兹查本局城区工务管理处工役米祖良于本年八月二十日在本市机房街遭受空袭损害,将房屋烧毁。经查属实,连同该员所报私物损失报告表函请查照办理为荷。

此致

本府秘书处

附检送米祖良私物损失报告表1份

　　　　　　　　　　　　　　　　局戳

　　　　　　　　　　　　　　二十九年八月

附：

重庆市政府工务局员役空袭损失私物报告表

物品名称	品质	数量	损失程度	原价	购买年月	备考
长衫	布	1件	全烧	12元	1939年1月	
棉被	布	1条	全烧	15元	1939年1月	
背心	布	1件	全烧	3元	1940年5月	
鞋子	布	2双	全烧	4元	1940年5月	
袜子	线	2双	全烧	2元	1940年5月	
被灾日期	1940年8月20日	被灾地点	机房街	房屋被炸或震塌	全烧	原支薪俸数目	19元	有无同居眷属

右〈上〉开物品确系因空袭被毁，谨报告

局长吴

　转呈

市长吴

填报人：职务　城区班工

姓名　米祖良

二十九年八月二十一日

（0067—3—5229）

189. 重庆市工务局为呈报工役徐新民1940年8月20日被炸损失给重庆市政府秘书处的文（1940年8月）

兹查本局城区工务管理处工役徐新民于本年八月二十日在本市机房街遭受空袭损害，将房屋烧毁。经查属实，连同该员所报私物损失报告表函请查照办理为荷。

此致

本府秘书处

附检送徐新民私物损失报告表1份

局戳

二十九年八月

附：

重庆市政府工务局员役空袭损失私物报告表

物品名称	品质	数量	损失程度	原价	购买年月	备考
单被	布	1条	全烧	8元		
短褂裤	布	1套	全烧	5元	1939年9月	
背心	布	1件	全烧	3元	1940年5月	
汗衫	布	1件	全烧	3元	1940年5月	
鞋子	布	1双	全烧	2元	1940年5月	
被灾日期	1940年8月20日	被灾地点	机房街	房屋被炸或震塌	全烧	原支薪俸数目	19元	有无同居眷属

右(上)开物品确系因空袭被毁,谨报告
局长吴
　　转呈
市长吴

　　　　　　　　　填报人:职务　城区班工
　　　　　　　　　　　　　姓名　徐新民
　　　　　　　　　二十九年八月二十一日

(0067—3—5229)

190.重庆市工务局为呈报工役周德坑1940年8月20日被炸损失给重庆市政府秘书处的文(1940年8月)

兹查本局城区工务管理处工役周德坑于本年八月二十日在本市机房街遭受空袭损害,将房屋烧毁。经查属实,连同该员所报私物损失报告表函请查照办理为荷。

此致
本府秘书处
附检送周德坑私物损失报告表1份

　　　　　　　　　　　　　　　　局戳
　　　　　　　　　　　　　　二十九年八月

附：

重庆市政府工务局员役空袭损失私物报告表

物品名称	品质	数量	损失程度	原价	购买年月	备考
棉被	布	1条	全烧	17元	1939年11月	
长衫	布	1件	全烧	11元	1939年11月	
背心	布	2件	全烧	5元	1939年11月	
鞋子	布	1双	全烧	2元	1940年5月	
袜子	线	1双	全烧	2元	1940年5月	
被灾日期	1940年8月20日	被灾地点	机房街	房屋被炸或震塌	全烧	原支薪俸数目	18元	有无同居眷属

右〈上〉开物品确系因空袭被毁,谨报告

局长吴

　　转呈

市长吴

　　　　　　　　　　填报人:职务　城区班工
　　　　　　　　　　　　　　姓名　周德坑
　　　　　　　　　　二十九年八月二十一日

（0067—3—5229）

191. 重庆市工务局为呈报工役王全安1940年8月20日被炸损失给重庆市政府秘书处的文（1940年8月）

兹查本局城区工务管理处工役王全安于本年八月二十日在本市机房街遭受空袭损害,将房屋烧毁。经查属实,连同该员所报私物损失报告表函请查照办理为荷。

此致

本府秘书处

附检送王全安私物损失报告表1份

　　　　　　　　　　　　　　　　　局戳

　　　　　　　　　　　　　　　二十九年八月

附：

重庆市政府工务局员役空袭损失私物报告表

物品名称	品质	数量	损失程度	原价	购买年月	备考
棉被	布	1条	全烧	15元	1938年2月	
单被	布	1条	全烧	7元	1938年2月	
长衫	布	1件	全烧	9元	1938年2月	
短褂	布	1件	全烧	6元	1939年9月	
鞋子	布	1双	全烧	3元	1940年3月	
被灾日期	1940年8月20日	被灾地点	机房街	房屋被炸或震塌	全烧	原支薪俸数目	18元	有无同居眷属

右（上）开物品确系因空袭被毁，谨报告
局长吴
　　转呈
市长吴

填报人：职务　城区班工
　　　　姓名　王全安
二十九年八月二十一日

(0067—3—5229)

192.重庆市工务局为呈报工役王国志1940年8月20日被炸损失给重庆市政府秘书处的文（1940年8月）

兹查本局城区工务管理处工役王国志于本年八月二十日在本市机房街遭受空袭损害，将房屋烧毁。经查属实，连同该员所报私物损失报告表函请查照办理为荷。

　　此致
本府秘书处
附检送王国志私物损失报告表1份

局戳
二十九年八月

附：

重庆市政府工务局员役空袭损失私物报告表

物品名称	品质	数量	损失程度	原价	购买年月	备考
单被	布	1条	全烧	5元	1938年1月	
棉被	布	1条	全烧	16元	1938年1月	
长衫	布	1件	全烧	10元	1938年1月	
背心	布	1件	全烧	3元	1940年3月	
短衫	布	2件	全烧	7元	1940年3月	
被灾日期	1940年8月20日	被灾地点	机房街	房屋被炸或震塌	全烧	原支薪俸数目	18元整	有无同居眷属	

右〈上〉开物品确系因空袭被毁，谨报告

局长吴

　　转呈

市长吴

　　　　　　　　　　填报人：职务　城区班工

　　　　　　　　　　　　　　　姓名　王国志

　　　　　　　　　　二十九年八月二十一日

（0067—3—5229）

193. 重庆市工务局为呈报工役杨泽明1940年8月20日被炸损失给重庆市政府秘书处的文（1940年8月）

兹查本局城区工务管理处工役杨泽明于本年八月二十日在本市机房街遭受空袭损害，将房屋烧毁。经查属实，连同该员所报私物损失报告表函请查照办理为荷。

此致

本府秘书处

附检送杨泽明私物损失报告表1份

　　　　　　　　　　　　　　　　　　局戳

　　　　　　　　　　　　　　　　　二十九年八月

附：

重庆市政府工务局员役空袭损失私物报告表

物品名称	品质	数量	损失程度	原价	购买年月	备考
棉被	布	1条	全烧	18元	1939年7月	
长衫	布	1件	全烧	12元	1939年7月	
背心	布	1件	全烧	3元	1939年7月	
汗衫	布	1件	全烧	5元	1940年2月	
被灾日期	1940年8月20日	被灾地点	机房街	房屋被炸或震塌	全烧	原支薪俸数目	18元整	有无同居眷属

右〈上〉开物品确系因空袭被毁,谨报告

局长吴

　　转呈

市长吴

　　　　　　　　　　　填报人：职务　城区班工

　　　　　　　　　　　　　　　姓名　杨泽明

　　　　　　　　　　　二十九年八月二十一日

（0067—3—5229）

194. 重庆市工务局为呈报工役周吉成1940年8月20日被炸损失给重庆市政府秘书处的文(1940年8月)

兹查本局城区工务管理处工役周吉成于本年八月二十日在本市机房街遭受空袭损害,将房屋烧毁。经查属实,连同该员所报私物损失报告表函请查照办理为荷。

此致

本府秘书处

附检送周吉成私物损失报告表1份

　　　　　　　　　　　　　　　　　　局戳

　　　　　　　　　　　　　　　　　　二十九年八月

附：

重庆市政府工务局员役空袭损失私物报告表

物品名称	品质	数量	损失程度	原价	购买年月	备考
长衫	布	2件	全烧	20元		
短衫	布	1件	全烧	4元		
被灾日期	1940年8月20日	被灾地点	机房街	房屋被炸或震塌	全烧	原支薪俸数目	18元整	有无同居眷属

右〈上〉开物品确系因空袭被毁，谨报告

局长吴

　　转呈

市长吴

　　　　　　　　　　　　填报人：职务　城区班工
　　　　　　　　　　　　　　　　姓名　周吉成
　　　　　　　　　　　　二十九年八月二十一日

（0067—3—5229）

195. 重庆市工务局为呈报工役廖仁山1940年8月20日被炸损失给重庆市政府秘书处的文（1940年8月）

兹查本局城区工务管理处工役廖仁山于本年八月二十日在本市机房街遭受空袭损害，将房屋烧毁。经查属实，连同该员所报私物损失报告表函请查照办理为荷。

　　此致

本府秘书处

附检送廖仁山私物损失报告表1份

　　　　　　　　　　　　　　　　　　　　局戳

　　　　　　　　　　　　　　　　　　二十九年八月

附：

重庆市政府工务局员役空袭损失私物报告表

物品名称	品质	数量	损失程度	原价	购买年月	备考
棉被	布	1条	全烧	15元	1939年1月	
长衫	布	1件	全烧	12元	1939年1月	
单裤褂	布	1套	全烧	9元	1939年1月	
背心	布	1件	全烧	8元	1940年2月	
被灾日期	1940年8月20日	被灾地点	机房街	房屋被炸或震塌	全烧	原支薪俸数目	19元	有无同居眷属

右〈上〉开物品确系因空袭被毁,谨报告

局长吴

　　转呈

市长吴

填报人：职务　城区班工

姓名　廖仁山

二十九年八月二十一日

（0067—3—5229）

196. 重庆市工务局为呈报工役熊定国1940年8月20日被炸损失给重庆市政府秘书处的文（1940年8月）

兹查本局城区工务管理处工役熊定国于本年八月二十日在本市机房街遭受空袭损害,将房屋烧毁。经查属实,连同该员所报私物损失报告表函请查照办理为荷。

此致

本府秘书处

附检送熊定国私物损失报告表1份

局戳

二十九年八月

附：

重庆市政府工务局员役空袭损失私物报告表

物品名称	品质	数量	损失程度	原价	购买年月	备考
棉被	布	1条	全烧	15元	1939年10月	
鞋子	布	2双	全烧	3元	1939年10月	
长衫	布	1件	全烧	10元	1939年10月	
袜子	线	2双	全烧	2元	1940年3月	
单衣	布	1套	全烧	8元	1940年3月	
被灾日期	1940年8月20日	被灾地点	机房街	房屋被炸或震塌	全烧	原支薪俸数目	19元	有无同居眷属

右〈上〉开物品确系因空袭被毁，谨报告

局长吴

　　转呈

市长吴

　　　　　　　　　　　填报人：职务　城区班工

　　　　　　　　　　　　　　姓名　熊定国

　　　　　　　　　　　二十九年八月二十一日

（0067—3—5229）

197. 重庆市工务局为呈报工役李世德1940年8月20日被炸损失给重庆市政府秘书处的文（1940年8月）

兹查本局城区工务管理处工役李世德于本年八月二十日在本市机房街遭受空袭损害，将房屋烧毁。经查属实，连同该员所报私物损失报告表函请查照办理为荷。

此致

本府秘书处

附检送李世德私物损失报告表1份

　　　　　　　　　　　　　　　　局戳

　　　　　　　　　　　　　　　二十九年八月

附：

重庆市政府工务局员役空袭损失私物报告表

物品名称	品质	数量	损失程度	原价	购买年月	备考
棉被	布	1条	全烧	17元	1940年1月	
单被	布	1条	全烧	9元	1940年1月	
长衫	布	1件	全烧	12元	1940年1月	
背心	线	1件	全烧	5元	1940年1月	
鞋子	布线	1双	全烧	3元	1940年1月	
被灾日期	1940年8月20日	被灾地点	机房街	房屋被炸或震塌	全烧	原支薪俸数目	18元	有无同居眷属

右（上）开物品确系因空袭被毁，谨报告

局长吴

  转呈

市长吴

        填报人：职务　城区班工

          姓名　李世德

         二十九年八月二十一日

（0067—3—5229）

198. 重庆市工务局为呈报工役魏正双1940年8月20日被炸损失给重庆市政府秘书处的文（1940年8月）

  兹查本局城区工务管理处工役魏正双于本年八月二十日在本市机房街遭受空袭损害，将房屋烧毁。经查属实，连同该员所报私物损失报告表函请查照办理为荷。

  此致

本府秘书处

附检送魏正双私物损失报告表1份

            局戳

          二十九年八月

附：

重庆市政府工务局员役空袭损失私物报告表

物品名称	品质	数量	损失程度	原价	购买年月	备考
棉被	布	1条	全烧	12元	1938年1月	
单被	布	1条	全烧	6元	1938年1月	
长衫	布	1件	全烧	8元	1938年1月	
鞋子	布	2双	全烧	3元	1940年2月	
袜子	线	3双	全烧	4元	1940年2月	
被灾日期	1940年8月20日	被灾地点	机房街	房屋被炸或震塌	全烧	原支薪俸数目 18元	有无同居眷属

右〈上〉开物品确系因空袭被毁,谨报告

局长吴

　　转呈

市长吴

　　　　　　　　　　填报人:职务　城区班工
　　　　　　　　　　　　　　　姓名　魏正双
　　　　　　　　　　　　二十九年八月二十一日

(0067—3—5229)

199. 重庆市工务局为呈报工役黄木章1940年8月20日被炸损失给重庆市政府秘书处的文(1940年8月)

兹查本局城区工务管理处工役黄木章于本年八月二十日在本市机房街遭受空袭损害,将房屋烧毁。经查属实,连同该员所报私物损失报告表函请查照办理为荷。

此致

本府秘书处

附检送黄木章私物损失报告表1份

　　　　　　　　　　　　　　　　局戳

　　　　　　　　　　　　　　二十九年八月

附：

重庆市政府工务局员役空袭损失私物报告表

物品名称	品质	数量	损失程度	原价	购买年月	备考
上衣	布	2	烧毁	10元	1939年1月	
裤子	布	2	烧毁	7元	1939年10月	
鞋子	布	1	烧毁	2元	1939年12月	
长衫	布	1	烧毁	8元	1939年12月	
被灾日期	1940年8月20日	被灾地点	机房街	房屋被炸或震塌	烧毁	原支薪俸数目	18.5元	有无同居眷属	无

右〈上〉开物品确系因空袭被毁，谨报告

局长吴

　　转呈

市长吴

　　　　　　　　　　　填报人：职务　城区道班

　　　　　　　　　　　　　　　姓名　黄木章

　　　　　　　　　　　二十九年八月二十一日

（0067—3—5229）

200. 重庆市工务局为呈报工役雷清风1940年8月20日被炸损失给重庆市政府秘书处的文（1940年8月）

兹查本局城区工务管理处工役雷清风于本年八月二十日在本市机房街遭受空袭损害，将房屋烧毁。经查属实，连同该员所报私物损失报告表函请查照办理为荷。

此致

本府秘书处

附检送雷清风私物损失报告表1份

　　　　　　　　　　　　　　　　　　局戳

　　　　　　　　　　　　　　　　　　二十九年八月

附：

重庆市政府工务局员役空袭损失私物报告表

物品名称	品质	数量	损失程度	原价	购买年月	备考
棉被	布	1	烧毁	15元	1939年10月	
上衣	布	2	烧毁	10元	1939年1月	
裤子	布	1	烧毁	3元	1939年5月	
被灾日期	1940年8月20日	被灾地点	机房街	房屋被炸或震塌	烧毁	原支薪俸数目	18.5元	有无同居眷属	无

右〈上〉开物品确系因空袭被毁，谨报告

局长吴

　　转呈

市长吴

填报人：职务　城区道班

姓名　雷清风

二十九年八月二十一日

(0067—3—5228)

201. 重庆市工务局为呈报工役廖云臣1940年8月20日被炸损失给重庆市政府秘书处的文（1940年8月）

兹查本局城区工务管理处工役廖云臣于本年八月二十日在本市机房街遭受空袭损害，将房屋烧毁。经查属实，连同该员所报私物损失报告表函请查照办理为荷。

此致

本府秘书处

附检送廖云臣私物损失报告表1份

局戳

二十九年八月

附：

重庆市政府工务局员役空袭损失私物报告表

物品名称	品质	数量	损失程度	原价	购买年月	备考
棉被	布	1	烧毁	15元	1939年10月	
上衣	布	2	烧毁	10元	1939年7月	
裤子	布	2	烧毁	6元	1939年10月	
被灾日期	1940年8月20日	被灾地点	机房街	房屋被炸或震塌	烧毁	原支薪俸数目	19元	有无同居眷属	无

右〈上〉开物品确系因空袭被毁，谨报告

局长吴

 转呈

市长吴

        填报人：职务　城区道班

          姓名　廖云臣

        二十九年八月二十一日

（0067—3—5228）

202. 重庆市工务局为呈报工役邓炳南1940年8月20日被炸损失给重庆市政府秘书处的文（1940年8月）

兹查本局城区工务管理处工役邓炳南于本年八月二十日在本市机房街遭受空袭损害，将房屋烧毁。经查属实，连同该员所报私物损失报告表函请查照办理为荷。

  此致

本府秘书处

附检送邓炳南私物损失报告表1份

              局戳

            二十九年八月

附：

重庆市政府工务局员役空袭损失私物报告表

物品名称	品质	数量	损失程度	原价	购买年月	备考
棉被	布	1	烧毁	15元	1939年10月	
裤子	布	2	烧毁	6元	1939年1月	
长衫	布	1	烧毁	6元	1939年1月	
上衣	布	1	烧毁	6元	1939年5月	
被灾日期	1940年8月20日	被灾地点	机房街	房屋被炸或震塌	烧毁	原支薪俸数目	19元	有无同居眷属	无

右〈上〉开物品确系因空袭被毁，谨报告

局长吴

　　转呈

市长吴

　　　　　　　　　　　　填报人：职务　城区道班

　　　　　　　　　　　　　　　　姓名　邓炳南

　　　　　　　　　　　　二十九年八月二十一日

（0067—3—5228）

203. 重庆市工务局为呈报工役李志斌1940年8月20日被炸损失给重庆市政府秘书处的文（1940年8月）

兹查本局城区工务管理处工役李志斌于本年八月二十日在本市机房街遭受空袭损害，将房屋烧毁。经查属实，连同该员所报私物损失报告表函请查照办理为荷。

此致

本府秘书处

附检送李志斌私物损失报告表1份

　　　　　　　　　　　　　　　　　　　局戳

　　　　　　　　　　　　　　　　　　二十九年八月

附：

重庆市政府工务局员役空袭损失私物报告表

物品名称	品质	数量	损失程度	原价	购买年月	备考
棉被	布	1	烧毁	15元	1939年8月	
长衫	布	1	烧毁	8元	1940年1月	
上衣	布	2	烧毁	10元	1939年1月	
裤子	布	2	烧毁	6元	1939年10月	
棉背心	布	1	烧毁	5元	1939年10月	
被灾日期	1940年8月20日	被灾地点	机房街	房屋被炸或震塌	烧毁	原支薪俸数目	28元	有无同居眷属	无

右〈上〉开物品确系因空袭被毁,谨报告

局长吴

　　转呈

市长吴

　　　　　　　　　　填报人：职务　城区道班

　　　　　　　　　　　　　　姓名　李志斌

　　　　　　　　　　二十九年八月二十一日

（0067—3—5228）

204. 重庆市工务局为呈报工役廖炳成1940年8月20日被炸损失给重庆市政府秘书处的文（1940年8月）

兹查本局城区工务管理处工役廖炳成于本年八月二十日在本市机房街遭受空袭损害,将房屋烧毁。经查属实,连同该员所报私物损失报告表函请查照办理为荷。

此致

本府秘书处

附检送廖炳成私物损失报告表1份

　　　　　　　　　　　　　　　　　局戳

　　　　　　　　　　　　　　　　二十九年八月

附：

重庆市政府工务局员役空袭损失私物报告表

物品名称	品质	数量	损失程度	原价	购买年月	备考
棉被	布	1	烧毁	15元	1939年10月	
裤子	布	2	烧毁	6元	1939年1月	
上衣	布	2	烧毁	10元	1939年1月	
鞋子	布	2	烧毁	4元	1940年1月	
汗衫		2	烧毁	4元	1940年1月	
棉背心	布	1	烧毁	5元	1939年1月	
被灾日期 1940年8月20日	被灾地点 机房街	房屋被炸或震塌	烧毁	原支薪俸数目 26元	有无同居眷属	无

右〈上〉开物品确系因空袭被毁,谨报告

局长吴

　转呈

市长吴

　　　　　　　　填报人:职务　城区道班

　　　　　　　　　　　姓名　廖炳成

　　　　　　　　　二十九年八月二十一日

（0067—3—5228）

205. 重庆市工务局为呈报工役任绍轩1940年8月20日被炸损失给重庆市政府秘书处的文（1940年8月）

兹查本局城区工务管理处工役任绍轩于本年八月二十日在本市机房街遭受空袭损害,将房屋烧毁。经查属实,连同该员所报私物损失报告表函请查照办理为荷。

此致

本府秘书处

附检送任绍轩私物损失报告表1份

　　　　　　　　　　　　　　　局戳

　　　　　　　　　　　　　二十九年八月

附：

重庆市政府工务局员役空袭损失私物报告表

物品名称	品质	数量	损失程度	原价	购买年月	备考
棉被	布	1	烧毁	15元	1939年10月	
长衣	布	1	烧毁	6元	1939年2月	
上衣	布	2	烧毁	10元	1939年10月	
皮鞋		1	烧毁	5元	1939年5月	
被灾日期	1940年8月20日	被灾地点	机房街	房屋被炸或震塌	烧毁	原支薪俸数目	20元	有无同居眷属	无

右(上)开物品确系因空袭被毁,谨报告

局长吴

　　转呈

市长吴

填报人：职务　城区道班

　　　　姓名　任绍轩

二十九年八月二十一日

（0067—3—5228）

206.重庆市工务局为呈报工役赵祥林1940年8月20日被炸损失给重庆市政府秘书处的文(1940年8月)

兹查本局城区工务管理处工役赵祥林于本年八月二十日在本市机房街遭受空袭损害,将房屋烧毁。经查属实,连同该员所报私物损失报告表函请查照办理为荷。

此致

本府秘书处

附检送赵祥林私物损失报告表1份

局戳

二十九年八月

附：

重庆市政府工务局员役空袭损失私物报告表

物品名称	品质	数量	损失程度	原价	购买年月	备考
棉被	布	1	烧毁	15元	1939年10月	
上衣	布	2	烧毁	10元	1939年1月	
裤子	布	2	烧毁	6元	1939年5月	
长衫	布	1	烧毁	10元	1940年1月	
被灾日期	1940年8月20日	被灾地点	机房街	房屋被炸或震塌	烧毁	原支薪俸数目	20元	有无同居眷属	无

右〈上〉开物品确系因空袭被毁,谨报告

局长吴

　　转呈

市长吴

　　　　　　　　　　填报人:职务　城区道班

　　　　　　　　　　　　姓名　赵祥林

　　　　　　　　　　二十九年八月二十一日

（0067—3—5228）

207. 重庆市工务局为呈报工役王文光1940年8月20日被炸损失给重庆市政府秘书处的文(1940年8月)

兹查本局城区工务管理处工役王文光于本年八月二十日在本市机房街遭受空袭损害,将房屋烧毁。经查属实,连同该员所报私物损失报告表函请查照办理为荷。

此致

本府秘书处

附检送王文光私物损失报告表1份

　　　　　　　　　　　　　　　　局戳

　　　　　　　　　　　　　　二十九年八月

附：

重庆市政府工务局员役空袭损失私物报告表

物品名称	品质	数量	损失程度	原价	购买年月	备考
棉被	布	1	烧毁	15元	1939年10月	
长衣	布	1	烧毁	7元	1939年1月	
上衣	布	2	烧毁	10元	1939年5月	
裤子	布	2	烧毁	6元	1939年1月	
被灾日期	1940年8月20日	被灾地点	机房街	房屋被炸或震塌	烧毁	原支薪俸数目		有无同居眷属	

右〈上〉开物品确系因空袭被毁，谨报告

局长吴

  转呈

市长吴

      填报人：职务 城区道班

         姓名 王文光

       二十九年八月二十一日

（0067—3—5228）

208. 重庆市工务局为呈报工役王清秀1940年8月20日被炸损失给重庆市政府秘书处的文（1940年8月）

兹查本局城区工务管理处工役王清秀于本年八月二十日在本市机房街遭受空袭损害，将房屋烧毁。经查属实，连同该员所报私物损失报告表函请查照办理为荷。

此致

本府秘书处

附检送王清秀私物损失报告表1份

            局戳

          二十九年八月

附：

重庆市政府工务局员役空袭损失私物报告表

物品名称	品质	数量	损失程度	原价	购买年月	备考
上衣	布	2	烧毁	10元	1939年1月	
裤子	布	2	烧毁	7元	1939年1月	
被单	布	1	烧毁	6元	1939年10月	
鞋子	布	2	烧毁	4元	1939年1月	
被灾日期	1940年8月20日	被灾地点	机房街	房屋被炸或震塌	烧毁	原支薪俸数目	19元	有无同居眷属	无

右〈上〉开物品确系因空袭被毁，谨报告

局长吴

　　转呈

市长吴

　　　　　　　　　　　填报人：职务　城区道班

　　　　　　　　　　　　　　　姓名　王清秀

　　　　　　　　　　　　　二十九年八月二十一日

（0067—3—5228）

209. 重庆市工务局为呈报工役李少云1940年8月20日被炸损失给重庆市政府秘书处的文（1940年8月）

兹查本局城区工务管理处工役李少云于本年八月二十日在本市机房街遭受空袭损害,将房屋烧毁。经查属实,连同该员所报私物损失报告表函请查照办理为荷。

此致

本府秘书处

附检送李少云私物损失报告表1份

　　　　　　　　　　　　　　　　　　　局戳

　　　　　　　　　　　　　　　　二十九年八月

附：

重庆市政府工务局员役空袭损失私物报告表

物品名称	品质	数量	损失程度	原价	购买年月	备考
棉裤	布	1	烧毁	8元	1939年10月	
上衣	布	2	烧毁	10元	1939年1月	
长衣	布	1	烧毁	6元	1939年2月	
汗衣		1	烧毁	2元	1939年10月	
鞋子	布	2	烧毁	4元	1939年10月	
被灾日期	1940年8月20日	被灾地点	机房街	房屋被炸或震塌	烧毁	原支薪俸数目 19元	有无同居眷属

右〈上〉开物品确系因空袭被毁，谨报告

局长吴

　转呈

市长吴

　　　　　　　　　　　　填报人：职务　城区道班

　　　　　　　　　　　　　　　　姓名　李少云

　　　　　　　　　　　　二十九年八月二十一日

（0067—3—5228）

210. 重庆市工务局为呈报工役李华轩1940年8月20日被炸损失给重庆市政府秘书处的文（1940年8月）

兹查本局城区工务管理处工役李华轩于本年八月二十日在本市机房街遭受空袭损害，将房屋烧毁。经查属实，连同该员所报私物损失报告表函请查照办理为荷。

此致

本府秘书处

附检送李华轩私物损失报告表1份

　　　　　　　　　　　　　　　　　　局戳

　　　　　　　　　　　　　　　　　二十九年八月

附：

重庆市政府工务局员役空袭损失私物报告表

物品名称	品质	数量	损失程度	原价	购买年月	备考
棉被	布	1	烧毁	15元	1939年1月	
上衣	布	2	烧毁	10元	1939年10月	
裤子	布	2	烧毁	6元	1939年5月	
被灾日期	1940年8月20日	被灾地点	机房街	房屋被炸或震塌	烧毁	原支薪俸数目 19元	有无同居眷属	无

　右〈上〉开物品确系因空袭被毁，谨报告
局长吴
　　转呈
市长吴

　　　　　　　　　　　填报人：职务　城区道班
　　　　　　　　　　　　　　　姓名　李华轩
　　　　　　　　　　　二十九年八月二十一日

（0067—3—5229）

211. 重庆市工务局为呈报工役周全盛1940年8月20日被炸损失给重庆市政府秘书处的文（1940年8月）

兹查本局城区工务管理处工役周全盛于本年八月二十日在本市机房街遭受空袭损害，将房屋烧毁。经查属实，连同该员所报私物损失报告表函请查照办理为荷。

　　此致
本府秘书处
附检送周全盛私物损失报告表1份

　　　　　　　　　　　　　　　　　局戳
　　　　　　　　　　　　　　　二十九年八月

附：

重庆市政府工务局员役空袭损失私物报告表

物品名称	品质	数量	损失程度	原价	购买年月	备考
棉被	布	1	烧毁	15元	1939年10月	
上衣	布	2	烧毁	10元	1939年1月	
裤子	布	1	烧毁	3元	1939年5月	
被灾日期	1940年8月20日	被灾地点	机房街	房屋被炸或震塌	烧毁	原支薪俸数目	20元	有无同居眷属	无

右（上）开物品确系因空袭被毁，谨报告

局长吴

　　转呈

市长吴

　　　　　　　　　　　填报人：职务　城区道班

　　　　　　　　　　　　　　　姓名　周全盛

　　　　　　　　　　　二十九年八月二十一日

（0067—3—5229）

212. 重庆市工务局为呈报工役张顺吉1940年8月20日被炸损失给重庆市政府秘书处的文（1940年8月）

兹查本局城区工务管理处工役张顺吉于本年八月二十日在本市机房街遭受空袭损害，将房屋烧毁。经查属实，连同该员所报私物损失报告表函请查照办理为荷。

此致

本府秘书处

附检送张顺吉私物损失报告表1份

局戳

二十九年八月

附：

重庆市政府工务局员役空袭损失私物报告表

物品名称	品质	数量	损失程度	原价	购买年月	备考
上衣	布	2	烧毁	10元	1939年1月	
裤子	布	2	烧毁	7元	1939年5月	
长衣	布	1	烧毁	8元	1939年10月	
汗衣		1	烧毁	3元	1940年1月	
鞋子	布	1	烧毁	2元	1940年1月	
被灾日期	1940年8月20日	被灾地点	机房街	房屋被炸或震塌	烧毁	原支薪俸数目	20元	有无同居眷属	无

右（上）开物品确系因空袭被毁，谨报告

局长吴

　　转呈

市长吴

　　　　　　　　　　　　填报人：职务　城区道班

　　　　　　　　　　　　　　　　姓名　张顺吉

　　　　　　　　　　　　　　二十九年八月二十一日

(0067—3—5229)

213. 重庆市工务局为呈报工役王金全1940年8月20日被炸损失给重庆市政府秘书处的文（1940年8月）

兹查本局城区工务管理处工役王金全于本年八月二十日在本市机房街遭受空袭损害，将房屋烧毁。经查属实，连同该员所报私物损失报告表函请查照办理为荷。

此致

本府秘书处

附检送王金全私物损失报告表1份

局戳

二十九年八月

附：

重庆市政府工务局员役空袭损失私物报告表

物品名称	品质	数量	损失程度	原价	购买年月	备考
上衣	布	2	烧毁	10元	1939年1月	
长衣	布	1	烧毁	6元	1939年5月	
裤子	布	2	烧毁	6元	1939年5月	
鞋子	布	1	烧毁	2元	1940年1月	
汗衣		1	烧毁	3元	1940年1月	
被灾日期	1940年8月20日	被灾地点	机房街	房屋被炸或震塌	烧毁	原支薪俸数目	19元	有无同居眷属	无

右（上）开物品确系因空袭被毁，谨报告

局长吴

　　转呈

市长吴

填报人：职务　城区道班

　　　　姓名　王金全

二十九年八月二十一日

（0067—3—5229）

214. 重庆市工务局为呈报工役罗林之1940年8月20日被炸损失给重庆市政府秘书处的文（1940年8月）

兹查本局城区工务管理处工役罗林之于本年八月二十日在本市机房街遭受空袭损害，将房屋烧毁。经查属实，连同该员所报私物损失报告表函请查照办理为荷。

此致

本府秘书处

附检送罗林之私物损失报告表1份

局戳

二十九年八月

附:

重庆市政府工务局员役空袭损失私物报告表

物品名称	品质	数量	损失程度	原价	购买年月	备考
长衣	布	1	烧毁	8元	1940年1月	
上衣	布	2	烧毁	10元	1939年1月	
裤子	布	2	烧毁	6元	1940年5月	
鞋子	布	1	烧毁	2元	1940年1月	
汗衣		1	烧毁	2元	1939年10月	
被灾日期	1940年8月20日	被灾地点	机房街	房屋被炸或震塌	烧毁	原支薪俸数目	19元	有无同居眷属	无

右〈上〉开物品确系因空袭被毁,谨报告

局长吴

　　转呈

市长吴

　　　　　　　　　填报人:职务　城区道班

　　　　　　　　　　　　　姓名　罗林之

　　　　　　　　　二十九年八月二十一日

（0067—3—5229）

215. 重庆市工务局为呈报工役王树全1940年8月20日被炸损失给重庆市政府秘书处的文(1940年8月)

兹查本局城区工务管理处工役王树全于本年八月二十日在本市机房街遭受空袭损害,将房屋烧毁。经查属实,连同该员所报私物损失报告表函请查照办理为荷。

此致

本府秘书处

附检送王树全私物损失报告表1份

　　　　　　　　　　　　　　　局戳

　　　　　　　　　　　　　　　二十九年八月

附：

重庆市政府工务局员役空袭损失私物报告表

物品名称	品质	数量	损失程度	原价	购买年月	备考
被单	布	1	烧毁	6元	1940年1月	
上衣	布	2	烧毁	10元	1939年1月	
裤子	布	2	烧毁	7元	1939年2月	
长衣	布	1	烧毁	6元	1939年5月	
被灾日期	1940年8月20日	被灾地点	机房街	房屋被炸或震塌	烧毁	原支薪俸数目	19元	有无同居眷属	无

右〈上〉开物品确系因空袭被毁，谨报告

局长吴

    转呈

市长吴

                  填报人：职务 城区道班

                        姓名 王树全

                        二十九年八月二十一日

（0067—3—5229）

216. 重庆市工务局为呈报职员林兆元1940年9月16日被炸损失给重庆市政府秘书处的文（1940年9月）

兹查本局职员林兆元于本年九月十六日在本市南温泉南泉路17号遭受空袭损害，将房屋震塌。经查属实，连同该员所报私物损失报告表函请查照办理为荷。

此致

本府秘书处

附检送林兆元私物损失报告表1份

                              局戳

                          二十九年九月

附：

重庆市政府工务局员役空袭损失私物报告表

物品名称	品质	数量	损失程度	原价	购买年月	备考
水桶	马口铁	2只	屋顶震塌被压损	56元	1939年12月	
热水瓶	玻璃	2只	屋顶震塌被压损	72元	1940年1月	
桌子	竹制	1张	屋顶震塌被压损	8元	1940年1月	
凳子	竹制	8张	屋顶震塌被压损	24元	1940年1月	
饭、菜碗	磁质	各10个	屋顶震塌被压损	15元 6元	1940年1月	
水缸	瓦质	1只	屋顶震塌被压损	10元	1940年2月	
铁锅	铁质	1只	屋顶震塌被压损	14元	1940年2月	
被灾日期	1940年9月16日	被灾地点	南温泉南泉路17号	房屋被炸或震塌	震塌	原支薪俸数目	146元	有无同居眷属	有

右〈上〉开物品确系因空袭被毁,谨报告
局长吴
　　转呈
市长吴

　　　　　　　　　　填报人:职务　科员
　　　　　　　　　　　　姓名　林兆元
　　　　　　　　　　二十九年九月十九日

(0067—3—5142)

217. 重庆市工务局为呈报职员晏孝泉1940年10月6日被炸损失给重庆市政府秘书处的文(1940年10月9日)

兹查本局职员晏孝泉于本年十月六日在本市上南区路135号遭受空袭损害,将房屋炸塌。经查属实,连同该员所报私物损失报告表函请查照办理为荷。

　　此致

本府秘书处

附检送晏孝泉私物损失报告表1份

　　　　　　　　　　　　　　　　　　　　　局戳

　　　　　　　　　　　　　　　　　二十九年十月　日

　　附：

重庆市政府工务局员役空袭损失私物报告表

物品名称	品质	数量	损失程度	原价	购买年月	备考
皮箱		1口	炸毁	450元	1939年	男女大衣各1件哔叽中山服1大套男女棉袍各1
榉木箱		1口	炸毁	200元	1940年	男女夹大衣各1套秋大衣1件换洗衣10套
床铺		1架	炸失	210元	1937年	帐子1被盖2花毛毯1花被单1枕头2个
日用器具		全部	炸失	100元	1940年	炊缮〔膳〕全具桌椅数件温水瓶1时钟1瓷器数件
被灾日期	2013年10月6日	被灾地点	上南区路135号楼上	房屋被炸或震塌	被炸	原支薪俸数目 55元 有无同居眷属 有

右〈上〉开物品确系因空袭被毁,谨报告

局长吴

　　转呈

市长吴

　　　　　　　　　　　　　　　　填报人：职务　监工员

　　　　　　　　　　　　　　　　　　　　姓名　晏孝泉

　　　　　　　　　　　　　　　　　　二十九年十月六日

(0067—3—5142)

218. 重庆市工务局为呈报职员葛洛儒1940年10月6日被炸损失给重庆市政府秘书处的文(1940年10月9日)

兹查本局职员葛洛儒于本年十月六日在本市保节院街遭受空袭损害,将房屋震塌。经查属实,连同该员所报私物损失报告表函请查照办理为荷。

此致

本府秘书处

附检送葛洛儒私物损失报告表1份

局戳

二十九年十月九日

附：

重庆市政府工务局员役空袭损失私物报告表

物品名称	品质	数量	损失程度	原价	购买年月	备考
被褥	绸面	2床	压毁90%	70元	1939年11月	
桌	木	1张	压毁100%	20元	1940年3月	
金发牌热水瓶	5磅装	1只	压毁100%	60元	1940年3月	
水缸	石	1只	破100%	15元	1940年3月	
蚊帐	纱	1	破80%	12元	1937年	
书		1册		5元	1932年	
书		1册				
书		1册		8元	1936年	
米		5斗		20.25元	1940年10月	
缸	石	3只	100%	12元	1940年10月	
锅	铁	1只	100%	10元	1940年8月	
盆及其他食具			压破100%	20元	1940年3月	
衬衫	府绸	2件	100%	24元	1940年9月	

续表

物品名称	品质	数量	损失程度	原价	购买年月	备考
女长袍(单)	布	1件	100%	25元	1940年9月	
木凳	木	4	100%	16元	1940年3月	
床	竹	1	50%	8元	1940年3月	
面盆	瓷铁	1	100%	10元	1940年3月	
被灾日期	1940年10月6日	被灾地点	保节院	房屋被炸或震塌	震塌	原支薪俸数目	150元	有无同居眷属	妻女2人

右〈上〉开物品确系因空袭被毁,谨报告

局长吴

  转呈

市长吴

         填报人:职务　副工程师

            姓名　葛洛儒

            二十九年十月七日

(0067—3—5142)

219. 重庆市工务局为呈报职员史仲璋1940年10月25日被炸损失给重庆市政府秘书处的文(1940年10月28日)

  兹查本局职员史仲璋于本年十月二十五日在本市余家巷15号遭受空袭损害,将房屋震塌。经查属实,连同该员所报私物损失报告表函请查照办理为荷。

  此致

本府秘书处

附检送史仲璋私物损失报告表1份

               局戳

             二十九年十月

附:

重庆市政府工务局员役空袭损失私物报告表

物品名称	品质	数量	损失程度	原价	购买年月	备考
床	木	1架	震乱	30元	1940年	
衣柜	木	1架	震坏	22元	1939年	
椅子	藤	2把	打坏	25元	1939年	
水瓶	温水	1个	震碎	34元	1940年	
茶壶	细磁	1把	震碎	5元	1940年	
锅	铁	1口	打破	12元	1939年	
茶碗饭碗	细磁	19个	震碎	20元	1939年	
水缸	瓦	1口	打破	10元	1939年	
盘碟子	细磁	11个	震碎	20元	1939年	
杂物件	石		震碎	60元		
被灾日期	10月25日	被灾地点	余家巷15号	房屋被炸或震塌	震塌	原支薪俸数目 75元	有无同居眷属	有

右〈上〉开物品确系因空袭被毁,谨报告

局长吴

　　转呈

市长吴

　　　　　　　　　　　填报人:职务　办事员

　　　　　　　　　　　　　　　姓名　史仲璋

　　　　　　　　　　　二十九年十月二十五日

(0067—3—5142)

220. 重庆市工务局为呈报职员周慧珊1940年10月25日被炸损失给重庆市政府秘书处的文(1940年10月30日)

兹查本局职员周慧珊于本年十月二十五日在本市盐井巷31号遭受空袭损害,将房屋震塌。经查属实,连同该员所报私物损失报告表函请查照办理为荷。

此致

本府秘书处

附检送周慧珊私物损失报告表1份

局戳

二十九年十月卅日

附：

重庆市政府工务局员役空袭损失私物报告表

物品名称	品质	数量	损失程度	原价	购买年月	备考
绒毛衣	绒线	1件	遗失	60元	1940年9月	
夹袍	布	1件	遗失	20元	1939年8月	
长衫	□布	2件	遗失	40元	1940年3月	
皮鞋	牛皮 汉中皮	2双	遗失	70元	1940年2月 1940年9月	
秋大衣	哔叽〔叽〕	1件	遗失	50元	1939年2月	
日用品			炸坏	30元	1940年1月	
被灾日期	10月25日	被灾地点	盐井巷31号	房屋被炸或震塌	震塌	原支薪俸数目	60元	有无同居眷属	有

右〈上〉开物品确系因空袭被毁，谨报告

局长吴

　转呈

市长吴

填报人：职务　雇员

姓名　周慧珊

二十九年十月廿八日

(0067—3—5142)

221. 重庆市工务局为呈报职员周建业1940年10月25日被炸损失给重庆市政府秘书处的文（1940年10月30日）

兹查本局职员周建业于本年十月二十五日在本市盐井巷31号遭受空袭损害，将房屋震塌。经查属实，连同该员所报私物损失报告表函请查照办理为荷。

此致

本府秘书处

附检送周建业私物损失报告表1份

局戳

二十九年十月卅日

附：

重庆市政府工务局员役空袭损失私物报告表

物品名称	品质	数量	损失程度	原价	购买年月	备考
黑呢中山装	厚呢	1套	遗失	80元	1938年7月	
夹中山装	假哔吱〔叽〕面绒里	1套	遗失	30元	1939年1月	
绒衬衫	绒	2件	遗失	16元	1939年10月	
灰军毯	毛织品	1床	遗失	30元	1938年10月	
热水瓶		1个	破坏	10元	1939年8月	
被灾日期	10月25日	被灾地点	盐井巷31号	房屋被炸或震塌	震塌	原支薪俸数目	75元	有无同居眷属	有

右〈上〉开物品确系因空袭被毁，谨报告

局长吴

　　转呈

市长吴

填报人：职务　办事员

　　　　姓名　周建业

二十九年十月廿八日

（0067—3—5142）

222. 重庆市工务局为呈报职员阮道润1940年10月25日被炸损失给重庆市政府秘书处的文（1940年10月30日）

兹查本局职员阮道润于本年十月二十五日在本市盐井巷31号遭受空袭损害，将房屋震塌。经查属实，连同该员所报私物损失报告表函请查照办理为荷。

此致

本府秘书处

附检送阮道润私物损失报告表1份

局戳

二十九年十月卅日

附：

重庆市政府工务局员役空袭损失私物报告表

物品名称	品质	数量	损失程度	原价	购买年月	备考
哔叽〔叽〕中山装	哔叽〔叽〕	1套	遗失	130元	1939年12月	
皮鞋	汉中皮	1双	炸坏	35元	1940年1月	
汗衫	府绸	2件	遗失	30元	1940年5月	
绒毛背心	绒毛	1件	遗失	20元	1939年2月	
热水瓶	长城牌	1只	炸坏	10元	1939年2月	
家具厨具			炸毁	150元	1939年12月	木床1方椅8靠背椅4茶几2方案1小柜1鏽〔鼎〕2口锅铁瓢碗箸水缸等
日用品			炸毁	40元	1939年12月	脸盆1磁杯1牙刷1面巾1茶杯4
垫被		1条	炸毁	20元	1939年1月	
褥单	布	1条	炸毁	18元	1939年1月	
棉被		1条	炸毁	40元	1939年12月	
芦花枕		2只	炸毁	10元	1939年12月	
被灾日期	10月25日	被灾地点	盐井巷31号	房屋被炸或震塌	震塌	原支薪俸数目	140元	有无同居眷属	有

右〈上〉开物品确系因空袭被毁，谨报告

局长吴

    转呈

市长吴

填报人：职务　科员

姓名　阮道润

二十九年十月廿八日

(0067—3—5142)

223. 重庆市工务局为呈报职员周建坰1940年10月25日被炸损失给重庆市政府秘书处的文(1940年10月30日)

兹查本局职员周建坰于本年十月二十五日在本市盐井巷31号遭受空袭损害,将房屋震塌。经查属实,连同该员所报私物损失报告表函请查照办理为荷。

此致

本府秘书处

附检送周建坰私物损失报告表1份

局戳

二十九年十月卅日

附:

重庆市政府工务局员役空袭损失私物报告表

物品名称	品质	数量	损失程度	原价	购买年月	备考
驼绒袍	绸面驼绒里	1件	被弹片炸烂	140元	1940年2月	
哗叽〔叽〕长衫（女）	哗叽〔叽〕	1件	被弹片炸烂	80元	1939年12月	
灰布夹袍(女)	布	1件	被弹片炸烂	30元	1939年11月	
蓝布长衫	布	1件	被弹片炸烂	20元	1940年1月	
羊毛背心	羊毛	1件	被弹片炸烂	40元	1939年11月	
哗叽〔叽〕中山装	哗叽〔叽〕	1套	被弹片炸烂	120元	1940年3月	
皮箱	皮	1个	被弹片炸烂	30元	1939年3月	
毯	绒	1件	炸烂	20元	1939年3月	
垫被	布里及棉	2床	炸烂	60元	1939年2月 1939年10月	

续表

物品名称	品质	数量	损失程度	原价	购买年月	备考
被单	布	2床	炸烂	30元	1939年11月 1940年3月	
木床	木	2床	炸烂	20元	1939年10月 1940年2月	
热水瓶		1个	炸烂	10元	1940年1月	
皮鞋	皮	2双	炸烂	60元	1940年7月 1940年9月	
衬衣	自由布	1件	炸烂	7元	1940年2月	
日用品			炸烂	60元	1940年1月	牙杯2个牙刷2把面盆2个面巾2条及零用物件
被灾日期	10月25日	被灾地点	盐井巷31号	房屋被炸或震塌	震塌	原支薪俸数目	80元	有无同居眷属	有母一

右(上)开物品确系因空袭被毁,谨报告

局长吴

    转呈

市长吴

填报人:职务　科员

姓名　周建垌

二十九年十月廿八日

（0067—3—5142）

224. 重庆市工务局为呈报职员周健明1940年10月26日被炸损失给重庆市政府秘书处的文（1940年11月6日）

兹查本局职员周健明于本年十月二十六日在本市劝学所街21号遭受空袭损害,将房屋炸塌。经查属实,连同该员所报私物损失报告表函请查照办理为荷。

此致

本府秘书处

附检送周健明私物损失报告表1份

局戳

二十九年十一月六日

附：

重庆市政府工务局员役空袭损失私物报告表

物品名称	品质	数量	损失程度	原价	购买年月	备考
床	木	1	全毁	18元	1939年3月	
大皮箱	牛皮	1	全毁	24元	1939年4月	
大衣	呢	1	全毁	85元	1938年10月	
中山装	毛哔吱〔叽〕	1	全毁	120元	1939年10月	
中山装	卡〔咔〕吱〔叽〕	1	全毁	42元	1939年3月	
衬衫	府绸	2	全毁	36元	1939年4月	
衬衫	纺绸	1	全毁	22元	1939年4月	
背心	毛线	1	全毁	32元	1938年10月	
被盖	布	2	全毁	70元	1939年2月	
蚊帐	纱	1	全毁	24元	1939年2月	
被单	布	2	全毁	40元	1939年2月	
皮鞋	皮	2	全毁	52元	1939年2月	
被灾日期	10月26日	被灾地点	劝学所街21号	房屋被炸或震塌	被炸	原支薪俸数目	45元	有无同居眷属	有

右〈上〉开物品确系因空袭被毁，谨报告

局长吴

　　转呈

市长吴

填报人：职务　雇员

姓名　周健明

二十九年十月二十八日

（0067—3—5142）

225. 重庆市工务局为报该局雇员刘履中及技佐刘泽沛等补送空袭损害表给重庆市政府的呈(1940年12月28日)

案据本局雇员刘履中本年十二月五日签呈称："窃职云云，实为德便"。等情。附呈损失报告表2份。据此，又据本局技佐刘泽沛报称：本年十月二十六日敌机侵袭本市时，该员在临江路西来街23号之住宅亦遭炸毁受空袭损失，该时因初到本局服务，不谙填报损失手续未填送损失表，兹补呈损失表1份，请予转呈。各等情。据此，查□等填送损失表时间虽与规定不合，惟所呈被炸及迟报各节查尚属实情，于情不无可原，可否准予补报之处，理合备文同原送损失表呈请钧府鉴核示遵。

谨呈

市长吴

附呈刘履中、刘泽沛损失表各1份

全衔吴○○

附：

1) 重庆市政府工务局员役空袭损失私物报告表

物品名称	品质	数量	损失程度	原价	购买年月	备考
棉被	棉布	1	炸毁	8元	1938年	
棉袍	绒布	1	炸毁	26元	1938年	
帆布鞋	木	1	炸毁	6元	1937年	
衬衫	布绸	3	炸毁	32元	1939年	
围巾	毛	1	炸毁	8元	1938年	
黄布中山装	布	2	炸毁	8.5元	1937年	
皮鞋（女）	皮	1	炸毁	7元	1938年	已旧
棉鞋	绒	2	炸毁	9元	1938年	
夹袍	线布	1	炸毁	12元	1939年	
线毯	线	1	炸毁	12元	1940年	
白被单	布	2	炸毁	5元	1938年	内小单1件
长衫	布绸	2	炸毁	16元	1938年	

续表

物品名称	品质	数量	损失程度	原价	购买年月	备考
童衣	布	2	炸毁	7元	1940年	夏衣
饭碗	磁	6	炸毁	3元	1940年	
锅	铁	2	炸毁	12元	1940年	
条〔调〕羹	磁	4	炸毁	0.8元	1940年	
被灾日期	6月28日	被灾地点	吴师爷巷29号	房屋被炸或震塌	炸毁	原支薪俸数目	69元	有无同居眷属	有

　　右〈上〉开物品确系因空袭被毁,谨报告

局长吴

　　转呈

市长吴

填报人:职务　雇员

姓名　刘履中

二十九年十二月五日

2)重庆市政府工务局员役空袭损失私物报告表

物品名称	品质	数量	损失程度	原价	购买年月	备考
呢大衣	黑大呢	1	80%	151元	1940年6月	西来街23号为一招待所无亲近负责人,待警报解除后由工务局防空洞回去则职之衣物被炸遗失殆尽矣
中山服	哔叽呢	2套	80%	60元	1938年8月	
皮鞋	汉口皮	1双	遗失	30元	1940年9月	
俄国毯	纯毛	1条	90%	30元	1936年2月	
棉被褥子	胡〔府〕绸	各1床	90%	45元	1936年9月	
皮袍	二毛	1件	70%	60元	1935年10月	
工程书籍	八成新	20册	被炸遗失已不成册	200元	最近二三年置	

续表

被灾日期	10月26日	被灾地点	临江路西来街23号	房屋被炸或震塌	被炸	原支薪俸数目	80元	有无同居眷属	无
						填报人：职务　技佐 姓名　刘泽沛 二十九年十二月三日			

(0067—3—5100)

226. 重庆市工务局为呈报工役唐坤1941年5月26日被炸损失给重庆市政府秘书处的文(1941年6月5日)

兹查本局路灯管理处工役唐坤于本年五月二十六日在本市国府路226号遭受空袭损害,将房屋炸毁。经查属实,连同该员所报私物损失报告表及该管保甲长证明单各1份函请查照办理为荷。

此致

本府秘书处

附检送唐坤私物损失报告表1份及该管保长证明单1纸①

启

三十年六月

附：

重庆市政府工务局员役空袭损失私物报告表

物品名称	品质	数量	损失程度	原价	购买年月	备考
铁耳锅 白铁锅		2口		25元	1941年3月	
米缸		1口		44元	1941年3月	
方桌		1张		10元	1940年9月	
方凳		4条		6.5元	1940年9月	
大盆		20个		10元	1940年9月	

---

① 此部分各文件之保甲长证明单均缺——编者。

续表

物品名称	品质	数量	损失程度	原价	购买年月	备考
水缸		1口		10元	1940年9月	
被灾日期	5月26日	被灾地点	国府路226号	房屋被炸或震塌	炸毁	原支薪俸数目	35元	有无同居眷属	有

右〈上〉开物品确系因空袭被毁,谨报告

局长吴

　　转呈

市长吴

　　　　　　　　　　　　填报人:职务　公役

　　　　　　　　　　　　　　　　姓名　唐坤

　　　　　　　　　　　　三十年五月二十九日

(0067—3—5142)

227. 重庆市工务局为呈报愿警林云1941年6月1日被炸损失给重庆市政府秘书处的文(1941年6月2日)

兹查本局愿警林云于本年六月一日在本市鼓楼街1号遭受空袭损害,将房屋被炸。经查属实,连同该员所报私物损失报告表及该管保甲长证明单各1份函请查照办理为荷。

此致

本府秘书处

附检送林云私物损失报告表1份及该管保长证明单1纸

　　　　　　　　　　　　　　　　　　　　　启

　　　　　　　　　　　　　　　三十年六月二日

附:

重庆市政府工务局员役空袭损失私物报告表

物品名称	品质	数量	损失程度	原价	购买年月	备考
木床	木料	1间	全毁	50元	1941年1月	
椅凳靠桌	木料	3个	全毁	32元	1940年4月	

续表

物品名称	品质	数量	损失程度	原价	购买年月	备考
大皮箱	牛皮	1口	全毁	28元	1941年3月	
铁锅		1口	全毁	14元	1940年10月	
水缸		1口	全毁	18元	1940年10月	
铜锅		1个	全毁	22元	1940年10月	
帐子	白麻纱	1床	全毁	40元	1941年4月	
青呢大衣		1件	全毁	90元	1940年9月	
青服装	哈叽	1套	下装稍好	40元	1941年4月	
礼帽	呢	1顶	不能用	22元	1940年12月	
黄服装	哈叽	1套	不能穿	45元	1941年5月	
电筒		1根	全毁	21元	1940年12月	
时钟		1架	能修理	43元	1940年11月	
篾席		1床	不能用	20元	1941年5月	
磁钟		2个	全毁	8元	1940年4月	
茶壶	磁器	1个	不能用	12元	1941年2月	
茶钟	磁器	4个	合用	8元	1941年2月	
食米		2斗	合用	12元	1941年5月所领之平价米
铜瓢		1个	堪用	8元	1940年10月	
锅铲		1个	合用	2元	1940年10月	
洋锁		2把	被炸遗失	5.4元	1941年2月	
镜子		1把	不能用	8元	1940年12月	
雨伞		1把	合用	5元	1941年5月	
被灾日期	6月1日	被灾地点	鼓楼街1号	房屋被炸或震塌	被炸	原支薪俸数目	68元	有无同居眷属	有

右〈上〉开物品确系因空袭被毁,谨报告
局长吴
　　转呈
市长吴

　　　　　　　　　　　　　　　填报人：职务　愿警
　　　　　　　　　　　　　　　　　　　姓名　林云
　　　　　　　　　　　　　　　　　三十年六月二日

(0067—3—5142)

228. 重庆市工务局为呈报愿警戴超群1941年6月1日被炸损失给重庆市政府秘书处的文(1941年6月5日)

兹查本局愿警戴超群于本年六月一在本市二十梯22号遭受空袭损害,将房屋震塌。经查属实,连同该员所报私物损失报告表及该管保甲长证明单各1份函请查照办理为荷。

此致

本府秘书处

附检送戴超群私物损失报告表1份及该管保长证明单1纸

启

三十年六月五日

附：

重庆市政府工务局员役空袭损失私物报告表

物品名称	品质	数量	损失程度	原价	购买年月	备考
敞床		1	能修理	45元	1934年5月	
帐子		1	不能用	30元	1934年5月	
铁锅		1	不能用	20元	1940年7月	
水缸		1	不能用	18元	1940年7月	
被灾日期	6月1日	被灾地点	二十梯22号	房屋被炸或震塌	震塌	原支薪俸数目	54元	有无同居眷属	有

右〈上〉开物品确系因空袭被毁,谨报告

局长吴

　　转呈

市长吴

填报人：职务　愿警

姓名　戴超群

三十年六月三日

(0067—3—5142)

229. 重庆市工务局为呈报愿警曾德武1941年6月2日被炸损失给重庆市政府秘书处的文(1941年6月3日)

兹查本局愿警曾德武于本年六月二日在本市至圣宫18号遭受空袭损害,将房屋被炸。经查属实,连同该员所报私物损失报告表及该管保甲长证明单各1份函请查照办理为荷。

此致

本府秘书处

附检送曾德武私物损失报告表1份

四分局骡马寺镇第三保保甲长证明单1纸

启

三十年六月三日

附:

重庆市政府工务局员役空袭损失私物报告表

物品名称	品质	数量	损失程度	原价	购买年月	备考
被盖		1	不能用	40元	1940年5月	
木藤床		1	不能用	36元	1941年3月	
棉絮		1	不能用	20元	1940年5月	
线毯		1	不能用	20元	1941年2月	
青哈叽服装		2套	不能用	60元	1940年12月	
洋磁盆		1	不能用	20元	1940年12月	
铁锅		1	不能用	11元	1940年12月	
菜刀		1	不能用	10元	1940年12月	
酒壶		1	不能用	8元	1940年12月	
铜瓢		1	不能用	16元	1940年12月	
木桌		1	不能用	20元	1940年12月	
板凳		4	不能用	20元	1941年5月	
食米		6升	不能用	12元		
被灾日期	6月2日	被灾地点	至圣宫18号	房屋被炸或震塌	震塌	原支薪俸数目	36元	有无同居眷属	有

续表

> 右〈上〉开物品确系因空袭被毁,谨报告
>
> 局长吴
>
> 　　　转呈
>
> 市长吴
>
> 　　　　　　　　　　　填报人:职务　愿警
>
> 　　　　　　　　　　　　　　　姓名　曾德武
>
> 　　　　　　　　　　　　　三十年六月三日

(0067—3—5142)

230. 重庆市工务局为呈报信差汤勋1941年6月5日被炸损失给重庆市政府秘书处的文(1941年6月9日)

兹查本局信差汤勋于本年六月五日在本市上安乐洞30号遭受空袭损害,将房屋焚毁。经查属实,连同该员所报私物损失报告表及该管保甲长证明单各1份函请查照办理为荷。

此致

本府秘书处

附检送汤勋私物损失报告表1份及该管保长证明单1纸

启

三十年六月九日

附:

重庆市政府工务局员役空袭损失私物报告表

物品名称	品质	数量	损失程度	原价	购买年月	备考
白木平床	木质	1间	焚毁	36元	1941年1月4日	
线毯	棉质	1床	焚毁	22元	1940年11月	
被盖	土布质	1床	焚毁	48元	1939年9月	
磁盆	洋磁	1口	焚毁	20元	1940年7月	
铁锅	铁质	1口	焚毁	13元	1940年5月	
小方桌	木质	1张	焚毁	12元	1940年5月	

续表

物品名称	品质	数量	损失程度	原价	购买年月	备考
方凳	木质	3个	焚毁	2.5元	1940年5月	
水缸	瓦质	1口	焚毁	8元	1940年4月	
女棉衣	布质	1件	焚毁	36元	1940年10月	
絮裤	布质	1条	焚毁	14元	1940年10月	
夹紧身	线质	1套	焚毁	21元	1940年9月1日	
被灾日期	6月5日	被灾地点	上安乐洞街30号	房屋被炸或震塌	焚毁	原支薪俸数目	28元	有无同居眷属	有

右〈上〉开物品确系因空袭被毁，谨报告

局长吴

　转呈

市长吴

填报人：职务　信差

姓名　汤勋

三十年六月九日

（0067—3—5142）

231. 重庆市工务局为呈报技工尤顺金1941年6月5日被炸损失给重庆市政府秘书处的文（1941年6月12日）

兹查本局路灯管理处技工尤顺金于本年六月五日在本市海棠溪盐店湾55号遭受空袭损害，将房屋炸毁。经查属实，连同该员所报私物损失报告表及该管保甲长证明单各1份函请查照办理为荷。

此致

本府秘书处

附检送尤顺金私物损失报告表1份及该管保长证明单1纸

启

三十年六月十二日

附：

重庆市政府工务局员役空袭损失私物报告表

物品名称	品质	数量	损失程度	原价	购买年月	备考
棕板床	木	1座	全毁	60元	1941年4月	窃工系今(三十)年四月十二日在南岸现住处结婚所有一切衣物行装概为新购
蚊帐	麻	1床	全毁	70元	1941年4月	
铺盖	丝 布	各1床	全毁	90元 70元	1941年4月	
毯子	毛	1床	全毁	60元	1941年4月	
被单	布	1床	全毁	30元	1941年4月	
大皮箱	皮	1口	全毁	440元	1941年4月	皮箱值60元,内有女丝绒袍1件值120元夹长袍2件值100元绒线衫(男女)各1件值120元
大木箱	木	1口	全毁	240元	1941年4月	木箱值20元,内有男□绒袍1件值100元男女羊毛长衫3件值120元
全部家具		1套	全毁	100元	1941年4月	房内家具值60元,厨房家具值40元
被灾日期	6月5日晚	被灾地点	重庆南岸海棠溪盐店湾55号楼上	房屋被炸或震塌	完全中弹被炸	原支薪俸数目 650元	有无同居眷属	有

右〈上〉开物品确系因空袭被毁,谨报告

局长吴

　　转呈

市长吴

　　　　　　　　　　　　填报人:职务　技工

　　　　　　　　　　　　姓名　尤顺金

　　　　　　　　　　　　三十年六月六日

(0067—3—5142)

232. 重庆市工务局为呈报职员周久康1941年6月7日被炸损失给重庆市政府秘书处的文(1941年6月10日)

兹查本局职员周久康于本年六月七日在本市中华路69号遭受空袭损害,将房屋焚毁。经查属实,连同该员所报私物损失报告表及该管保甲长证明单各1份函请查照办理为荷。

此致

本府秘书处

附检送周久康私物损失报告表1份及该管保长证明单1纸

启

三十年六月十日

附：

重庆市政府工务局员役空袭损失私物报告表

物品名称	品质	数量	损失程度	原价	购买年月	备考
被盖	包单布面锦缎	3	火焚成灰	70元	1940年7月	
毯子	毛线	1 1	火焚成灰	40元 28元	1939年10月 1940年1月	
青中山服	马裤呢	1	火焚成灰	320元	1940年9月	
青西服	毛哔叽	1	火焚成灰	200元	1940年2月	
衬衣	虎〔府〕绸	2	火焚成灰	24元	1940年10月	
外套	美国厚呢	1	火焚成灰	160元	1939年11月	
衬衣	洋绒	1	火焚成灰	12元	1939年11月	
礼帽	呢	1	火焚成灰	8元	1939年4月	
女皮衫	羊皮	1	火焚成灰	50元	1940年10月	
女齐〔旗〕袍	绉绸 蓝布	1 2	火焚成灰	90元 48元	1940年4月 1940年8月	
木床	楠木	1	火焚成灰	80元	1938年2月	
写字台	楠木	1	火焚成灰	50元	1938年2月	

续表

物品名称	品质	数量	损失程度	原价	购买年月	备考
面盆	洋磁	1	火焚成灰	□□元	1940年8月	
被灾日期	6月7日	被灾地点	重庆中华路69号	房屋被炸或震塌	火焚	原支薪俸数目 80元	有无同居眷属 妻1子1

右（上）开物品确系因空袭被毁，谨报告

局长吴

　　转呈

市长吴

　　　　　　　　　　　　　填报人：职务　办事员

　　　　　　　　　　　　　　　　　姓名　周久康

　　　　　　　　　　　　　　　　　三十年六月七日

（0067—3—5142）

233. 重庆市工务局为呈报局长吴华甫1941年6月29日被炸损失给重庆市政府秘书处的文（1941年7月3日）

兹查本局局长吴华甫于本年六月二十九日在本市桂香阁本局内遭受空袭损害，将房屋炸塌。经查属实，连同该员所报私物损失报告表及该管保甲长证明单各1份函请查照办理为荷。

此致

本府秘书处

附检送吴华甫私物损失报告表1份

　　　　　　　　　　　　　　　　　　　　　　　启

　　　　　　　　　　　　　　　　三十年七月三日

附：

重庆市政府工务局员役空袭损失私物报告表

物品名称	品质	数量	损失程度	原价	购买年月	备考
绷床		1张		40元		
3磅水瓶		2个		70元		

续表

物品名称	品质	数量	损失程度	原价	购买年月	备考
大衣柜子		1架		40元		
写字台		1张		50元		
竹架		1个		10元		
衣架		1个		15元		
大号纱帐		1床		60元		
胶鞋		1双		15元		
灯罩		4座		30元		
拖鞋		1双		6元		
背心		2件		10元		
寸〔衬〕衣		2件		15元		
睡衣		3件		35元		
磁盆碗		□个		5元		
大号镜子		1个		5元		
沙法〔发〕椅		5张		100元		
木椅		3张		16元		
大茶几		1张		7元		
台灯		1盏		15元		
时钟		1架		15元		
白布毯		1床		15元		
白布门帘		2条		15元		
水缸		1口		7元		
饭碗		3个		0.5元		
菜碗		1个				
菜盘		2个		1元		
被絮		1床		15元		
被灾日期	六月二十九日	被灾地点	房屋被炸或震塌	原支薪俸数目	560元	有无同居眷属	有

续表

右〈上〉开物品确系因空袭被毁,谨报告 局长吴 　　转呈 市长吴 　　　　　　　　　　　　　　填报人:职务　局长 　　　　　　　　　　　　　　　　　　姓名　吴华甫 　　　　　　　　　　　　　　　　　　三十年七月三日

(0067—3—5142)

234. 重庆市工务局为呈报科长邹光烈1941年6月29日被炸损失给重庆市政府秘书处的文(1941年7月3日)

兹查本局科长邹光烈于本年六月二十九日在本市桂香阁本局内遭受空袭损害,将房屋炸塌。经查属实,连同该员所报私物损失报告表及该管保甲长证明单各1份函请查照办理为荷。

此致

本府秘书处

附检送邹光烈私物损失报告表1份

启

三十年七月三日

附:

重庆市政府工务局员役空袭损失私物报告表

物品名称	品质	数量	损失程度	原价	购买年月	备考
洋伞	钢质	1把	炸毁	50元	1941年3月	
西裤	哔叽	1条	炸毁	60元	1940年7月1日	
被灾日期	6月29日	被灾地点	桂香阁本局	房屋被炸或震塌	被炸	原支薪俸数目	320元	有无同居眷属	无

续表

> 右〈上〉开物品确系因空袭被毁,谨报告
> 局长吴
> 　　转呈
> 市长吴
>
> 　　　　　　　　　　　　　填报人：职务　科长
> 　　　　　　　　　　　　　　　　　姓名　邹光烈
> 　　　　　　　　　　　　　　　　　三十年七月三日

(0067—3—5142)

235. 重庆市工务局为呈报职员邹森1941年6月29日被炸损失给重庆市政府秘书处的文(1941年7月3日)

兹查本局职员邹森于本年六月二十九日在本市桂香阁本局内遭受空袭损害,将房屋炸塌。经查属实,连同该员所报私物损失报告表及该管保甲长证明单各1份函请查照办理为荷。

此致

本府秘书处

附检送邹森私物损失报告表1份

　　　　　　　　　　　　　　　　　　　　　　　启

　　　　　　　　　　　　　　　　　　　三十年七月三日

附：

重庆市政府工务局员役空袭损失私物报告表

物品名称	品质	数量	损失程度	原价	购买年月	备考
皮箱	皮	1只	炸毁	40元	1938年10月	
西服	黑呢	1套	炸毁	50元	1938年11月	
背心	哔叽	1件	炸毁	10元	1937年12月	
长裤	翻布	1件	炸毁	15元	1938年5月	
春秋衫	棉毛	1件	炸毁	16元	1940年10月	
白皮鞋	皮	1双	炸毁	20元	1940年7月	

续表

物品名称	品质	数量	损失程度	原价	购买年月	备考
套鞋	胶	1双	炸毁	25元	1941年1月	
领带	绸	2条	炸毁	10元	1940年3月	
地图		2本	炸毁	12元	1939年6月	
被灾日期	6月29日	被灾地点	桂香阁本局	房屋被炸或震塌	炸毁	原支薪俸数目	140元	有无同居眷属	无

右〈上〉开物品确系因空袭被毁,谨报告

局长吴

　　转呈

市长吴

　　　　　　　　　　　　　　填报人:职务　科员

　　　　　　　　　　　　　　　　　　姓名　邹森

　　　　　　　　　　　　　　　　三十年七月三日

(0067—3—5142)

236. 重庆市工务局为呈报职员徐家桢1941年6月29日被炸损失给重庆市政府秘书处的文(1941年7月3日)

兹查本局职员徐家桢于本年六月二十九日在本市桂香阁本局内遭受空袭损害,将房屋炸塌。经查属实,连同该员所报私物损失报告表及该管保甲长证明单各1份函请查照办理为荷。

　　此致

本府秘书处

附检送徐家桢私物损失报告表1份

　　　　　　　　　　　　　　　　　　　　　启

　　　　　　　　　　　　　　　　三十年七月三日

附：

重庆市政府工务局员役空袭损失私物报告表

物品名称	品质	数量	损失程度	原价	购买年月	备考
长衫	丝质	1件	炸毁	12元	1940年5月	
皮鞋	胎底	1双	炸毁	70元	1941年3月	
皮鞋	小牛皮	1双	炸毁	40元	1941年3月	
图章	象牙	1个	炸毁	20元	1941年2月	
电棒		1个	炸毁	15元		
被灾日期	1941年6月29日	被灾地点	桂香阁本局	房屋被炸或震塌	全部被炸	原支薪俸数目	190元	有无同居眷属	有

右〈上〉开物品确系因空袭被毁,谨报告

局长吴

　　转呈

市长吴

　　　　　　　　　　填报人：职务　分股主任

　　　　　　　　　　　　　　姓名　徐家桢

　　　　　　　　　　　　　　三十年七月二日

（0067—3—5142）

237. 重庆市工务局为呈报职员张嘉承1941年6月29日被炸损失给重庆市政府秘书处的文（1941年7月3日）

兹查本局职员张嘉承于本年六月二十九日在本市桂香阁本局内遭受空袭损害,将房屋炸塌。经查属实,连同该员所报私物损失报告表及该管保甲长证明单各1份函请查照办理为荷。

　　此致

本府秘书处

附检送张嘉承私物损失报告表1份

　　　　　　　　　　　　　　　　启

　　　　　　　　　　　　　三十年七月三日

附：

重庆市政府工务局员役空袭损失私物报告表

物品名称	品质	数量	损失程度	原价	购买年月	备考
绒线衫	羊毛	1件	被炸无好	80元	1940年10月	
卫生褂裤	棉质	1套	被炸无好	30元	1939年9月	
绒线毯	棉毛质	1张	被炸无好	24元	1937年12月	
白绒裤	棉毛质	1条	被炸无好	18元	1940年9月	
被灾日期	6月29日	被灾地点	桂香阁本局	房屋被炸或震塌	被炸	原支薪俸数目	90元	有无同居眷属	无

右〈上〉开物品确系因空袭被毁，谨报告

局长吴

　　转呈

市长吴

填报人：职务　办事员

　　　　姓名　张嘉承

三十年七月三日

（0067—3—5142）

238. 重庆市工务局为呈报职员周渭滨1941年6月29日被炸损失给重庆市政府秘书处的文（1941年7月3日）

兹查本局职员周渭滨于本年六月二十九日在本市桂香阁本局内遭受空袭损害，将房屋炸塌。经查属实，连同该员所报私物损失报告表及该管保甲长证明单各1份函请查照办理为荷。

此致

本府秘书处

附检送周渭滨私物损失报告表1份

启

三十年七月三日

附：

重庆市政府工务局员役空袭损失私物报告表

物品名称	品质	数量	损失程度	原价	购买年月	备考
皮鞋		1双	全毁	70元	1940年12月	
小皮箱		1口	全毁	30元	1940年10月	
府绸褂裤		1套	全毁	28元	1941年3月	
雨伞	绒	1把	全毁	6元	1941年3月	
呢帽		1顶	全毁	50元	1941年1月	
衬衫		1件	全毁	15元	1940年12月	
衬裤		1条	全毁	5元	1941年4月	
被灾日期	1941年6月29日	被灾地点	本局	房屋被炸或震塌	炸毁	原支薪俸数目	百元	有无同居眷属	有

右（上）开物品确系因空袭被毁，谨报告

局长吴

　　转呈

市长吴

　　　　　　　　　　　　填报人：职务　办事员

　　　　　　　　　　　　　　　　姓名　周渭滨

　　　　　　　　　　　　　　　　三十年七月三日

(0067—3—5142)

239. 重庆市工务局为呈报职员汪时和1941年6月29日被炸损失给重庆市政府秘书处的文（1941年7月3日）

兹查本局职员汪时和于本年六月二十九日在本市桂香阁本局内遭受空袭损害，将房屋炸塌。经查属实，连同该员所报私物损失报告表及该管保甲长证明单各1份函请查照办理为荷。

此致

本府秘书处

附检送汪时和私物损失报告表1份

启

三十年七月三日

附：

重庆市政府工务局员役空袭损失私物报告表

物品名称	品质	数量	损失程度	原价	购买年月	备考
皮箱	皮革	1只	全毁	35元	1938年12月	
帐子	纱	1顶	全毁	30元	1939年4月	
毛绒衫	羊毛	1件	全毁	100元	1940年2月	
被单	布	1条	全毁	25元	1940年4月	
卫生衫	棉质	1件	全毁	30元	1940年9月	
府绸短衫裤	棉	1套	全毁	20元	1939年5月	
被灾日期	1941年6月29日	被灾地点	桂香阁本局	房屋被炸或震塌	被炸	原支薪俸数目	70元	有无同居眷属	无

右〈上〉开物品确系因空袭被毁，谨报告

局长吴

　　转呈

市长吴

填报人：职务　办事员

姓名　汪时和

三十年七月三日

(0067—3—5142)

240. 重庆市工务局为呈报职员冯中美1941年6月29日被炸损失给重庆市政府秘书处的文(1941年7月3日)

兹查本局职员冯中美于本年六月二十九日在本市桂香阁本局内遭受空袭损害，将房屋炸塌。经查属实，连同该员所报私物损失报告表及该管保甲长证明单各1份函请查照办理为荷。

此致

本府秘书处

附检送冯中美私物损失报告表1份

启

三十年七月三日

附:

重庆市政府工务局员役空袭损失私物报告表

物品名称	品质	数量	损失程度	原价	购买年月	备考
黑长袖夹衫	布	1件	全丢	50元	1941年2月	
电筒	铁	1个	全丢	12元	1941年4月	
被灾日期	6月29日	被灾地点	桂香阁工务局	房屋被炸或震塌	被炸	原支薪俸数目	50元	有无同居眷属	无

右〈上〉开物品确系因空袭被毁,谨报告

 局长吴

  转呈

 市长吴

       填报人:职务 雇员

        姓名 冯中美

        三十年七月三日

(0067—3—5142)

241. 重庆市工务局为呈报职员易重华1941年6月29日被炸损失给重庆市政府秘书处的文(1941年7月3日)

兹查本局职员易重华于本年六月二十九日在本市桂香阁本局内遭受空袭损害,将房屋炸塌。经查属实,连同该员所报私物损失报告表及该管保甲长证明单各1份函请查照办理为荷。

此致

本府秘书处

附检送易重华私物损失报告表1份

启

三十年七月三日

附：

重庆市政府工务局员役空袭损失私物报告表

物品名称	品质	数量	损失程度	原价	购买年月	备考
大号皮箱	牛皮	1只	破不能用	80元	1940年12月	
小铁箱	镔铁	1只	破不能用	17.5元	1940年8月	
浅兰〔蓝〕士林布	布	7尺5寸	损失	21元	1941年5月	
白底兰〔蓝〕花布	麻纱	8尺	损失	19.2元	1941年5月	
雨伞	油纸	1把	破不能用	5元	1941年4月	
小手巾	麻纱	4条	损失	10元	1941年5月	
面巾	纱	2条	损失	7元	1941年5月	
小圆镜		1面	损失	5元	1941年6月	
被灾日期 6月29日	被灾地点	桂香阁工务局	房屋被炸或震塌	被炸	原支薪俸数目	月薪100元	有无同居眷属	无

右〈上〉开物品确系因空袭被毁，谨报告
局长吴
　　转呈
市长吴

填报人：职务　科员
　　　　姓名　易重华
　　　　三十年七月四日①

（0067—3—5142）

242. 重庆市工务局为呈报职员刘显1941年6月29日被炸损失给重庆市政府秘书处的文（1941年7月3日）

兹查本局职员刘显于本年六月二十九日在本市桂香阁本局内遭受空袭损害，将房屋炸塌。经查属实，连同该员所报私物损失报告及该管保甲长证明单各1份表函请查照办理为荷。

---

① 文件形成时间为七月三日，所附表格时间为七月四日，疑为笔误，原档照录。

此致

本府秘书处

附检送刘显私物损失报告表1份

启

三十年七月三日

附：

重庆市政府工务局员役空袭损失私物报告表

物品名称	品质	数量	损失程度	原价	购买年月	备考
礼帽	呢	1顶	全无	20元	1940年4月	
皮箱	牛皮	1只	被炸压滥〔烂〕	40元	1940年2月	
雨衣	风雨布	1套	戳滥〔烂〕	50元	1939年5月	
被盖衬毯	弹布	1床	戳滥〔烂〕	30元	1939年4月	
大衣	毛呢	1件	戳滥〔烂〕	70元	1938年2月	
夹衫	绉纱沱绒	1件	戳滥〔烂〕	75元	1940年4月	
布衫	蓝布	1件	全无	24元	1940年12月	
被灾日期	6月29日	被灾地点	工务局本局	房屋被炸或震塌	被炸	原支薪俸数目	85元	有无同居眷属	有

右〈上〉开物品确系因空袭被毁，谨报告

局长吴

　　转呈

市长吴

填报人：职务　办事员

　　　　姓名　刘显

三十年六月卅日

（0067—3—5142）

243.重庆市工务局为呈报职员裴鸿业1941年6月29日被炸损失给重庆市政府秘书处的文（1941年7月3日）

兹查本局职员裴鸿业于本年六月二十九日在本市桂香阁本局内遭受空袭损害，将房屋炸塌。经查属实，连同该员所报私物损失报告表及该管保甲长证明单各1份函请查照办理为荷。

　　此致

本府秘书处

附检送裴鸿业私物损失报告表1份

启

三十年七月三日

附：

重庆市政府工务局员役空袭损失私物报告表

物品名称	品质	数量	损失程度	原价	购买年月	备考
呢帽	呢	1顶	全无	50元	1940年2月	
线毯	线	1床	全无	36元	1940年5月	
毛线衣	毛	1件	不能穿	50元	1940年11月	
花制服	线	1套	不能穿	45元	1940年11月	
黄短服	线	1套	不能穿	38元	1939年12月	
线袜	线	3双	不能穿	9元	1941年3月	
花绒衬衣	线	1件	全无	23元	1941年1月	
被灾日期	6月29日	被灾地点	桂香阁本局	房屋被炸或震塌	被炸	原支薪俸数目	120元	有无同居眷属

右〈上〉开物品确系因空袭被毁，谨报告

局长吴

　　转呈

市长吴

填报人：职务　科员
姓名　裴鸿业
三十年六月卅日

(0067—3—5142)

244. 重庆市工务局为呈报职员张于君1941年6月29日被炸损失给重庆市政府秘书处的文(1941年7月3日)

兹查本局职员张于君于本年六月二十九日在本市桂香阁本局内遭受空

袭损害,将房屋炸塌。经查属实,连同该员所报私物损失报告表及该管保甲长证明单各1份函请查照办理为荷。

此致

本府秘书处

附检送张于君私物损失报告表1份

启

三十年七月三日

附：

重庆市政府工务局员役空袭损失私物报告表

物品名称	品质	数量	损失程度	原价	购买年月	备考
皮箱	顶上皮	1口	已压榨毁滥〔烂〕	50元	1940年3月	
提包	帆布	1筒	戳破	4元	1940年5月	
制服下装	黄呢	1件	炸毁遗失	40元	1940年12月	
毛线汗衣	毛线	1件	炸毁遗失	50元	1940年10月	
面巾	毛面	1张	炸毁遗失	3元	1941年5月	
丝袜	丝绒	1袋	炸毁遗失	8元	1941年5月	
被灾日期	6月29日	被灾地点	本局	房屋被炸或震塌	被炸	原支薪俸数目	140元	有无同居眷属	有

右〈上〉开物品确系因空袭被毁,谨报告

局长吴

　　转呈

市长吴

填报人：职务　科员

姓名　张于君

三十年七月一日

(0067—3—5142)

245. 重庆市工务局为呈报职员邓结华1941年6月29日被炸损失给重庆市政府秘书处的文(1941年7月3日)

兹查本局职员邓结华于本年六月二十九日在本市桂香阁本局内遭受空

袭损害,将房屋炸塌。经查属实,连同该员所报私物损失报告表及该管保甲长证明单各1份函请查照办理为荷。

此致

本府秘书处

附检送邓结华私物损失报告表1份

启

三十年七月三日

附：

重庆市政府工务局员役空袭损失私物报告表

物品名称	品质	数量	损失程度	原价	购买年月	备考
浅灰士林布	布	7尺半	损失	21元	1941年6月	
花麻纱旗袍	麻纱	1件	损失	28元	1941年5月	
蓝黑色绒线	羊毛	半磅	损失	55元	1941年1月	
浅蓝布旗袍	布	1件	损失	18元	1940年4月	
被灾日期	6月29日	被灾地点	工务局	房屋被炸或震塌	被炸	原支薪俸数目	65元	有无同居眷属	无

右〈上〉开物品确系因空袭被毁,谨报告

局长吴

　转呈

市长吴

填报人:职务　雇员

姓名　邓结华

三十年七月三日

(0067—3—5142)

246. 重庆市工务局为呈报油印生胡焕章1941年6月29日被炸损失给重庆市政府秘书处的文(1941年7月3日)

兹查本局油印生胡焕章于本年六月二十九日在本市至圣宫5号遭受空袭损害,将房屋炸塌。经查属实,连同该员所报私物损失报告表及该管保甲长证明单各1份函请查照办理为荷。

此致

本府秘书处

附检送胡焕章私物损失报告表1份

启

三十年七月三日

附：

重庆市政府工务局员役空袭损失私物报告表

物品名称	品质	数量	损失程度	原价	购买年月	备考
被盖	棉质	1床	炸毁	55元	1940年9月	
棕藤床	木质	1间	炸毁	40元	1941年4月	
写字桌	木质	1张	炸毁	35元	1941年4月	
小耳锅	铁质	1口	炸毁	22元	1941年4月	
水缸	瓦质	1口	炸毁	12元	1941年4月	
脸盆	磁质	1口	炸毁	28元	1941年4月	
木椅	木质	1把	炸毁	18元	1941年4月	
皮鞋	皮质	1双	炸毁	45元	1941年5月	
牙刷	骨质	1把	炸毁	2元	1941年5月	
磁钟	磁质	1个	炸毁	8元	1941年5月	
菜刀锅铲	铁质	各1把	炸毁	12元	1941年4月	
被灾日期	6月29日	被灾地点	至圣宫5号	房屋被炸或震塌	炸塌	原支薪俸数目	48元	有无同居眷属	有

右〈上〉开物品确系因空袭被毁，谨报告

局长吴

　转呈

市长吴

填报人：职务　油印生

姓名　胡焕章

三十年七月二日

(0067—3—5142)

247. 重庆市工务局为呈报工役刘国荣1941年6月29日被炸损失给重庆市政府秘书处的文(1941年7月3日)

兹查本局工役刘国荣于本年六月二十九日在本市桂香阁本局内遭受空袭损害,将房屋炸塌。经查属实,连同该员所报私物损失报告表及该管保甲长证明单各1份函请查照办理为荷。

此致

本府秘书处

附检送刘国荣私物损失报告表1份

启

三十年七月三日

附:

重庆市政府工务局员役空袭损失私物报告表

物品名称	品质	数量	损失程度	原价	购买年月	备考
蓝布褂裤		2套	全毁	50元	1941年3月	
阴丹士林布长衫	.	1件	全毁	46元	1941年2月	
力士鞋		1双	全毁	14元	1941年4月	
被灾日期	6月29日	被灾地点	本局	房屋被炸或震塌	炸毁	原支薪俸数目	28元	有无同居眷属	无

右〈上〉开物品确系因空袭被毁,谨报告

局长吴

　　转呈

市长吴

填报人:职务　公差

姓名　刘国荣

三十年七月二日

(0067—3—5142)

248. 重庆市工务局为呈报工役刘树清1941年6月29日被炸损失给重庆市政府秘书处的文(1941年7月3日)

兹查本局工役刘树清于本年六月二十九日在本市桂香阁本局内遭受空袭损害,将房屋炸塌。经查属实,连同该员所报私物损失报告表及该管保甲长证明单各1份函请查照办理为荷。

此致

本府秘书处

附检送刘树清私物损失报告表1份

启

三十年七月三日

附：

重庆市政府工务局员役空袭损失私物报告表

物品名称	品质	数量	损失程度	原价	购买年月	备考
麻制服	葛纱	1套	全无	42元	1940年8月	
白衬衣	市布	1件	全无	18元	1940年12月	
棉紧衣	青布	1件	全无	20元	1940年10月	
鞋子	操鞋	1双	全无	12元	1940年12月	
短裤	斜纹	1件	全无	12元	1940年12月	
葛巾	棉纱	1根	全无	3元	1941年6月	
被灾日期	6月29日	被灾地点	桂香阁本局	房屋被炸或震塌	被炸	原支薪俸数目	34元	有无同居眷属	有

右〈上〉开物品确系因空袭被毁,谨报告

局长吴

　转呈

市长吴

填报人：职务　公差

姓名　刘树清

三十年七月二日

(0067—3—5142)

249. 重庆市工务局为呈报工役胡宝轩1941年6月29日被炸损失给重庆市政府秘书处的文（1941年7月3日）

兹查本局工役胡宝轩于本年六月二十九日在本市桂香阁本局内遭受空袭损害，将房屋炸塌。经查属实，连同该员所报私物损失报告表及该管保甲长证明单各1份函请查照办理为荷。

此致

本府秘书处

附检送胡宝轩私物损失报告表1份

启

三十年七月三日

附：

重庆市政府工务局员役空袭损失私物报告表

物品名称	品质	数量	损失程度	原价	购买年月	备考
棉絮	棉质	2床	炸毁无遗	44元	1940年10月	
印花毯子	布质	1床	炸毁无遗	28.5元	1940年10月	
市布包单	布质	1床	炸毁无遗	35.5元	1940年10月	
被面	印花	1床	炸毁无遗	18元正	1941年4月内	
中山服	布质	2套	炸毁	8.5元	1941年2月内	
衬衫	线质	2件	炸毁	34元正	1941年5月	
短裤	棉质	2条	炸毁	28元正	1941年5月	
汗衫	绵〔棉〕质	1件	炸毁	12元	1941年5月	
男黑皮鞋	皮质	1双	炸毁	45元	1941年3月内	
青布男鞋	布质	1双	炸毁	8元	1941年6月	
线袜	绵〔棉〕质	2双	炸毁	7元	1941年5月内	
口盅牙刷	骨质、磁质	各1把	炸毁	12元	1940年10月	
被灾日期	6月29日	被灾地点	桂香阁本局	房屋被炸或震塌	被炸	原支薪俸数目	有无同居眷属

（0067—3—5142）

250. 重庆市工务局为呈报工役陈国清1941年6月29日被炸损失给重庆市政府秘书处的文(1941年7月3日)

兹查本局工役陈国清于本年六月二十九日在本市桂香阁本局内遭受空袭损害,将房屋炸塌。经查属实,连同该员所报私物损失报告表及该管保甲长证明单各1份函请查照办理为荷。

此致

本府秘书处

附检送陈国清私物损失报告表1份

启

三十年七月三日

附:

重庆市政府工务局员役空袭损失私物报告表

物品名称	品质	数量	损失程度	原价	购买年月	备考
中山服	芝麻呢	1套	炸毁	50元	1941年4月	
长衫	蓝洋布	1件	炸毁	20元	1941年2月	
短裤	白线布	1条	炸毁	10元	1941年5月	
单灰服	线布	1套	炸毁	55元	1941年5月	
皮鞋		1双	炸毁	52元	1941年4月	
胶鞋		1双	炸毁	21元	1940年12月	
白寸〔衬〕衣	白洋布	1件	炸毁	13元	1941年5月	
被灾日期	6月29日	被灾地点	市工务局	房屋被炸或震塌	被炸	原支薪俸数目	30元	有无同居眷属	无

右〈上〉开物品确系因空袭被毁,谨报告

局长吴

　　转呈

市长吴

填报人:职务　公役

姓名　陈国清

三十年七月二日

(0067—3—5142)

251. 重庆市工务局为呈报测工陈六尊1941年6月29日被炸损失给重庆市政府秘书处的文(1941年7月3日)

兹查本局测工陈六尊于本年六月二十九日在本市桂香阁本局内遭受空袭损害,将房屋炸塌。经查属实,连同该员所报私物损失报告表及该管保甲长证明单各1份函请查照办理为荷。

此致

本府秘书处

附检送陈六尊私物损失报告表1份

启

三十年七月三日

附:

重庆市政府工务局员役空袭损失私物报告表

物品名称	品质	数量	损失程度	原价	购买年月	备考
棉絮		1床	无	30元	1940年11月	
冲青贡呢鞋		1双	无	13元	1940年12月	
女印度绸衫		1条	无	7元	1937年6月	
女布鞋		1双	无	5元	1941年2月	
棉大衣		1件	破	48元	1940年11月	
女夏布衣		1件	破	14元	1940年5月	
白洋锡锅		1只	破	8元	1940年6月	
小儿衫		1件	无	5元	1940年10月	
草笠		1只	破	2元	1941年5月	
牙刷		1把	无	4元	1941年6月	
面巾		2条	无	5元	1941年6月	
大碗		5只	破	10元	1940年3月	
小碗		10只	破	7元	1940年3月	
竹席		1件	破	8元	1941年5月	
小儿床		1双	无	2元	1941年4月	
被灾日期	6月29日	被灾地点	工务局传达室	房屋被炸或震塌	被炸	原支薪俸数目	42元	有无同居眷属	有

续表

右〈上〉开物品确系因空袭被毁,谨报告
局长吴
转呈
市长吴
填报人:职务　测工兼传达
姓名　陈六尊
三十年六月卅日

（0067—3—5142）

252. 重庆市工务局为呈报工役周光清1941年6月29日被炸损失给重庆市政府秘书处的文(1941年7月3日)

兹查本局工役周光清于本年六月二十九日在本市桂香阁本局内遭受空袭损害,将房屋炸塌。经查属实,连同该员所报私物损失报告表及该管保甲长证明单各1份函请查照办理为荷。

此致

本府秘书处

附检送周光清私物损失报告表1份

启

三十年七月三日

附：

重庆市政府工务局员役空袭损失私物报告表

物品名称	品质	数量	损失程度	原价	购买年月	备考
被盖	棉质	1床	炸毁	68元	1940年8月	
线毯	棉质	1床	炸毁	24元	1940年9月	
寸(衬)衫	棉质	1件	炸毁	18元	1941年4月	
帆布操鞋	棉质	1双	炸毁	8元	1941年5月	
短裤	棉质	1条	炸毁	13.8元	1941年6月	
灰中山服	棉质	1套	炸毁	46元	1940年7月	

续表

物品名称	品质	数量	损失程度	原价	购买年月	备考
面巾 口盂	棉质 洋磁	各1只	炸毁	8.5元	1941年2月	
牙刷	骨质	1把	炸毁	3元	1941年3月	
线袜	棉制〔质〕	2双	炸毁	7元	1941年6月	
胶鞋	胶质	1双	炸毁	15元	1940年10月	
被灾日期	6月29日	被灾地点	本局四科	房屋被炸或震塌	炸塌	原支薪俸数目	34元	有无同居眷属	有

右〈上〉开物品确系因空袭被毁,谨报告

局长吴

    转呈

市长吴

填报人:职务　公役

姓名　周光清

三十年　月　日

(0067—3—5142)

253. 重庆市工务局为呈报司机罗兆龙1941年6月29日被炸损失给重庆市政府秘书处的文(1941年7月3日)

兹查本局司机罗兆龙于本年六月二十九日在本市桂香阁本局内遭受空袭损害,将房屋炸塌。经查属实,连同该员所报私物损失报告表及该管保甲长证明单各1份函请查照办理为荷。

此致

本府秘书处

附检送罗兆龙私物损失报告表1份

启

三十年七月三日

附：

重庆市政府工务局员役空袭损失私物报告表

物品名称	品质	数量	损失程度	原价	购买年月	备考
呢帽	呢	1顶	无	60元	1940年12月	
被灾日期	6月29日	被灾地点	本局	房屋被炸或震塌	被炸	原支薪俸数目	100元	有无同居眷属	无

右〈上〉开物品确系因空袭被毁,谨报告
局长吴
　转呈
市长吴

填报人:职务　司机
姓名　罗兆龙
三十年六月卅日

(0067—3—5142)

254. 重庆市工务局为呈报职员柳栽夫1941年6月29日被炸损失给重庆市政府秘书处的文(1941年7月3日)

兹查本局职员柳栽夫于本年六月二十九日在本市桂香阁本局内遭受空袭损害,将房屋炸塌。经查属实,连同该员所报私物损失报告表及该管保甲长证明单各1份函请查照办理为荷。

此致
本府秘书处
附检送柳栽夫私物损失报告表1份

启
三十年七月三日

附：

重庆市政府工务局员役空袭损失私物报告表

物品名称	品质	数量	损失程度	原价	购买年月	备考
衬衣	府绸	2件	破	40元	1941年6月	

续表

物品名称	品质	数量	损失程度	原价	购买年月	备考
面布	纱	1条	无	2元	1941年6月	
被灾日期	6月29日	被灾地点	本局	房屋被炸或震塌	被炸	原支薪俸数目 120元	有无同居眷属

右〈上〉开物品确系因空袭被毁，谨报告

局长吴
　　转呈
市长吴

填报人：职务　工程员
　　　　姓名　柳栽夫
　　　　三十年六月卅日

（0067—3—5142）

255. 重庆市工务局为呈报职员林登球1941年6月29日被炸损失给重庆市政府秘书处的文（1941年7月3日）

兹查本局职员林登球于本年六月二十九日在本市桂香阁本局内遭受空袭损害，将房屋炸塌。经查属实，连同该员所报私物损失报告表及该管保甲长证明单各1份函请查照办理为荷。

此致

本府秘书处

附检送林登球私物损失报告表1份

启

三十年七月三日

附：

重庆市政府工务局员役空袭损失私物报告表

物品名称	品质	数量	损失程度	原价	购买年月	备考
拖鞋	皮	1双	无	12.5元	1941年6月	
球鞋	胶布	1双	无	26元	1941年6月	
皮鞋	皮	1双	无	45元	1941年6月	

续表

物品名称	品质	数量	损失程度	原价	购买年月	备考
中山衣	卡叽〔咔叽〕	1套	无	65元	1941年6月	
雨衣	胶布	1件	破	75元	1941年6月	
衬衣	麻纱	2件	无	36元	1941年6月	
短裤	布	2条	无	7元	1941年6月	
学生衣	布	1套	无	38元	1941年6月	
礼帽	呢	1顶	无	54元	1940年11月	
面布	纱	1条	无	2.5元	1941年3月	
牙刷	骨	1把	无	1.8元	1941年3月	
牙杯	磁	1只	无	4.5元	1941年3月	
棉被	棉	1床	破	96元	1940年9月	
毛毡	羊毛	1床	破	50元	1940年9月	
布花毯	布	1床	破	32元	1940年7月	
皮箱	皮	1只	破	65元	1939年9月	
被灾日期	6月29日	被灾地点	本局	房屋被炸或震塌	被炸	原支薪俸数目	65元	有无同居眷属

右〈上〉开物品确系因空袭被毁,谨报告

局长吴

　　转呈

市长吴

　　　　　　　　　填报人:职务　监工员
　　　　　　　　　　　　　姓名　林登球
　　　　　　　　　　　　　三十年六月卅日

(0067—3—5142)

256. 重庆市工务局为呈报工役黄锡卿1941年6月29日被炸损失给重庆市政府秘书处的文(1941年7月3日)

兹查本局工役黄锡卿于本年六月二十九日在本市桂香阁本局内遭受空袭损害,将房屋炸塌。经查属实,连同该员所报私物损失报告表及该管保甲长证明单各1份函请查照办理为荷。

此致

本府秘书处

附检送黄锡卿私物损失报告表1份

启

三十年七月三日

附：

重庆市政府工务局员役空袭损失私物报告表

物品名称	品质	数量	损失程度	原价	购买年月	备考
青咔叽中山服	棉质	1套	炸毁	48元	1940年7月	
寸(衬)衫	棉质	1件	炸毁	24元	1941年4月	
短裤	棉质	1条	炸毁	15元	1941年4月	
被盖	棉质	1床	炸毁	65元	1940年4月	
包单	棉质	1床	炸毁	36元	1940年2月	
牙刷 口盂	骨质 洋磁	各1把	炸毁	15元	1940年3月	
面巾	棉制〔质〕	1张	炸毁	3元	1941年5月	
被灾日期	6月29日	被灾地点	本局办公室	房屋被炸或震塌	炸塌	原支薪俸数目	月支26元	有无同居眷属	无

右〈上〉开物品确系因空袭被毁，谨报告

局长吴

　　　转呈

市长吴

填报人：职务　公役

姓名　黄锡卿

三十年七月二日

（0067—3—5142）

257. 重庆市工务局为呈报工役袁平安1941年6月29日被炸损失给重庆市政府秘书处的文（1941年7月3日）

兹查本局工役袁平安于本年六月二十九日在本市桂香阁本局内遭受空

袭损害,将房屋炸塌。经查属实,连同该员所报私物损失报告表及该管保甲长证明单各1份函请查照办理为荷。

此致

本府秘书处

附检送袁平安私物损失报告表1份

启

三十年七月三日

附：

重庆市政府工务局员役空袭损失私物报告表

物品名称	品质	数量	损失程度	原价	购买年月	备考
青中山服	棉质	1套	炸毁	45元	1940年8月	
被盖	棉质	1床	炸毁	64元	1940年10月	
寸〔衬〕衫	棉质	1件	炸毁	16元	1941年4月内	
短裤	棉质	1条	炸毁	14元	1941年4月内	
青帆布鞋	棉质	1双	炸毁	7元	1941年5月	
黑反皮鞋	皮鞋	1双	炸毁	14元	1941年1月	
面巾 牙刷	洋线制〔质〕	各1张 把	炸毁	5元	1941年2月	
漱口盂	洋磁	1只	炸毁	7元	1940年10月	
被灾日期	6月29日	被灾地点	本局四科	房屋被炸或震塌	被炸	原支薪俸数目	月支26元	有无同居眷属	无

右〈上〉开物品确系因空袭被毁,谨报告

局长吴

转呈

市长吴

填报人:职务　公役

姓名　袁平安

三十年　月　日

(0067—3—5142)

258. 重庆市工务局为呈报职员杨在位1941年6月29日被炸损失给重庆市政府秘书处的文(1941年7月3日)

兹查本局职员杨在位于本年六月二十九日在本市桂香阁本局内遭受空袭损害,将房屋炸塌。经查属实,连同该员所报私物损失报告表及该管保甲长证明单各1份函请查照办理为荷。

此致

本府秘书处

附检送杨在位私物损失报告表1份

启

三十年七月三日

附：

重庆市政府工务局员役空袭损失私物报告表

物品名称	品质	数量	损失程度	原价	购买年月	备考
白线毯	线质	1张	全毁	40元	1940年1月	
毛绒衣	毛质	1件	全毁	55.5元	1939年11月	
布中山装	布质	1套	全毁	38元	1939年10月	
白衬衣	布质	1件	全毁	18元	1940年5月	
被灾日期	6月29日	被灾地点	本局	房屋被炸或震塌	炸塌	原支薪俸数目	75元	有无同居眷属	有

右〈上〉开物品确系因空袭被毁,谨报告

局长吴

　转呈

市长吴

填报人：职务　办事员

姓名　杨在位

三十年七月三日

(0067—3—5142)

259. 重庆市工务局为呈报职员杨和铭1941年6月29日被炸损失给重庆市政府秘书处的文(1941年7月4日)

兹查本局职员杨和铭于本年六月二十九日在本市桂香阁本局内遭受空袭损害,将房屋炸塌。经查属实,连同该员所报私物损失报告表及该管保甲长证明单各1份函请查照办理为荷。

此致

本府秘书处

附检送杨和铭私物损失报告表1份

启

三十年七月四日

附:

重庆市政府工务局员役空袭损失私物报告表

物品名称	品质	数量	损失程度	原价	购买年月	备考
布中山装	中	1套	被毁	50元	1940年5月	
油绸布雨衣	中	1件	破毁	60元	1940年2月	
白哔吱〔叽〕裤	中	1条	破损	25元	1939年2月	
白衬衫	中	1件	破烂	12元	1940年5月	
吊带	中	1条	破损	20元	1940年5月	
二节电筒	中	1支	被毁	15元	1940年7月	
红花面盆	上	1个	被毁	30元	1940年10月	
蓝花面盆	中	1个	破烂	12元	1939年7月	
白磁洗牙杯	中	1个	被毁	15元	1941年1月	
短袜	中	2双	被毁	10元	1941年5月	
牛角梳	上	1把	被毁	8元	1940年4月	
被灾日期	6月29日	被灾地点	本局	房屋被炸或震塌	被炸震塌	原支薪俸数目	180元	有无同居眷属	无

右〈上〉开物品确系因空袭被毁,谨报告

局长吴

　　转呈

市长吴

填报人:职务　科员

　　　　姓名　杨和铭

三十年七月一日

（0067—3—5142）

260. 重庆市工务局为呈报职员伍堃1941年6月29日被炸损失给重庆市政府秘书处的文(1941年7月4日)

兹查本局职员伍堃于本年六月二十九日在本市桂香阁本局内遭受空袭损害，将房屋炸塌。经查属实，连同该员所报私物损失报告表及该管保甲长证明单各1份函请查照办理为荷。

此致

本府秘书处

附检送伍堃私物损失报告表1份

启

三十年七月四日

附：

重庆市政府工务局员役空袭损失私物报告表

物品名称	品质	数量	损失程度	原价	购买年月	备考
棉大衣	布	1	炸毁	30元	1940年	
长衫	蓝布	1	炸毁	30元	1941年	
恤衫	绸	1	炸毁	50元	1941年	
皮鞋		1	炸毁	45元	1941年	
长裤	黄斜	1	炸毁	20元	1940年	
被灾日期	6月29日	被灾地点	本局办公室	房屋被炸或震塌	被炸	原支薪俸数目	65元	有无同居眷属	无

右〈上〉开物品确系因空袭被毁，谨报告

局长吴

　　转呈

市长吴

填报人：职务　雇员

　　　　姓名　伍堃

三十年　月　日

（0067—3—5142）

261. 重庆市工务局为呈报职员刘履中1941年6月29日被炸损失给重庆市政府秘书处的文(1941年7月4日)

兹查本局职员刘履中于本年六月二十九日在本市桂香阁本局内遭受空袭损害,将房屋炸塌。经查属实,连同该员所报私物损失报告表及该管保甲长证明单各1份函请查照办理为荷。

此致

本府秘书处

附检送刘履中私物损失报告表1份

启

三十年七月四日

附：

重庆市政府工务局员役空袭损失私物报告表

物品名称	品质	数量	损失程度	原价	购买年月	备考
纱帐	纱	1顶	破烂不堪	28元	1938年	
大衣	呢	1件	破烂不堪	100元	1940年	
女大衣	呢	1件	破烂不堪	150元	1940年	
绒袍	毛线	1件	破烂不堪	18元	1938年	
圆顶帐	夏布	1件	破烂不堪	8元	1939年	
卫生衣	棉	1件	破烂不堪	10元	1939年	
被单	线	1件	破烂不堪	20元	1939年	
青夹裤	线	1件	破烂不堪	10元	1936年	
被灾日期	6月29日	被灾地点	工务局	房屋被炸或震塌	炸毁	原支薪俸数目	75元	有无同居眷属	有

右(上)开物品确系因空袭被毁,谨报告

局长吴

　转呈

市长吴

填报人：职务　雇员

姓名　刘履中

三十年七月　日

(0067—3—5142)

262. 重庆市工务局为呈报职员严传之1941年6月29日被炸损失给重庆市政府秘书处的文(1941年7月4日)

兹查本局职员严传之于本年六月二十九日在本市桂香阁本局内遭受空袭损害,将房屋炸塌。经查属实,连同该员所报私物损失报告表及该管保甲长证明单各1份函请查照办理为荷。

此致

本府秘书处

附检送严传之私物损失报告表1份

启

三十年七月四日

附:

重庆市政府工务局员役空袭损失私物报告表

物品名称	品质	数量	损失程度	原价	购买年月	备考
帆布袋子	布	1件	炸毁无存	3元	1941年5月	
毛线内衣	羊毛	1件	炸毁无存	45元	1939年10月	
毛线背心	羊毛	1件	炸毁无存	30元	1940年11月	
卫生衣	棉织	1件	炸毁无存	15元	1941年1月	
青哔叽裤	毛线	1条	炸毁无存	80元	1939年11月	
雨伞	线	1把	炸毁无存	5元	1941年6月	
铜墨盒	黄铜	1只	炸毁无存	3元	1939年5月	
被灾日期	6月29日	被灾地点	工务局	房屋被炸或震塌	炸塌	原支薪俸数目 65元	有无同居眷属 有

右〈上〉开物品确系因空袭被毁,谨报告

局长吴

　转呈

市长吴

填报人:职务　雇员

姓名　严传之

三十年七月二日

(0067—3—5142)

263. 重庆市工务局为呈报职员马乔林1940年6月29日被炸损失给重庆市政府秘书处的文(1941年7月4日)

兹查本局职员马乔林于本年六月二十九日在本市桂香阁本局内遭受空袭损害,将房屋炸塌。经查属实,连同该员所报私物损失报告表及该管保甲长证明单各1份函请查照办理为荷。

此致

本府秘书处

附检送马乔林私物损失报告表1份

启

三十年七月四日

附:

重庆市政府工务局员役空袭损失私物报告表

物品名称	品质	数量	损失程度	原价	购买年月	备考
中山服	黄呢	1套	炸毁	130元	1940年12月	
卫生衣	绒	1件	炸毁	24元	1940年12月	
被单	布	1床	炸毁	16元	1939年12月	

被灾日期	6月29日	被灾地点	本局	房屋被炸或震塌	被炸	原支薪俸数目	65元	有无同居眷属	无

右(上)开物品确系因空袭被毁,谨报告

局长吴

　　转呈

市长吴

填报人:职务　雇员

姓名　马乔林

三十年七月二日

(0067—3—5142)

264. 重庆市工务局为呈报工役张俊清1941年6月29日被炸损失给重庆市政府秘书处的文(1941年7月4日)

兹查本局工役张俊清于本年六月二十九日在本市桂香阁本局内遭受空袭损害,将房屋炸塌。经查属实,连同该员所报私物损失报告表及该管保甲长证明单各1份函请查照办理为荷。

此致

本府秘书处

附检送张俊清私物损失报告表1份

启

三十年七月四日

附：

重庆市政府工务局员役空袭损失私物报告表

物品名称	品质	数量	损失程度	原价	购买年月	备考
黑皮箱	厂皮	1	炸成灰渣	17元	1941年1月	
皮鞋	厂皮	1双	炸成灰渣	38元	1941年3月	
衬衣	洋布	1	炸成灰渣	8元	1940年10月	
纸张	油纸	1	炸成灰渣	5元	1941年5月	
脸巾	细纱	1	炸成灰渣	2元	1941年6月	
肥皂		1	炸成灰渣	0.8元	1941年6月	
被灾日期	6月29日	被灾地点	市工务局	房屋被炸或震塌	被炸	原支薪俸数目	26元	有无同居眷属	有

右〈上〉开物品确系因空袭被毁,谨报告

局长吴

　　转呈

市长吴

填报人：职务　工役

　　　　姓名　张俊清

　　　　三十年　月　日

(0067—3—5142)

265. 重庆市工务局为呈报职员陈体淦1941年6月29日被炸损失给重庆市政府秘书处的文(1941年7月9日)

兹查本局职员陈体淦于本年六月二十九日在本市桂香阁本局内遭受空袭损害,将房屋炸塌。经查属实,连同该员所报私物损失报告表及该管保甲长证明单各1份函请查照办理为荷。

此致

本府秘书处

附检送陈体淦私物损失报告表1份

启

三十年七月九日

附:

重庆市政府工务局员役空袭损失私物报告表

物品名称	品质	数量	损失程度	原价	购买年月	备考
皮鞋	胶底	1双	炸毁	85元	1941年5月	
蚊帐	珠纱	1床	炸毁	90元	1941年4月	
中山装	哗叽〔叽〕	1套	炸毁	350元	1940年7月	
衬衫	湖〔府〕绸	2件	炸毁	66元	1941年4月	
自来水笔	派克	1支	炸毁	120元	1941年2月	
被灾日期	6月29日	被灾地点	工务局	房屋被炸或震塌	被炸	原支薪俸数目	130元	有无同居眷属	无

右〈上〉开物品确系因空袭被毁,谨报告

局长吴

　　转呈

市长吴

填报人:职务　工程员

姓名　陈体淦

三十年七月二日

(0067—3—5142)

266. 重庆市工务局为呈报工役李德安1941年6月30日被炸损失给重庆市政府秘书处的文(1941年7月3日)

兹查本局测目工工役李德安于本年六月三十日在本市上清寺春森路遭受空袭损害,将房屋炸毁。经查属实,连同该员所报私物损失报告表及该管保甲长证明单各1份函请查照办理为荷。

此致

本府秘书处

附检送李德安私物损失报告表1份

启

三十年七月三日

附:

重庆市政府工务局员役空袭损失私物报告表

物品名称	品质	数量	损失程度	原价	购买年月	备考
青咔叽棉袄	棉质	1件	炸毁	42元	1936年9月	
青棉絮紧身	棉质	1套	炸毁	28元	1936年10月	
棉背心	棉质	1件	炸毁	5元	1936年10月	
蓝布长衫	布质	5件	炸毁	16元	1937年4月	
花线呢汗衣	线质	2套	炸毁	24元	1938年3月	
女棉旗袍衫	斜纹	1套	炸毁	18元	1932年4月	
女棉短袄子	棉质	1套	炸毁	26元	1932年7月	
女蓝布长袍	布质	2件	炸毁	32元	1940年8月	
中人棉衣	布质	1件	炸毁	6元	1937年11月	
中人长衫	布质	2件	炸毁	7元	1937年9月	
女中人棉袍	布质	1件	炸毁	5元	1937年10月	
女中人长衫	布质	2件	炸毁	7元	1936年9月	
女旗袍夹衫	线质	1件	炸毁	26元	1932年7月	
被灾日期	6月30日	被灾地点	上清寺春森路13号	房屋被炸或震塌	炸毁	原支薪俸数目	48元	有无同居眷属	有

续表

右〈上〉开物品确系因空袭被毁,谨报告

局长吴
　　转呈
市长吴

　　　　　　　　　　　填报人:职务　测目工役
　　　　　　　　　　　　　　姓名　李德安
　　　　　　　　　　　　　三十年七月二日

(0067—3—5142)

267. 重庆市工务局为呈报工役常炳煃1941年7月4日被炸损失给重庆市政府秘书处的文(1941年7月9日)

兹查本局城区工务管理处工役常炳煃于本年七月四日在本市嘉陵码头51号遭受空袭损害,将房屋烧毁。经查属实,连同该员所报私物损失报告表及该管保甲长证明单各1份函请查照办理为荷。

此致

本府秘书处

附检送常炳煃私物损失报告表1份

　　　　　　　　　　　　　　　　启

　　　　　　　　　　　三十年七月九日

附:

重庆市政府工务局员役空袭损失私物报告表

物品名称	品质	数量	损失程度	原价	购买年月	备考
床铺	木	1架	被炸烧毁	30元	1939年3月	
棉被		1套	被炸烧毁	64元	1940年8月	
斜纹布毯		1床	被炸烧毁	28元	1940年2月	
长衫	蓝布	1件	被炸烧毁	23元	1939年11月	
长衫	蓝布	1件	被炸烧毁	26元	1940年9月	
旗袍(女)	蓝布	1件	被炸烧毁	21元	1940年9月	

续表

物品名称	品质	数量	损失程度	原价	购买年月	备考
旗袍(女)	花布	1件	被炸烧毁	20元	1939年10月	
大铁锅		1只	被炸烧毁	18元	1938年5月	
大碗		1付	被炸烧毁	8元	1940年12月	
小碗		2付	被炸烧毁	9元	1941年2月	
五抽屉方桌		1张	被炸烧毁	35元	1940年4月	
方木凳		4张	被炸烧毁	20元	1940年4月	
面盆	磁	1个	被炸烧毁	28元	1940年6月	
镜子		1个	被炸烧毁	6元	1941年□月	
被灾日期	7月4日	被灾地点	嘉陵码头51号	房屋被炸或震塌	被炸烧毁	原支薪俸数目		有无同居眷属	有

右〈上〉开物品确系因空袭被毁,谨报告

局长吴

  转呈

市长吴

       填报人：职务　公役

       姓名　常炳煌

       三十年七月五日

(0067—3—5142)

268. 重庆市工务局为呈报职员周久康1941年7月5日被炸损失给重庆市政府秘书处的文(1941年7月9日)

兹查本局职员周久康于本年七月五日在本市和平路84号遭受空袭损害,将房屋炸毁。经查属实,连同该员所报私物损失报告表及该管保甲长证明单各1份函请查照办理为荷。

此致

本府秘书处

附检送周久康私物损失报告表1份

          启

       三十年七月九日

附：

重庆市政府工务局员役空袭损失私物报告表

物品名称	品质	数量	损失程度	原价	购买年月	备考
被盖	棉织	1	零碎炸飞	90元	1941年6月	被炸焚再制
毯子	纱织	1	零碎炸飞	55元	1941年6月	被炸焚再制
木床	杉木	1	零碎炸飞	70元	1941年6月	被炸焚再制
簟席	竹织	1	零碎炸飞	20元	1941年6月	被炸焚再制
铁锅	生铁	1	零碎炸飞	25元	1941年6月	被炸焚再制
磁盆	洋磁	1	零碎炸飞	24元	1941年6月	被炸焚再制
白米		1斗	零碎炸飞	6元	1941年6月	由局购领
煤炭		1挑	零碎炸飞	15元	1941年6月	每日必需品
大粗碗		5个	炸碎	5元	1941年6月	
小粗碗		5个	炸碎	4元	1941年6月	
毛巾		1张	炸碎	3元	1941年6月	
被灾日期	7月5日	被灾地点	和平路84号	房屋被炸或震塌	被炸	原支薪俸数目 80元	有无同居眷属	有

右〈上〉开物品确系因空袭被毁,谨报告
局长吴
　转呈
市长吴

　　　　　　　　　　　　填报人：职务　办事员
　　　　　　　　　　　　　　　　姓名　周久康
　　　　　　　　　　　　　　　三十年七月六日

(0067—3—5142)

269. 重庆市工务局为呈报职员萧志谋1941年7月5日被炸损失给重庆市政府秘书处的文(1941年7月9日)

兹查本局职员萧志谋于本年七月五日在本市马蹄街28号遭受空袭损害,将房屋炸毁。经查属实,连同该员所报私物损失报告表及该管保甲长证明单各1份函请查照办理为荷。

此致

本府秘书处

附检送萧志谋私物损失报告表1份

启

三十年七月九日

附：

重庆市政府工务局员役空袭损失私物报告表

物品名称	品质	数量	损失程度	原价	购买年月	备考
动用家具	铁磁	1	已炸坏	70元	1940年8月	
洋磁面盆	洋磁	2	已炸坏	30元	1940年8月	
标准布女旗袍	布	1	已炸坏	25元		
洋纱女汗衣	洋纱	1	已炸坏	30元		
女皮鞋	黑皮	1	已炸坏	32元	1941年1月	
印花毯子	斜纹布	1	已炸坏	35元	1941年2月	
礼帽	灰呢	1	已炸坏	30元	1940年10月	
白麻布帐子	麻布	1	已炸坏	50元	1940年8月	
被灾日期	7月5日	被灾地点	马蹄街28号	房屋被炸或震塌	炸毁	原支薪俸数目	60元	有无同居眷属	有

右〈上〉开物品确系因空袭被毁,谨报告

局长吴

　　转呈

市长吴

填报人：职务　雇员

姓名　萧志谋

三十年七月七日

（0067—3—5142）

270. 重庆市工务局为呈报职员马家振1941年7月6日被炸损失给重庆市政府秘书处的文（1941年7月10日）

兹查本局职员马家振于本年七月六日在本市两路口26号新市区工务管理处内遭受空袭损害,将房屋炸毁。经查属实,连同该员所报私物损失报告表及该管保甲长证明单各1份函请查照办理为荷。

　　此致

本府秘书处

附检送马家振私物损失报告表1份

　　　　　　　　　　　　　　　　　　　　　　启

　　　　　　　　　　　　　　　　　　　　三十年七月十日

　　附：

重庆市政府工务局员役空袭损失私物报告表

物品名称	品质	数量	损失程度	原价	购买年月	备考
雨伞	纸	1顶	炸毁	3.5元	1941年2月	
肥皂盒	磁	1只	炸毁	2元	1941年3月	
茶杯	磁	1只	炸毁	1.5元	1941年3月	
哔叽西服	哔叽	1套	炸毁	143元	1940年8月	
府绸衬衫	府绸	1件	炸毁	18元	1941年4月	
黄色中山装	呢	1套	炸毁	102元	1940年12月	
麻纱背心	麻纱	2件	炸毁	12元	1941年4月	
皮鞋	土皮半新	1双	炸毁	22元	1940年10月	
被灾日期	1941年7月6日	被灾地点	老两路口26号工务局宿舍	房屋被炸或震塌	被炸	原支薪俸数目	140元	有无同居眷属	无

右（上）开物品确系因空袭被毁，谨报告

局长吴

　　转呈

市长吴

　　　　　　　　　　　　　　　　　填报人：职务　技佐

　　　　　　　　　　　　　　　　　　　姓名　马家振

　　　　　　　　　　　　　　　　　　　三十年七月七日

（0067—3—5142）

271. 重庆市工务局为呈报职员范学斌1941年7月6日被炸损失给重庆市政府秘书处的文(1941年7月10日)

兹查本局职员范学斌于本年七月六日在本市两路口26号新市区工务管理处内遭受空袭损害,将房屋炸毁。经查属实,连同该员所报私物损失报告表及该管保甲长证明单各1份函请查照办理为荷。

此致

本府秘书处

附检送范学斌私物损失报告表1份

启

三十年七月十日

附:

重庆市政府工务局员役空袭损失私物报告表

物品名称	品质	数量	损失程度	原价	购买年月	备考
雨衣	橡皮	1件	破损	45元	1940年2月	
皮鞋	小牛皮	1双	被毁	65元	1941年5月	
青衣	秘叽	1套	被毁	100元	1940年元月	
皂缸	玻璃	1个	破损	2元	1941年4月	
面巾	绵〔棉〕质	1个	破损	2元	1941年5月	
梳子	牛角	1个	被毁	4元	1941年3月	
书(原文)	解析几何	1本	被毁	10元	1941年3月	
书	三角	1本	被毁	1元	1938年6月	
被灾日期	1941年7月6日	被灾地点	老两路口26号	房屋被炸或震塌	中弹被炸	原支薪俸数目	70元	有无同居眷属	无

右〈上〉开物品确系因空袭被毁,谨报告

局长吴

　　转呈

市长吴

填报人:职务　副工程员

姓名　范学斌

三十年七月七日

(0067—3—5142)

272. 重庆市工务局为呈报职员蔡泽梅1941年7月6日被炸损失给重庆市政府秘书处的文（1941年7月10日）

兹查本局职员蔡泽梅于本年七月六日在本市两路口26号新市区工务管理处内遭受空袭损害，将房屋炸毁。经查属实，连同该员所报私物损失报告表及该管保甲长证明单各1份函请查照办理为荷。

此致

本府秘书处

附检送蔡泽梅私物损失报告表1份

启

三十年七月十日

附：

重庆市政府工务局员役空袭损失私物报告表

物品名称	品质	数量	损失程度	原价	购买年月	备考
绒毯		1床	毁坏	56元	1940年11月	
蚊帐	纱	1床	毁坏	32元	1941年4月	
套鞋		1双	毁坏	32元	1941年6月	
雨伞		1把	毁坏	3.5元	1941年5月	
脸盆	搪瓷	1个	毁坏	36元	1941年3月	
漱口杯	搪瓷	1个	毁坏	5.5元	1941年6月	
行军床	帆布	1张	毁坏	25元	1940年8月	
制服	卡其〔咔叽〕	1套	毁坏	45元	1939年3月	
被灾日期	7月6日	被灾地点 老两路口26号	房屋被炸或震塌 中弹炸毁	原支薪俸数目	65元	有无同居眷属

右〈上〉开物品确系因空袭被毁，谨报告

局长吴

　　转呈

市长吴

填报人：职务　副工程员

姓名　蔡泽梅

三十年七月七日

（0067—3—5142）

273. 重庆市工务局为呈报职员徐以根1941年7月6日被炸损失给重庆市政府秘书处的文(1941年7月10日)

兹查本局职员徐以根于本年七月六日在本市两路口26号新市区工务管理处内遭受空袭损害,将房屋炸毁。经查属实,连同该员所报私物损失报告表及该管保甲长证明单各1份函请查照办理为荷。

此致

本府秘书处

附检送徐以根私物损失报告表1份

启

三十年七月十日

附:

重庆市政府工务局员役空袭损失私物报告表

物品名称	品质	数量	损失程度	原价	购买年月	备考
蚊帐	白色纱布	1顶	炸毁	24元	1940年6月	
席子	草席	1条	炸毁	6元	1940年5月	
毯子	白色纱线	1条	炸毁	32元	1940年9月	
雨伞	油纸	1顶	毁灭	3.2元	1940年10月	
鞋子	布鞋	1双	毁灭	4.8元	1941年4月	
草帽	草辫	1顶	毁灭	20元	1941年5月	
面盆	洋磁	1只	压坏	19元	1940年7月	
镜子	玻璃镜	1面	炸碎	8元	1940年10月	
牙杯	洋磁	1只	压坏	7元	1941年3月	
衬衫	白布	2件	炸毁	28元	1941年3月	
短裤	白帆布	1条	炸毁	14元	1941年5月	
被灾日期	1941年7月6日晚	被灾地点	老两路口26号	房屋被炸或震塌	被炸	原支薪俸数目	60元	有无同居眷属	无

续表

右〈上〉开物品确系因空袭被毁,谨报告
局长吴
转呈
市长吴
填报人:职务　监工
姓名　徐以根
三十年七月七日

(0067—3—5142)

274. 重庆市工务局为呈报职员吴永海1941年7月6日被炸损失给重庆市政府秘书处的文(1941年7月10日)

兹查本局职员吴永海于本年七月六日在本市两路口26号新市区工务管理处内遭受空袭损害,将房屋炸毁。经查属实,连同该员所报私物损失报告表及该管保甲长证明单各1份函请查照办理为荷。

此致

本府秘书处

附检送吴永海私物损失报告表1份

启

三十年七月十日

附:

重庆市政府工务局员役空袭损失私物报告表

物品名称	品质	数量	损失程度	原价	购买年月	备考
皮鞋	皮	1	炸毁	40元	1940年9月	
棉被	棉质	1	炸毁	26元	1940年10月	
制服	毛质	1套	炸毁	46元	1940年10月	
衬衣	布	1件	炸毁	17元	1941年4月	
中山服	布	1套	炸毁	41元	1941年6月	
被灾日期	7月6日	被灾地点	老两路口26号	房屋被炸或震塌	被炸	原支薪俸数目	47元	有无同居眷属

续表

右〈上〉开物品确系因空袭被毁,谨报告 局长吴 　　转呈 市长吴 　　　　　　　　　　　　　填报人:职务 　　　　　　　　　　　　　　姓名　吴永海 　　　　　　　　　　　　　三十年七月七日

（0067—3—5142）

275. 重庆市工务局为呈报职员陈鸿鼎1941年7月6日被炸损失给重庆市政府秘书处的文(1941年7月10日)

兹查本局职员陈鸿鼎于本年七月六日在本市两路口26号新市区工务管理处内遭受空袭损害,将房屋炸毁。经查属实,连同该员所报私物损失报告表及该管保甲长证明单各1份函请查照办理为荷。

此致

本府秘书处

附检送陈鸿鼎私物损失报告表1份

启

三十年七月十日

附:

重庆市政府工务局员役空袭损失私物报告表

物品名称	品质	数量	损失程度	原价	购买年月	备考
橡皮雨衣	橡皮料	1件	炸毁	15元	1940年10月	
5尺宽西式大床	柏木红漆	1张	炸毁	8元	1940年9月	
华达呢西装上身	呢料	1件	炸毁	13元	1940年6月	
女花单旗袍	布料	1件	炸毁	3元	1941年4月	
女绸夹旗袍	绸料	1件	炸毁	4元	1941年5月	
法兰绒西装上身	法兰绒	1件	炸毁	14元	1940年12月	
中式蚊帐		1床	炸毁	4元	1941年5月	

续表

物品名称	品质	数量	损失程度	原价	购买年月	备考
布花夹被	花布	1床	炸毁	4元	1941年2月	
拿破仑式帽	通草布面	1顶	炸毁	3元	1941年6月	
被灾日期	1941年7月6日	被灾地点	老两路口26号	房屋被炸或震塌	中弹被毁	原支薪俸数目	300元	有无同居眷属	有共6人

右（上）开物品确系因空袭被毁，谨报告

局长吴

　　转呈

市长吴

填报人：职务　技正

姓名　陈鸿鼎

三十年七月七日

（0067—3—5142）

276. 重庆市工务局为呈报职员伊爵鸣1941年7月6日被炸损失给重庆市政府秘书处的文（1941年7月10日）

兹查本局职员伊爵鸣于本年七月六日在本市两路口26号新市区工务管理处内遭受空袭损害，将房屋炸毁。经查属实，连同该员所报私物损失报告表及该管保甲长证明单各1份函请查照办理为荷。

此致

本府秘书处

附检送伊爵鸣私物损失报告表1份

启

三十年七月十日

附：

重庆市政府工务局员役空袭损失私物报告表

物品名称	品质	数量	损失程度	原价	购买年月	备考
圆蚊帐	珠罗	1顶	炸毁	60元	1940年7月	

续表

物品名称	品质	数量	损失程度	原价	购买年月	备考
皮鞋	纹皮	1双	炸失	62元	1940年8月	
脸盆	磁	1个	炸毁	28元	1940年11月	
胶鞋	运动鞋	1双	炸毁	18元	1941年5月	
竹席		1床	炸毁	10元	1941年5月	
中山装	□布	1套	炸毁	120元	1940年6月	
毛巾盖毯	棉纱	1床	炸毁	42元	1940年5月	
床毯	印花斜纹	1床	炸毁	32元	1940年5月	
拖鞋	纹皮	1双	炸毁	12元	1940年6月	
漱口杯	磁	1个	炸毁	8元	1941年元月	
面布		1条	炸毁	3.5元	1941年6月	
牙刷	双十牌	1把	炸毁	3.2元	1941年3月	
肥皂盒	化学	1个	炸毁	7元	1941年2月	
肥皂	力士	1块	炸失	5元	1941年6月	
被灾日期	7月6日	被灾地点	老两路口26号	房屋被炸或震塌	中弹被毁	原支薪俸数目	135元	有无同居眷属	无

右〈上〉开物品确系因空袭被毁,谨报告

　局长吴

　　转呈

　市长吴

　　　　　　　　　　　填报人:职务　技佐

　　　　　　　　　　　　　　姓名　伊爵鸣

　　　　　　　　　　　　　　三十年七月七日

(0067—3—5142)

277. 重庆市工务局为呈报职员郑惠民1941年7月6日被炸损失给重庆市政府秘书处的文(1941年7月10日)

兹查本局职员郑惠民于本年七月六日在本市两路口26号新市区工务管理处内遭受空袭损害,将房屋炸毁。经查属实,连同该员所报私物损失报告表及该管保甲长证明单各1份函请查照办理为荷。

此致

本府秘书处

附检送郑惠民私物损失报告表1份

启

三十年七月十日

附：

重庆市政府工务局员役空袭损失私物报告表

物品名称	品质	数量	损失程度	原价	购买年月	备考
方式白罗蚊帐		1床	压破不能用	60元	1940年6月	
薄被	布面	1床	压破不能用	70元	1941年5月	
黄色皮鞋	牛皮	1双	压坏	65元	1941年3月	
白色衬衫	府绸	1付	压破	25元	1941年5月	
操裤	爱国布	1条	炸失	30元	1941年4月	
牙罐	白磁	1只	炸失	20元	1940年3月	
被灾日期	7月6日	被灾地点	新市区老两路口26号	房屋被炸或震塌	中弹被毁	原支薪俸数目 125元	有无同居眷属	无

右〈上〉开物品确系因空袭被毁,谨报告

局长吴

　转呈

市长吴

填报人：职务　技佐

姓名　郑惠民

三十年七月七日

(0067—3—5142)

278. 重庆市工务局为呈报职员陈礼容1941年7月6日被炸损失给重庆市政府秘书处的文(1941年7月10日)

兹查本局职员陈礼容于本年七月六日在本市两路口26号新市区工务管理处内遭受空袭损害,将房屋炸毁。经查属实,连同该员所报私物损失报告表及该管保甲长证明单各1份函请查照办理为荷。

此致

本府秘书处

附检送陈礼容私物损失报告表1份

启

三十年七月十日

附：

重庆市政府工务局员役空袭损失私物报告表

物品名称	品质	数量	损失程度	原价	购买年月	备考
五线蚊帐	棉		破烂不能用	55元	1940年7月	
睡床	木		破烂不能用	25元	1940年10月	
被单	布		破烂不能用	45元	1941年3月	
白霓绸衬衣	纱	2件	破烂不能用	48元	1941年5月	
中山衣	布	1套	破烂不能用	60元	1941年5月	
运动鞋	布	1双	破烂不能用	25元	1941年3月	
短裤	布	1条	破烂不能用	18元	1941年6月	
被灾日期	7月6日	被灾地点	老两路口26号	房屋被炸或震塌	中弹被毁	原支薪俸数目	120元	有无同居眷属	无

右〈上〉开物品确系因空袭被毁，谨报告

局长吴

转呈

市长吴

填报人：职务　工程员

姓名　陈礼容

三十年七月七日

(0067—3—5142)

279. 重庆市工务局为呈报职员李守屏1941年7月6日被炸损失给重庆市政府秘书处的文（1941年7月10日）

兹查本局职员李守屏于本年七月六日在本市两路口26号新市区工务管理处内遭受空袭损害，将房屋炸毁。经查属实，连同该员所报私物损失报告表及该管保甲长证明单各1份函请查照办理为荷。

此致

本府秘书处

附检送李守屏私物损失报告表1份

启

三十年七月十日

附：

重庆市政府工务局员役空袭损失私物报告表

物品名称	品质	数量	损失程度	原价	购买年月	备考
西装上身	白帆布	1件	炸毁	70元	1941年4月	
汗背心	麻纱	2件	炸毁	20元	1941年4月	
衬衫	府绸	2件	炸毁	60元	1941年6月	
皮鞋	黄色皮	1双	炸毁	75元	1941年4月	
布鞋	胶底	1双	炸毁	15元	1940年10月	
面盆	珐琅	1只	炸毁	18元	1940年10月	
茶杯	玻璃	1只	炸毁	3元	1941年2月	
漱口杯	珐琅	1只	炸毁	8元	1940年11月	
牙刷	双十牌	1只	炸毁	5元	1941年5月	
衬裤	斜纹布	2条	炸毁	7元	1941年6月	
袜子	麻纱	2双	炸毁	9元	1941年5月	
肥皂	力士	1块	炸毁	4元	1941年6月	
被灾日期	7月6日	被灾地点	老两路口26号新市区工务管理处	房屋被炸或震塌	被炸	原支薪俸数目	140元	有无同居眷属	无

右〈上〉开物品确系因空袭被毁,谨报告

局长吴

　　转呈

市长吴

填报人:职务　技佐

姓名　李守屏

三十年七月七日

(0067—3—5142)

280. 重庆市工务局为呈报工役陈玉秋1941年7月6日被炸损失给重庆市政府秘书处的文(1941年7月10日)

兹查本局工役陈玉秋于本年七月六日在本市两路口26号新市区工务管理处内遭受空袭损害,将房屋炸毁。经查属实,连同该员所报私物损失报告表及该管保甲长证明单各1份函请查照办理为荷。

此致

本府秘书处

附检送陈玉秋私物损失报告表1份

启

三十年七月十日

附：

重庆市政府工务局员役空袭损失私物报告表

物品名称	品质	数量	损失程度	原价	购买年月	备考
运动鞋	双钱牌	1双	全毁	19.5元	1941年6月	
衬衫	府绸	1件	全毁	20元	1941年5月	
汗衫	棉纱	2件	全毁	18元	1941年6月	
背心	纱	2件	全毁	9元	1941年6月	
袜子		2双	全毁	8元	1941年5月	
被灾日期	7月6日	被灾地点	老两路口26号	房屋被炸或震塌	中弹被炸	原支薪俸数目	39元	有无同居眷属	

右〈上〉开物品确系因空袭被毁,谨报告

局长吴

　　转呈

市长吴

　　　　　　　　　　　　填报人:职务　养路队道班

　　　　　　　　　　　　　　　姓名　陈玉秋

　　　　　　　　　　　　　　　三十年七月七日

(0067—3—5142)

281. 重庆市工务局为呈报工役吴国樑1941年7月6日被炸损失给重庆市政府秘书处的文(1941年7月10日)

兹查本局养路总队工役吴国樑于本年七月六日在本市两路口26号新市区工务管理处内遭受空袭损害,将房屋炸毁。经查属实,连同该员所报私物损失报告表及该管保甲长证明单各1份函请查照办理为荷。

此致

本府秘书处

附检送吴国樑私物损失报告表1份

启

三十年七月十日

附:

重庆市政府工务局员役空袭损失私物报告表

物品名称	品质	数量	损失程度	原价	购买年月	备考
灰棉布中山服	棉质	2套	炸毁	37元	1939年3月	
棉被	棉质	1床	炸毁	50元	1940年10月	
被灾日期	7月6日	被灾地点	老两路口26号	房屋被炸或震塌	炸	原支薪俸数目	36元	有无同居眷属

右〈上〉开物品确系因空袭被毁,谨报告

局长吴

　转呈

市长吴

填报人:职务　公役

姓名　吴国樑

三十年七月七日

(0067—3—5142)

282. 重庆市工务局为呈报工役胡自民1941年7月6日被炸损失给重庆市政府秘书处的文(1941年7月10日)

兹查本局工役胡自民于本年七月六日在本市两路口26号新市区工务管理处内遭受空袭损害,将房屋炸毁。经查属实,连同该员所报私物损失报告表及该管保甲长证明单各1份函请查照办理为荷。

此致

本府秘书处

附检送胡自民私物损失报告表1份

启

三十年七月十日

附:

重庆市政府工务局员役空袭损失私物报告表

物品名称	品质	数量	损失程度	原价	购买年月	备考
绒背心		1件	全毁	30元	1940年1月	
蓝便服	布	1套	全毁	33元	1941年4月	
背心	纱	2件	全毁	8.5元	1941年5月	
被灾日期	7月6日	被灾地点	老两路口26号	房屋被炸或震塌	中弹炸毁	原支薪俸数目	34元	有无同居眷属

右〈上〉开物品确系因空袭被毁,谨报告

局长吴

　转呈

市长吴

填报人:职务　工役

姓名　胡自民

三十年七月七日

(0067—3—5142)

283. 重庆市工务局为呈报工役吴国华1941年7月6日被炸损失给重庆市政府秘书处的文(1941年7月10日)

兹查本局工役吴国华于本年七月六日在本市两路口26号新市区工务管理处内遭受空袭损害,将房屋炸毁。经查属实,连同该员所报私物损失报告表及该管保甲长证明单各1份函请查照办理为荷。

此致

本府秘书处

附检送吴国华私物损失报告表1份

启

三十年七月十日

附:

重庆市政府工务局员役空袭损失私物报告表

物品名称	品质	数量	损失程度	原价	购买年月	备考
蓝制服	线布	1套	全毁	35元	1940年9月	
蚊帐	纱质	1床	全毁	26元	1941年5月	
搪瓷脸盆		1个	全毁	26元	1940年10月	
漱口杯	搪瓷	1个	全毁	4.5元	1941年2月	
雨伞		1柄	全毁	4.5元	1941年3月	
被灾日期	7月6日	被灾地点	老两路口26号	房屋被炸或震塌	中弹炸毁	原支薪俸数目	34元	有无同居眷属

右〈上〉开物品确系因空袭被毁,谨报告

局长吴

　　转呈

市长吴

填报人:职务　厨房

姓名　吴国华

三十年七月七日

(0067—3—5142)

284. 重庆市工务局为呈报工役康巳富1941年7月6日被炸损失给重庆市政府秘书处的文(1941年7月10日)

兹查本局工役康巳富于本年七月六日在本市两路口26号新市区工务管理处内遭受空袭损害,将房屋炸毁。经查属实,连同该员所报私物损失报告表及该管保甲长证明单各1份函请查照办理为荷。

此致

本府秘书处

附检送康巳富私物损失报告表1份

启

三十年七月十日

附:

重庆市政府工务局员役空袭损失私物报告表

物品名称	品质	数量	损失程度	原价	购买年月	备考
皮鞋	黑牛皮	1双	全毁	45元	1941年3月	
短裤	布	2件	全毁	20元	1941年5月	
布鞋		1双	全毁	12元	1941年6月	
被灾日期	7月6日	被灾地点	老两路口26号	房屋被炸或震塌	中弹炸毁	原支薪俸数目	34元	有无同居眷属

右〈上〉开物品确系因空袭被毁,谨报告

局长吴

　　转呈

市长吴

填报人:职务　伙夫

姓名　康巳富

三十年七月七日

(0067—3—5142)

285. 重庆市工务局为呈报木工徐崇林1941年7月16日被炸损失给重庆市政府秘书处的文(1941年7月10日)

兹查本局木工徐崇林于本年七月六日在本市两路口26号新市区工务管理处内遭受空袭损害,将房屋炸毁。经查属实,连同该员所报私物损失报告表及该管保甲长证明单各1份函请查照办理为荷。

此致

本府秘书处

附检送徐崇林私物损失报告表1份

启

三十年七月十日

附:

重庆市政府工务局员役空袭损失私物报告表

物品名称	品质	数量	损失程度	原价	购买年月	备考
锯子		2把	炸难〔烂〕	每把20元	1941年1月	
斧头		1个	未见	12元	1941年3月	
钉垂〔锤〕		1个	炸难〔烂〕	8元	1941年3月	
推刨		2个	炸难〔烂〕	每个7元	1941年4月	
帆布服装		1件	炸难〔烂〕	20元	1941年1月	
凉席		1床	炸难〔烂〕	6元	1940年8月	
面巾		1张	炸难〔烂〕	3.5元	1941年2月	
毛呢鞋子		1双	炸难〔烂〕	18元	1940年7月	
被灾日期	7月6号晚上	被灾地点	老两路口26号	房屋被炸或震塌	炸	原支薪俸数目	64元	有无同居眷属

右〈上〉开物品确系因空袭被毁,谨报告

局长吴

　　转呈

市长吴

填报人:职务　木工

姓名　徐崇林

三十年七月七日

(0067—3—5142)

286. 重庆市工务局为呈报木工胡静宣1941年7月6日被炸损失给重庆市政府秘书处的文（1941年7月10日）

兹查本局木工胡静宣于本年七月六日在本市两路口26号新市区工务管理处内遭受空袭损害，将房屋炸毁。经查属实，连同该员所报私物损失报告表及该管保甲长证明单各1份函请查照办理为荷。

此致

本府秘书处

附检送胡静宣私物损失报告表1份

启

三十年七月十日

附：

重庆市政府工务局员役空袭损失私物报告表

物品名称	品质	数量	损失程度	原价	购买年月	备考
炭布制服		1	东西未见	40元	1940年6月	
盆子		1	东西未见	20元	1940年5月	
青咔叽鞋		1	东西未见	10元	1941年6月	
凉席		1	炸成粉难〔烂〕	10元	1941年4月	
面巾		1	东西未见	4元	1941年6月	
被灾日期	7月6号晚上	被灾地点	老两路口26号	房屋被炸或震塌	被炸	原支薪俸数目	53元	有无同居眷属

右〈上〉开物品确系因空袭被毁，谨报告

局长吴

　转呈

市长吴

填报人：职务　木工

姓名　胡静宣

三十年七月七日

(0067—3—5142)

287. 重庆市工务局为呈报队目王钦和1941年7月6日被炸损失给重庆市政府秘书处的文(1941年7月10日)

兹查本局养路队队目王钦和于本年七月六日在本市两路口26号新市区工务管理处内遭受空袭损害,将房屋炸毁。经查属实,连同该员所报私物损失报告表及该管保甲长证明单各1份函请查照办理为荷。

此致

本府秘书处

附检送王钦和私物损失报告表1份

启

三十年七月十日

附：

重庆市政府工务局员役空袭损失私物报告表

物品名称	品质	数量	损坏程度	原价	购买年月	备考
饭锅	铁质	1支	炸毁	26元	1940年5月	
水缸	瓦质	1支	炸毁	16元	1940年3月	
饭碗	磁质	6支	炸毁	2.8元	1940年10月	
菜碗	磁质	4支	炸毁	3元	1940年10月	
蚊帐	纱布	1顶	炸毁	28元	1941年3月	
席子	草席	2条	炸毁	8元	1941年4月	
床铺	木床	1个	炸毁	20元	1940年3月	
衣服	土布	3件	炸毁	32元	1941年2月	
被灾日期	1941年7月6日晚	被灾地点	老两路口23[1]号	房屋被炸或震塌	中弹尽毁	原支薪俸数目	53元	有无同居眷属	妻子各1人

右〈上〉开物品确系因空袭被毁,谨报告

局长吴

　转呈

市长吴

填报人：职务　养路队队目

姓名　王钦和

三十年七月七日

(0067—3—5142)

---

① 此处门牌号与正文不符,原档照录。

288. 重庆市工务局为呈报愿警王之敬1941年7月6日被炸损失给重庆市政府秘书处的文(1941年7月10日)

兹查本局养路总队愿警王之敬于本年七月六日在本市两路口26号新市区工务管理处内遭受空袭损害,将房屋炸毁。经查属实,连同该员所报私物损失报告表及该管保甲长证明单各1份函请查照办理为荷。

此致

本府秘书处

附检送王之敬私物损失报告表1份

启

三十年七月十日

附:

重庆市政府工务局员役空袭损失私物报告表

物品名称	品质	数量	损失程度	原价	购买年月	备考
黄皮鞋		1双	炸毁	50元	1940年12月	
印花被子		1床	炸毁	50元		
白竹布寸〔衬〕衣		2件	炸毁	25元		
黄布下装		1条	炸毁	9元		
被灾日期	7月6日	被灾地点	老两路口26号	房屋被炸或震塌	中弹炸毁	原支薪俸数目	36元	有无同居眷属

右〈上〉开物品确系因空袭被毁,谨报告

局长吴

　　转呈

市长吴

填报人:职务　愿警

姓名　王之敬

三十年七月七日

(0067—3—5142)

289. 重庆市工务局为呈报职员吴子樑1941年7月6日被炸损失给重庆市政府秘书处的文(1941年7月10日)

兹查本局职员吴子樑于本年七月六日在本市两路口26号新市区工务管理处内遭受空袭损害,将房屋炸毁。经查属实,连同该员所报私物损失报告表及该管保甲长证明单各1份函请查照办理为荷。

此致

本府秘书处

附检送吴子樑私物损失报告表1份

启

三十年七月十日

附:

重庆市政府工务局员役空袭损失私物报告表

物品名称	品质	数量	损失程度	原价	购买年月	备考
珠纱蚊帐	纱	1床	被炸破烂	56元	1940年□月	
脸盆	洋磁	1个	炸碎	35元	1941年4月	
柳条衬衫	府绸	2件	炸破	68元	1941年5月	
眠床	竹	1床	炸破	6元	1939年7月	
花绒毯	羊毛绒	1床	炸破	80元	1940年10月	
被单	斜纹布	1床	炸破	28.6元	1940年9月	
运动鞋	布	1双	炸破	23.4元	1941年3月	
被灾日期	7月6日	被灾地点	新市区工务管理处(老两路口26号)	房屋被炸或震塌	炸毁	原支薪俸数目	140元	有无同居眷属	无

右(上)开物品确系因空袭被毁,谨报告

局长吴

　　转呈

市长吴

填报人:职务　工程员

姓名　吴子樑

三十年七月七日

(0067—3—5142)

290. 重庆市工务局为呈报职员金章林1941年7月6日被炸损失给重庆市政府秘书处的文(1941年7月10日)

兹查本局职员金章林于本年七月六日在本市两路口26号新市区工务管理处内遭受空袭损害,将房屋炸毁。经查属实,连同该员所报私物损失报告表及该管保甲长证明单各1份函请查照办理为荷。

此致

本府秘书处

附检送金章林私物损失报告表1份

启

三十年七月十日

附：

重庆市政府工务局员役空袭损失私物报告表

物品名称	品质	数量	损失程度	原价	购买年月	备考
雨鞋	胶质	1双	炸毁	35元	1941年6月	
脸盆	洋磁	1个	炸毁	15元	1941年2月	
制服	卡其〔咔叽〕	1套	炸毁	72元	1941年4月	
毛线衣	毛质	1件	炸毁	115元	1940年12月	
被灾日期	7月6日	被灾地点	老两路口26号	房屋被炸或震塌	炸毁	原支薪俸数目	55元	有无同居眷属

右〈上〉开物品确系因空袭被毁,谨报告

局长吴

　　转呈

市长吴

填报人:职务　监工

姓名　金章林

三十年七月七日

(0067—3—5142)

291.重庆市工务局为呈报职员郑正纲1941年7月6日被炸损失给重庆市政府秘书处的文(1941年7月10日)

兹查本局职员郑正纲于本年七月六日在本市两路口26号新市区工务管理处内遭受空袭损害,将房屋炸毁。经查属实,连同该员所报私物损失报告表及该管保甲长证明单各1份函请查照办理为荷。

此致

本府秘书处

附检送郑正纲私物损失报告表1份

启

三十年七月十日

附：

重庆市政府工务局员役空袭损失私物报告表

物品名称	品质	数量	损失程度	原价	购买年月	备考
套鞋	双线牌	1双	毁坏	23元	1940年10月	
拖鞋	纹皮	1双	毁坏	8.5元	1940年7月	
雨伞		1把	全毁	4.5元	1941年2月	
磁茶壶	细料	1个	全毁	2.8元	1940年9月	
方蚊帐	夏布	1床	毁坏	46元	1940年2月	
牙刷	中西	1柄	全毁	4.5元	1941年4月	
下装	充派力思	1条	全毁	45元	1940年12月	
制服	卡其〔咔叽〕	1套	全毁	67元	1940年8月	
衬衫	充绸	1件	全毁	36元	1941年5月	
被灾日期	7月6日	被灾地点	老两路口26号	房屋被炸或震塌	炸毁	原支薪俸数目 55元	有无同居眷属

右〈上〉开物品确系因空袭被毁,谨报告

局长吴

　　转呈

市长吴

填报人：职务　监工员

姓名　郑正纲

三十年七月七日

(0067—3—5142)

292. 重庆市工务局为呈报职员吴梅南1941年7月6日被炸损失给重庆市政府秘书处的文(1941年7月10日)

兹查本局职员吴梅南于本年七月六日在本市两路口26号新市区工务管理处内遭受空袭损害,将房屋炸毁。经查属实,连同该员所报私物损失报告表及该管保甲长证明单各1份函请查照办理为荷。

此致

本府秘书处

附检送吴梅南私物损失报告表1份

启

三十年七月十日

附:

重庆市政府工务局员役空袭损失私物报告表

物品名称	品质	数量	损失程度	原价	购买年月	备考
银灰色中山服	布	1套	房屋被炸中弹	68元	1940年12月	
白印花毯	布	1床	房屋被炸中弹	32元	1941年2月	
白纱圆帐	纱	1床	房屋被炸中弹	28元	1941年3月	
衬衫	绸布	1件	房屋被炸中弹	25元	1941年3月	
哔吱〔叽〕洋式鞋	布	1双	房屋被炸中弹	24元	1941年2月	
胶皮鞋	胶	1双	房屋被炸中弹	25元	1941年3月	
袜子	纱	2双	房屋被炸中弹	7元	1941年5月	
面盆	瓷	1个	房屋被炸中弹	28元	1941年2月	
牙刷		1把	房屋被炸中弹	3元	1941年4月	
毛巾		1条	房屋被炸中弹	3元	1941年2月	
牙礶	瓷	1个	房屋被炸中弹	7元	1941年4月	
被灾日期	7月6日	被灾地点	老两路口26号	房屋被炸或震塌	炸毁	原支薪俸数目	85元	有无同居眷属	无

右〈上〉开物品确系因空袭被毁,谨报告

局长吴

　　转呈

市长吴

填报人:职务　副工程员

　　　　姓名　吴梅南

　　　　三十年七月七日

（0067—3—5142）

293. 重庆市工务局为呈报职员刘士名1941年7月6日被炸损失给重庆市政府秘书处的文（1941年7月10日）

兹查本局职员刘士名于本年七月六日在本市两路口26号新市区工务管理处内遭受空袭损害，将房屋炸毁。经查属实，连同该员所报私物损失报告表及该管保甲长证明单各1份函请查照办理为荷。

此致

本府秘书处

附检送刘士名私物损失报告表1份

启

三十年七月十日

附：

重庆市政府工务局员役空袭损失私物报告表

物品名称	品质	数量	损失程度	原价	购买年月	备考
蚊帐	纱	1	破坏	50元	1941年4月	
皮鞋	中等	1	失落	87元	1941年2月	
肥皂	力士皂	2	失落	11元	1941年3月	
牙刷	上等	1	失落	4.5元	1941年5月	
茶杯	瓷	2	破坏	10元	1941年6月	
西服	布	1	破坏	9元	1941年4月	
扇子	上等	1	失落	2元	1941年4月	
被灾日期	7月6日	被灾地点	老两路口26号	房屋被炸或震塌	被炸	原支薪俸数目	75元	有无同居眷属	有

右（上）开物品确系因空袭被毁，谨报告

局长吴

转呈

市长吴

填报人：职务　副工程员

姓名　刘士名

三十年七月七日

(0067—3—5142)

294. 重庆市工务局为呈报职员曹汉霖1941年7月6日被炸损失给重庆市政府秘书处的文(1941年7月10日)

兹查本局职员曹汉霖于本年七月六日在本市两路口26号新市区工务管理处内遭受空袭损害,将房屋炸毁。经查属实,连同该员所报私物损失报告表及该管保甲长证明单各1份函请查照办理为荷。

此致

本府秘书处

附检送曹汉霖私物损失报告表1份

启

三十年七月十日

附:

重庆市政府工务局员役空袭损失私物报告表

物品名称	品质	数量	损失程度	原价	购买年月	备考
蚊帐	洋纱	1床	全部炸毁	38元	1941年4月	
礼帽	灰呢	1顶	全部炸毁	40元	1940年10月	
中山服	白哈叽布	1套	全部炸毁	90元	1941年5月	
衬衫	府绸	1件	全部炸毁	27元	1941年6月	
汗衫	麻纱	1件	全部炸毁	18元	1941年6月	
中式单裤	香云纱	1条	全部炸毁	25元	1939年6月	
面盆	洋磁	1个	全部炸毁	24元	1940年9月	
皮鞋	黑色	1双	全部炸毁	65元	1941年2月	
中式单鞋	毛线呢	1双	全部炸毁	17元	1941年7月	
袜子	洋纱	2双	全部炸毁	每双3.5元	1941年5月	
雨伞	油纸	1把	全部炸毁	5元	1941年6月	
毛巾		2条	全部炸毁	4元	1941年5月	
西式短裤	黄哈叽布	1条	全部炸毁	35元	1941年5月	
被灾日期	7月6日	被灾地点	新市区工务管理处	房屋被炸或震塌	被炸	原支薪俸数目	65元	有无同居眷属

续表

> 右〈上〉开物品确系因空袭被毁,谨报告
> 局长吴
> 　　　转呈
> 市长吴
>
> 　　　　　　　　　　　填报人:职务　技正
> 　　　　　　　　　　　　　　　姓名　曹汉霖
> 　　　　　　　　　　　　　　　三十年七月七日

(0067—3—5142)

295. 重庆市工务局为呈报职员张仁同1941年7月6日被炸损失给重庆市政府秘书处的文(1941年7月10日)

兹查本局职员张仁同于本年七月六日在本市两路口26号新市区工务管理处内遭受空袭损害,将房屋炸毁。经查属实,连同该员所报私物损失报告表及该管保甲长证明单各1份函请查照办理为荷。

此致

本府秘书处

附检送张仁同私物损失报告表1份

　　　　　　　　　　　　　　　　　　　启

　　　　　　　　　　　三十年七月十日

附:

重庆市政府工务局员役空袭损失私物报告表

物品名称	品质	数量	损失程度	原价	购买年月	备考
白洋布垫被	布	1床	被炸破烂不堪	65元	1940年9月	
青哔叽〔叽〕外套	布	1件	被炸破烂不堪	85元	1940年10月	
青哔叽〔叽〕棉制服	布	1套	被炸破烂不堪	72元	1940年9月	
白竹布枕头	布	1对	被炸破烂不堪	8元	1939年6月	
洗面毛巾		1条	被炸遗失	4元	1941年5月	
头号牙刷		1把	被炸遗失	4.5元	1941年5月	
圆形照面镜		1面	被炸遗失	9元	1940年2月	

续表

物品名称	品质	数量	损失程度	原价	购买年月	备考
白竹布衬衫	布	1件	被炸遗失	15元	1941年5月	
人头修面刀		1把	被炸遗失	15元	1940年8月	
大号洋瓷缸		1个	炸破不能用	7元	1940年10月	
白洋瓷面盆		1个	炸破不能用	16元	1940年12月	
灰丝光袜		2双	被炸遗失	8元	1941年6月	
被灾日期	7月6日	被灾地点	老两路口26号	房屋被炸或震塌	被炸	原支薪俸数目	75元	有无同居眷属	无

右〈上〉开物品确系因空袭被毁,谨报告

局长吴

　转呈

市长吴

填报人:职务　办事员

姓名　张仁同

三十年七月七日

(0067—3—5142)

296. 重庆市工务局为呈报工役柯之成1941年7月7日被炸损失给重庆市政府秘书处的文(1941年7月11日)

兹查本局工役柯之成于本年七月七日在本市金汤街88号遭受空袭损害,将房屋炸毁。经查属实,连同该员所报私物损失报告表及该管保甲长证明单各1份函请查照办理为荷。

此致

本府秘书处

附检送柯之成私物损失报告表1份

启

三十年七月十日

附：

重庆市政府工务局员役空袭损失私物报告表

物品名称	品质	数量	损失程度	原价	购买年月	备考
被盖	布	1床	全毁	35元	1938年9月	
帐子		1床	全毁	30元	1938年9月	
铁锅		1口	全毁	8元	1940年2月	
水缸		1口	全毁	7元	1940年2月	
木床		1间	全毁	8元	1940年2月	
箱子		1个	全毁	12元	1940年2月	
被灾日期	7月7日	被灾地点	金汤街88号	房屋被炸或震塌	炸	原支薪俸数目	25元	有无同居眷属	有

右（上）开物品确系因空袭被毁，谨报告

局长吴

　　转呈

市长吴

　　　　　　　　　　　填报人：职务　仆役

　　　　　　　　　　　　　　　姓名　柯之成

　　　　　　　　　　　　　　　三十年七月十日

（0067—3—5142）

297. 重庆市工务局原职员韩国治为请明确向何机关呈请公务员私物被毁之救济给重庆市市长的呈

窃国治前任市工务局科员时，住米花街川盐一里7号，于五月四日因敌机袭渝，川盐一里被炸起火，以致损失被褥衣物甚多，约值二百数十元，经报请市工务局人事股登记有案，惟彼时因无补偿具体办法，遂致搁延。嗣国治于七月九日辞卸工务局科员职务，即来警察局任文书股主任。兹查公务员遭受空袭损害暂行救济办法案经行政院制定公布，第7项规定公务员私物被毁者由本机关予以救济费，现在各局均在办理是案，国治刻虽非工务局职员，但离职系在被炸损失两月之后，且今仍在钧府所属警察局服务，应否援照上项办法规定向工务局呈请救济,抑另向现服务机关之警察局呈请之处未敢擅定。理合具文呈请鉴核示遵,并祈转令应予救济机关知照,俾便迳行呈办,实为德便。

谨呈
市长贺

前任市工务局科员
现任市警察局文书股主任韩国治
（0053—12—91—1）

298. 重庆市工务局原职员韩国治因敌机轰炸受损请予补偿给上级的文

窃职前在本市米花街川盐一里7号,与友人唐君合住,于五月四日因敌机惨炸,本市川盐一里被炸起火,致将大部行李及全部衣物损失。当时曾向人事股登记,拟请俯准按照中央公务员被炸损失补偿办法赐予补偿,实为德便。

兹将损失物件列后：

川绸棉被1床	麻线绸夹被1床	杭缎棉褥1床
大白床单1床	灰呢西服1套	灰花〔华〕达呢制服1套
义吉原呢大衣1件	府绸衬衣1件	白布衬裤2件
白绒衬衣1件	睡衣1件	杭绸夹袍1件
黑皮鞋1双	礼昭呢鞋1双	胶鞋1双
白磁面〔盆〕1个	白磁牙缸1个	蓝磁肥皂盒1个
线袜3双	衣刷1个	白布包1个

合约值洋245元

职　韩国治
（0067—3—5140）